Claudia Rankers (Landesfrauenrat Rheinland-Pfalz)
und Nadine Kammerlander (Hg.)

NACHHALTIGKEIT

Frauen schaffen Zukunft

Frankfurter Allgemeine Buch

„Was wir heute tun, entscheidet darüber,
wie die Welt morgen aussieht.“

Marie Freifrau von Ebner-Eschenbach

Frankfurter Allgemeine Buch

© FAZIT Communication GmbH
Frankfurter Allgemeine Buch
Frankenallee 71 – 81
60327 Frankfurt am Main

Umschlag, Layout und Satz: Anabell Krebs
Druck: CPI books GmbH, Leck
Printed in Germany

1. Auflage
Frankfurt am Main 2021
ISBN 978-3-96251-112-8

INHALTSVERZEICHNIS

DIE HERAUSGEBERINNEN

Claudia Rankers

Seit 1994 engagiert sich die Diplom-Bankbetriebswirtin ehrenamtlich im Bereich „Frauen und Beruf". 2014 wird sie Vorstandsvorsitzende des Landesfrauenrats Rheinland-Pfalz. 2016 beruft das Wirtschaftsministerium sie in die Gründungsallianz von Rheinland-Pfalz. Im selben Jahr startet die Finanzfachwirtin (FH) einen Thinktank. Ihr Erfolgsrezept: interdisziplinäre Zusammenarbeit mit Wirtschaft, Wissenschaft, Politik und Gesellschaft. Best Practices und aktives Netzwerken sind weitere Erfolgsfaktoren und liefern konkrete Ergebnisse. 2018 initiiert Rankers den ersten bundesweiten Wettbewerb „Erfolgreiche Frauen im Mittelstand", der 2020 zum zweiten Mal in Kooperation mit der WHU-Professorin Dr. Nadine Kammerlander stattfindet (www.frauen-im-mittelstand.de).

Seit 2003 ist Claudia Rankers Inhaberin vom Rankers Family Office, einem Multi-Family- und Unternehmer-Office, das sich um alle finanziellen betrieblichen und privaten Belange seiner Mandant:innen kümmert. Sie und Kooperationspartner schätzen Claudia Rankers als pragmatische Visionärin mit Einsatz, Kreativität und Qualität. Unternehmertum ist ihre Leidenschaft. Claudia Rankers ist Expertin für Vermögensstrukturierung, Kapitalanlagen, Immobilienkäufe und Finanzierungen, Unternehmensgründungen, Kapitalbeschaffung, Wachstumsstrategien sowie Unternehmensverkauf. Darüber hinaus ist sie EFA European Financial Advisor, Certified Financial Planner (CFP), Certified Generation Advisor (CGA) und Certified Foundation and Estate Planner (CFEP). Zuvor war sie Direktorin und Führungskraft bei der Schweizer Bank UBS und der Deutschen Bank.

Claudia Rankers ist als Podiumsteilnehmerin und Referentin bei Fachveranstaltungen an Hochschulen und Ministerien ebenso gefragt wie in Jurys. Sie unterstützt Autoren bei Beiträgen zu Finanzthemen und ist Co-Autorin bei einem Buchbeitrag zu „CSR im Mittelstand".

Prof. Dr. Nadine Kammerlander

Professor Dr. Nadine Kammerlander ist seit 2015 Professorin an der WHU – Otto Beisheim School of Management. Zuvor war sie als Assistenzprofessorin an der Universität St. Gallen tätig. Nadine Kammerlander ist diplomierte Physikerin (TU München) und promovierte Betriebswirtschaftswissenschaftlerin (Otto-Friedrich Universität Bamberg). Mehrere Jahre arbeitete sie bei McKinsey & Company und beriet internationale Unternehmen der Automobil- und Halbleiterbranche in Produktentwicklungsprojekten, vor allem in den USA und Mexiko.

In Lehre und Forschung beschäftigt sie sich mit den Themen Innovation, Mitarbeiter und Governance in Familienunternehmen und Family Offices. Ihre wissenschaftlichen Beiträge sind in internationalen Fachzeitschriften (u. a. AMJ, AMR, JMS, JBV, ETP, JPIM, FBR, SBE) veröffentlicht und mit renommierten Forschungspreisen ausgezeichnet worden. Sie ist Mitherausgeberin der internationalen Fachzeitschrift „Family Business Review", Mitglied mehrerer Editorial Review Boards (u. a. JOM, ETP, SEJ und JPIM) und arbeitet in unterschiedlichsten Projekten mit Familienunternehmen und internationalen Forschern zusammen. Unter anderem ist sie Teil des DFG-Netzwerks „Venturing Together".

Professor Kammerlander ist Mitglied des Vorstands der Vereinigung der Aufsichtsräte in Deutschland e.V. (VARD) und Mitglied des Innovation Advisory Committee des DESY. Darüber hinaus ist sie Mitglied des Fachbeirats des „Wirtschaftswoche Best of Mittelstand Consulting"-Wettbewerbs sowie in der Jury des „Wirtschaftswoche Supermaster"-Wettbewerbs. Überdies ist sie Mitglied der Kommission zur Überarbeitung des Kodex für Familienunternehmen sowie der Forschergruppe zur Überarbeitung der Nachhaltigkeitsstrategie Rheinland-Pfalz.

NACHHALTIGKEIT – EINFÜHRUNG IN DIE ESG-KRITERIEN UND DIE SDGs

Claudia Rankers

Die ESG – die Environment Social Governance-Kriterien

Die Environment Social Governance-Kriterien (ESG) wurden 2004 von Ivo Knoepfel, einem Schweizer Finanzstrategen, entwickelt. Für die Vereinten Nationen erstellte er die Studie „Who Cares Wins", in der er zum ersten Mal das Akronym ESG verwendete. Es geht bei diesem Konzept um die drei nachhaltigkeitsbezogenen Verantwortungsbereiche von Unternehmen für Umwelt, Soziales und Unternehmensführung.

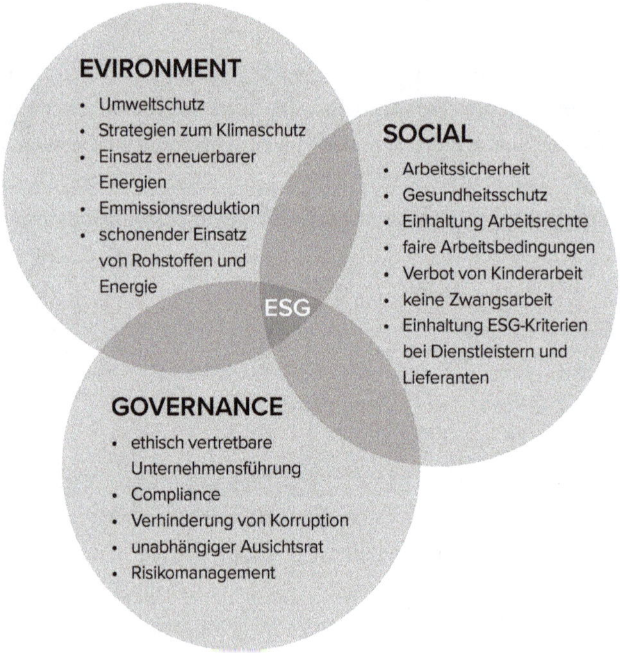

EVIRONMENT

- Umweltschutz
- Strategien zum Klimaschutz
- Einsatz erneuerbarer Energien
- Emmissionsreduktion
- schonender Einsatz von Rohstoffen und Energie

SOCIAL

- Arbeitssicherheit
- Gesundheitsschutz
- Einhaltung Arbeitsrechte
- faire Arbeitsbedingungen
- Verbot von Kinderarbeit
- keine Zwangsarbeit
- Einhaltung ESG-Kriterien bei Dienstleistern und Lieferanten

ESG

GOVERNANCE

- ethisch vertretbare Unternehmensführung
- Compliance
- Verhinderung von Korruption
- unabhängiger Ausichtsrat
- Risikomanagement

Abbildung 1: Environment Social Governance-Kriterien

Ivo Knoepel wollte damit die finanziellen Risiken von nicht nachhaltigen Unternehmensstrategien quantifizieren. Sein Ansatz ist konkreter als das bis dahin dominante SRI-Konzewpt (Socially Responsible Investment) – mit den unscharfen Definitionen von Ethik, Nachhaltigkeit und Verantwortung.

Ökologische oder soziale Aspekte der Unternehmensführung bewerten

Heute bewerten ESG-Ratingagenturen die Auswirkungen der Wirtschaftsaktivitäten eines Unternehmens, Staates oder Infrastrukturprojekts auf ökologische oder soziale Aspekte bzw. Aspekte der Unternehmensführung. Dabei werden nur Ratings innerhalb einer Branche oder einer Gruppe verglichen. Denn es hat keinen Sinn, ein anlageintensives Produktionsunternehmen mit einem Softwareunternehmen zu vergleichen. Noch ist nicht eindeutig klar, wann ein Unternehmen nachhaltig ist: Reicht es aus, wenn ein Unternehmen negative Auswirkungen vermeidet oder muss es bewusst und strukturiert in Nachhaltigkeit investieren? Geht es eher um die Bewertung der Risiken oder der Chancen? Wie sehen die Gewichtungen der drei Faktoren aus?

Unterschiedliche Ratingmethoden

Noch sind nicht alle Unternehmen analysiert. Bei den bereits untersuchten Unternehmen kommt es zu großen Bewertungsunterschieden. Da ESG-Ratingagenturen nicht reguliert sind, haben sie unterschiedliche Schwerpunkte, Messmethoden und Bewertungen. Mal erfolgt die Messung anhand von Skalen oder Punkten, mal auf Basis der Umsatzanteile, einer Wirkungszahl oder einer Klassifizierung nach ihrer Eignung für die Sustainable Development Goals (SDGs).[1] Die Ergebnisse sind deshalb nur zu 61% korreliert. Bei Kreditratings liegt die Korrelation bei 99% – wie eine Studie der MIT Sloan Business School herausfand.

Aufgrund der fortschreitenden Regulierung wird es in den nächsten Jahren zu Annäherungen kommen. Für den Bereich Umwelt bringt die Taxonomie-Verordnung 2022 deutlich mehr Klarheit. Bei den Faktoren Social und Governance bleiben dann Stand heute noch viele Fragen offen.

Umwelt schlägt allzu oft die wichtige Governance

Das Kriterium „Umwelt" steht bei den meisten Unternehmen im Vordergrund. Das kann daran liegen, dass man z. B. den CO_2-Ausstoß leichter messen und die Produktion mit innovativen Techniken ressourcenschonender aufstellen kann. So sind Ziele und deren Umsetzung konkreter zu benennen. Das stellt auch der deutsche Vermögensverwalter Flossbach von Storch in seinem Kapitalmarktbericht vom 3. Quartal 2019 fest: „Leider wird ein wichtiges ESG-Kriterium in seiner allgemeinen Bedeutung stark unterschätzt, weil es weniger griffig ist als der CO_2-Ausstoß und weniger bedrohlich als der Klimawandel. Dabei finden Verstöße gegen das G in ESG (Corporate Governance) sogar den Weg in die Boulevardblätter, weil ein ausschweifender Lebensstil, maßlose Gehälter, Abfindungen und Pensionszahlungen oder in manchen Fällen sogar die Inhaftierung von Managern das Interesse breiter Bevölkerungskreise weckt."

Eine weitere Einschätzung liefert Helen Windischbauer, Head of Retail Solutions Multi Assets des französischen Asset Managers Amundi: „ESG – die Schwerpunkte ändern sich. Während in den USA die Governance eine größere Rolle spielt, sind es in Europa ökologische Aspekte. Die Corona-Pandemie hat für alle die sozialen Faktoren in den Vordergrund gestellt."

Für eine erfolgreiche Nachhaltigkeit bei Produkten und Dienstleistungen ist ein ganzheitlicher Ansatz wichtig – alle drei ESG-Faktoren müssen berücksichtigt und mögliche Risiken erfasst, im Prozess mit präventiven Maßnahmen proaktiv gemanagt und die Ergebnisse gemessen werden. Dann kann die positive Transformation des Unternehmens und sukzessive die Transformation der Wirtschaft und Gesellschaft auch nachverfolgt werden.

DAS PARISER KLIMAABKOMMEN

Am 12. Dezember 2015 verabschiedeten 195 Länder in Paris ein Klimaabkommen mit folgenden Zielen: Die Erderwärmung soll gestoppt und um mindestens 1,5 Grad reduziert werden. Des Weiteren soll der Ausstoß von Treibhausgasen wie CO_2 verringert werden. Mit dem Green Deal wurde 2019 für die EU konkretisiert, dass der Kontinent bis 2050 klimaneutral sein soll. Das ist dringend notwendig, findet die Europäische Kommission: „Klimawandel und Umweltzerstörung sind existenzielle Bedrohungen für Europa und die Welt. Deshalb braucht Europa eine neue Wachstumsstrategie, wenn der Übergang zu einer modernen, ressourceneffizienten und wettbewerbsfähigen Wirtschaft gelingen soll."[2]

DIE SDGs – DIE SUSTAINABLE DEVELOPMENT GOALS

Die 17 UN-Entwicklungsziele, die sogannten Sustainable Development Goals (SDGs) mit 169 Unterzielen, wurden im September 2015 von den 193 Mitgliedsstaaten der Vereinten Nationen verabschiedet. Damit bekennen sich die Staats- und Regierungschefs dieser Nationen zu ehrgeizigen Zielen, die bis 2030 erreicht werden sollen:

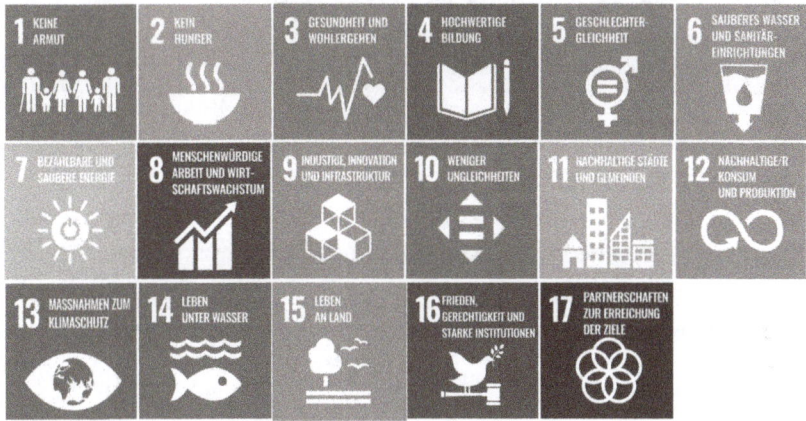

Abbildung 2: Quelle: UN Regional Information Centre for West Europe (UNRIC)[3]

Diese Ziele sollen die Welt besser machen – Armut beenden, Bildung für alle ermöglichen und Frieden schaffen. Konkret wollen die Mitgliedsstaaten mit der SDG-Agenda 2030 globale Aktivitäten entwickeln und umsetzen, um gemeinsam zur Lösung gesellschaftlicher, ökologischer und ökonomischer Missstände beizutragen.

DEUTSCHLANDS NACHHALTIGKEITSSTRATEGIE

Seit 2002 hat sich die Bundesregierung Nachhaltigkeitszielen verschrieben. Diese werden regelmäßig angepasst. So hat sich auch die große Koalition im März 2018 zu den 17 Nachhaltigkeitszielen der Vereinten Nationen bekannt. Die Agenda 2030 soll Richtschnur für die deutsche

Politik sein. Im März 2021 hat die Bundesregierung veröffentlicht, welche Aktivitäten in der laufenden Legislaturperiode umgesetzt wurden und welche Maßnahmen in der 2019 von António Guterres, Generalsekretär der Vereinten Nationen, geforderten „Dekade des Handelns" ergriffen werden sollen. Mit ihnen soll die Transformation in den Bereichen Energie, Klimaschutz, Gesundheit, Kreislaufwirtschaft, Wohnen, Verkehr, Ernährung und Landwirtschaft vorangebracht werden. Alle 17 Nachhaltigkeitsziele (SDGs) der Vereinten Nationen werden berücksichtigt. Unterstützung findet diese Arbeit durch den europäischen „Green Deal" der Europäischen Kommission. Danach soll sich Europa bis 2050 zum ersten klimaneutralen Kontinent entwickelt haben.

Brennglas „Corona"

Die Corona-Pandemie hat Wirkungszusammenhänge verschiedener Bereiche aufgezeigt. So gibt es einen großen Zusammenhang zwischen Einkommen, Wohnen, Gesundheit und Wohlergehen. Einkommen korreliert aber auch mit Ernährung, Gleichheit und Altersarmut. Die negative Verkettung wurde duch das Brennglas „Corona" deutlich. Das Positive: Gezielte zukunftsgerichtete Maßnahmen wirken positv auf mehrere Ziele ein.

Die Zeit drängt

2030 sollen messbare Ergebnisse bei den Zielen erreicht sein. Das geht nur mit einer klaren Strategie, mit Konsequenz und vor allem nur gemeinsam mit großen Kraftanstrengungen. Bundeskanzlerin Angela Merkel will auf dem Weg zur Nachhaltigkeit „auf das Tempo drücken". Am Beispiel SDG 4 (Hochwertige Bildung) sieht man die Handlungsnotwendigkeiten sowie den Handlungsdruck, wie die Abbildung auf S. 14 zeigt:

WIE PASSEN ESG UND SDGs ZUSAMMEN?

Die ESG haben sich als Bewertungsstandard für nachhaltige Kapitalanlagen etabliert. Mit der Agenda Sustainable Finance 2030 haben sie Einzug in den Finanzbereich gefunden und werden für die Beurteilung der Nachhaltigkeit herangezogen. Das erklärte Ziel der EU ist: Das Kapital soll dahin gelenkt werden, wo es dazu beiträgt, die 17 Nachhaltigkeitsziele zu erreichen. Das ist leicht für das SDG 6 „bezahlbare und saubere Energie", aber schwer für das SDG 1 „keine Armut" und besonders für das SDG 16 „Frieden, Gerechtigkeit und starke Institutionen".

Mehr Details zum nachhaltigen Investieren finden Sie in den Beiträgen von Anna Sophie Herken, Allianz Assetmanagement GmbH, und Claudia Rankers, Inhaberin vom Rankers Family Office.

Ratingagenturen messen und bewerten, welchen positiven, aber auch negativen Impact Unternehmen, Staaten oder Infrastrukturprojekte auf die 17 SDGs haben. Entlang der Wertschöpfungskette kann es zu Kontroversen kommen. Ein Unternehmen, das Bambusbestecke verkauft, kann durch den Ersatz von Plastikbestecken einen positiven Einfluss auf die Umwelt haben (SDG 12, verantwortungsvolle Konsum- und Produktionsmuster). Es minimiert diesen Effekt auf die gesamte Nachhaltigkeitsbewertung u. U. aber durch die Produktionsbedingungen in Asien (SDG 8, menschenwürdige Arbeit und Wachstum) und den Transport über die Weltmeere (SDG 14, Leben unter Wasser) nach Deutschland. Mehr zu den Unternehmenswertungen und ESG-Ratings finden Sie im Beitrag „Was ist RepRisk?" von Alexandra Mihailescu Cichon, Executive Vice President, Sales and Marketing bei dem Schweizer Datenwissenschaftsunternehmen RepRisk AG.

Unternehmen richten sich auf ESG und SDGs aus

Die SDGs ermöglichen eine bessere Kategorisierung dessen, was Nachhaltigkeit in den ESG-Bereichen bedeutet. Mit klarer Strategie und konsequenter Umsetzung verstärken sich die positiven Auswirkungen auf ESG-Faktoren und SDGs gegenseitig. Die ESG-Risiken werden erfolgreich gemanaged. Es kann aber auch passieren, dass ein Unternehmen eine sehr gute ESG-Bewertung erhält, ohne einen Einfluss auf das Erreichen eines der Nachhaltigkeitsziele zu haben. Erfreulicherweise zeigen die Nachhaltigkeitsberichte von Unternehmen immer mehr, wie sie sich ganz gezielt auf ESG und SDGs ausrichten. Unternehmen und Finanzmärkte entwickeln ein einheitliches Verständnis der SDGs und von Nachhaltigkeit.

SDG 4. Inklusive, gleichberechtigte und hochwertige Bildung gewährleisten und Möglichkeiten lebenslangen Lernens für alle fördern				
Nr.	**Indikatorenbereich**	**Indikatoren**	**Ziele**	**Status**
4.1.a	**Bildung** Bildung und Qualifikation kontinuierlich verbessern	Frühe Schulabgängerinnen und Schulabgänger	Verringerung des Anteils auf 9,5 % bis 2030	
4.1.b		Akademisch Qualifizierte und beruflich Höherqualifizierte (30- bis 34-Jährige mit tertiärem oder postsekundarem nichttertiärem Abschluss)	Steigerung des Anteils auf 55 % bis 2030	
4.2.a	**Perspektiven für Familien** Vereinbarkeit von Familie und Beruf verbessern	Ganztagsbetreuung für Kinder 0- bis 2-Jährige	Anstieg auf 35 % bis 2030	
4.2.b		Ganztagsbetreuung für 3- bis 5-Jährige	Anstieg auf 60 % bis 2020 und auf 70 % bis 2030	

Abbildung 3: Institutionen und Zuständigkeiten, DEUTSCHE NACHHALTIGKEITSSTRATEGIE 2021, Kurzfassung

ESG-Qualität und SDG-Impact von Emittenten sind bedeutsam. Das spiegelt sich in guten Nachhaltigkeitsbewertungen der Emittenten von Kapitalanlagen wider. Ein attraktives Geschäftsmodell mit guten ökologischen, sozialen und unternehmerischen Faktoren und einem positiven Impact auf eines der SDGs lädt zum Investieren ein. So können die Vermögen dahin gelenkt werden, wo sie zur Erfüllung der Nachhaltigkeitsziele bis 2030 dringend benötigt werden. Das begrüßt auch Silke Stremlau, Vorstand Hannoversche Kassen: „Endlich katapultieren die EU-Regulierung und die BaFin die Themen ESG und Nachhaltigkeit mit Wucht dorthin, wo sie hingehören: raus aus der grünen Nische und hinein in die Mitte des gesamten Finanzsystems. Nachhaltigkeit geht alle Banken und institutionellen Investor:innen etwas an, weil auch die Auswirkungen des Klimawandels alle Branchen erfassen werden."

Nachhaltigkeit als Thema der Zukunft

Am Ende des Bewertungsprozesses einer ESG-Ratingagentur liegen jeweils die ESG-Qualität und der SDG-Impact vor. Noch haben die Ratingagenturen nicht alle Daten und Vergleichswerte zu allen Unternehmen und Infrastrukturprojekten. Wir erwarten, dass die Standardisierung der Daten mit der Taxonomie der EU 2022 und die Auswahl der Investierenden beim Konsum und ihren nachhaltigen Vermögensanlagen sowie die politischen Rahmenbedingungen dazu führen werden, dass Unternehmen die Auswirkungen ihrer Geschäftsmodelle, Strategien, Dienstleistungen und Produkte mit ihrer ganzen Wertschöpfungskette auf ESG und SDGs optimieren werden. Mit dieser positiven Auswirkung auf die Realwirtschaft tragen wir alle dazu bei, die Nachhaltigkeitsziele der UN mit guten ökologischen, sozialen und wirtschaftlichen Maßnahmen sukzessive zu erreichen. Dabei hat sich erfreulicherweise herausgestellt, dass die positiv bewerteten Unternehmen auch eine gute Wertschöpfung und damit auch eine gute nachhaltige Rendite erzielen können. Unternehmen sind für Kunden:innen und Beschäftigte attraktiv, wenn sie die ESG-Faktoren in ihre Prozesse integrieren und mindestens ein SDG mit ihrem Geschäftsmodell adressieren. Marita Lewening, Gleichstellungsbeauftragte des ZDF, bringt es auf den Punkt: „Nachhaltigkeit ist mehr als nur ein Trend, es ist ein Zukunftsthema. Deswegen braucht Nachhaltigkeit auch Nachhaltigkeit! Das bedeutet in unserem eigenen Interesse, Strategien und Projekte sichtbar zu machen, nachzuhalten und festzustellen, ob und inwieweit wir unseren Ansprüchen in der Realität gerecht werden."

Quellen
1   https://www.dvfa.de/fileadmin/downloads/Verband/Kommissionen/Sustainable_Investing/DVFA_SDG-Auswirkungs-messung.pdf
2   https://ec.europa.eu/clima/policies/international/negotiations/paris_de
3   https:///://unric.org/de/17 Ziele/

VORWORT
Claudia Rankers und Prof. Dr. Nadine Kammerlander

Nachhaltigkeit ist eine überlebenswichtige Aufgabe, der sich Unternehmen und Gesellschaft stellen müssen. Aus ökologischer Sicht geht es um die Reduzierung von Emissionen und Abfällen, die sparsame Verwendung von Rohstoffen und Energie sowie um die Erhaltung der Biodiversität. Aus sozialer Sicht gilt es, gute und sichere Arbeitsplätze zu schaffen, Armut zu bekämpfen und in die Bildung der nächsten Generation zu investieren. Die Corona-Pandemie hat diese Notwendigkeiten noch verschärft. Es gilt, diese Prozesse aus einer Governance-Perspektive heraus so zu gestalten, dass die gesetzten Ziele tatsächlich erreicht werden und Skandale à la Wirecard in Zukunft vermieden werden können – und das alles im Spannungsfeld von Globalisierung, Digitalisierung sowie demografischem Wandel.

Im Jahr 2015 veröffentlichten die Vereinten Nationen daher 17 Ziele für nachhaltige Entwicklung, die innerhalb von 15 Jahren bearbeitet werden sollten. Während die SDG-Ziele innerhalb Deutschlands noch nicht die Verbreitung und Bekanntheit erfahren haben wie in anderen Ländern, nimmt der Fokus auf ESG-Faktoren immer weiter zu. Insbesondere erweiterte Gesetzgebungen und Regularien bringen Unternehmen unabhängig von ihrer Größe dazu, sich verstärkt mit dieser Thematik auseinanderzusetzen. Die Politik muss dafür fördernde Rahmenbedingungen setzen. Außerdem ist die Unterstützung durch Wissenschaft und Bildung, Gesellschaft und Wirtschaft erforderlich, um diese Ziele zu erreichen. Mit diesem Buch stellen wir Ihnen eine Auswahl an bedeutenden Persönlichkeiten und ihre spannenden Beiträge zur Bewältigung dieser Herausforderungen vor. Alle Autorinnen haben in Vergangenheit und Gegenwart mit hoher ESG-Qualität viel zum Erreichen der SDG-Ziele beigetragen – und wollen das auch in Zukunft tun. Daneben lassen wir Akteure aus der Finanzindustrie zu Wort kommen. Für sie sind ESG und SDGs Tagesthemen.

Eine besondere Rolle kommt dabei der Wissenschaft und Forschung zu. Neue Technologien werden es uns in Zukunft erlauben, nachhaltiger zu leben. Dies schließt Kreislaufwirtschaft und Recycling genauso ein wie Prozessoptimierung und neue Energiequellen. Nur wenn wir weiterhin innovativ denken, werden wir Lösungen für die vielfältigen Herausforderungen unserer Zeit finden. Die Rolle von Ausbildungsbetrieben und Universitäten wird in der Diskussion rund um Nachhaltigkeit oft vernachlässigt. Dabei kann hier – neben der Forschung – vieles über positive Rollenmodelle und Motivation bewegt werden. Universitäten sollten Vielfalt sichtbar machen und Studierende darauf vorbereiten, in dieser Welt nachhaltig zu arbeiten und sie entsprechend zu gestalten. Wenn Menschen bereits in einem jungen Alter lernen, in gemischten Teams mit unterschiedlichen Perspektiven erfolgreich zu arbeiten und Nachhaltigkeit zu verfolgen, dann werden sie dieses Wissen auch in ihren Positionen im Berufsleben anwenden können und somit zum positiven gesellschaftlichen Wandel beitragen.

Zu guter Letzt spielen sich viele positive Veränderungen in den einzelnen Unternehmen ab. Wie der von uns seit 2018 durchgeführte bundesweite Wettbewerb „Erfolgreiche Frauen im Mittelstand" zeigt, setzen sich Unternehmenslenkerinnen täglich dafür ein, eine nachhaltige Zukunft zu gestalten. Sie schaffen Arbeitsräume, die eine Vereinbarkeit von Familie und Beruf ermöglichen; sie zahlen anständige Löhne und binden Mitarbeitende in wesentliche Entscheidungen ein; sie setzen auf Innovationen, Ressourcenreduzierung und erneuerbare Energien. Mit anderen Worten: Sie leben das moderne Bild der ehrbaren Kauffrau – und das natürlich nachhaltig. Sie motivieren nach dem Motto: „Können – Wollen – Machen – Frau". Dem Landesfrauenrat Rheinland-Pfalz ist es wichtig, in diesem Sinne Frauen und Unternehmertum zu fördern und sie bei ihren Aktivitäten bezüglich ESG und SDGs zu unterstützen.

Es ist unmöglich, all die Facetten dieses täglichen, oft unbeachteten Einsatzes in einem Buch abzubilden. Dennoch möchten wir Ihnen, liebe Leserinnen und Leser, mit dieser Sammlung spannender Best-Practice-Beispiele einen ersten Einblick und Inspiration geben. Inspiration, die Hoffnung gibt und zum Nachahmen und Weiterdenken einlädt. Wir wünschen Ihnen viel Spaß beim Lesen!

Claudia Rankers
Vorsitzende des Vorstands
Landesfrauenrat Rheinland-Pfalz

Prof. Dr. Nadine Kammerlander
Co-Direktorin des Instituts für Familienunternehmen und Mittelstand der WHU

MEHR FRAUEN BEDEUTEN MEHR FREIHEIT
Marcel Fratzscher

„Once little girls can see it, little girls can be it" – wenn kleine Mädchen einmal etwas sehen können, dann können sie dies sein – sprach die 22-jährige Poetin Amanda Gorman zur Amtseinführung von US-Präsident Joe Biden und betonte damit, wie wichtig es für alle US-Amerikanerinnen sei, dass mit Kamala Harris zum ersten Mal in der Geschichte der USA eine Frau, und dazu eine schwarze und asiatische Frau, zur Vizepräsidentin gewählt wurde. Gleichzeitig kündigte sie an, im Jahr 2036, wenn sie das rechtlich notwendige Alter dafür erreicht hat, selbst US-Präsidentin werden zu wollen.

Vorbilder sind von enormer Bedeutung für eine Gesellschaft und für jeden und jede Einzelne. Dies ist vielleicht der wichtigste Grund, wieso die Mindestbeteiligung von Frauen in Vorständen ein so wichtiger Schritt auf dem langen Weg zur Gleichstellung und Chancengleichheit auch in Deutschland ist.

Diese Mindestbeteiligung hat das Bundeskabinett Anfang Januar 2021 beschlossen und damit eine kontroverse Diskussion in Deutschland weiter befeuert. Große Einigkeit besteht in unserer Gesellschaft, dass Chancengleichheit und Freiheit zwei wichtige Markenkerne der sozialen Marktwirtschaft sind. Uneinigkeit besteht jedoch in der Frage, ob die Verbesserung von Chancengleichheit und Freiheit für die einen die Beschränkung von Freiheit für die anderen rechtfertigen kann. Dabei muss die Mindestbeteiligung kein Widerspruch sein: Eine kluge Gleichstellungspolitik kann und sollte die Freiheit für alle stärken, auch für Männer.

Karrierechancen von Frauen häufig gering

Die einen sehen in dem Gesetzesentwurf eine Notwendigkeit, um eine strukturelle und meist unsichtbare Benachteiligung von Frauen in der Arbeitswelt abzubauen. Viele Männer verstehen diese Benachteiligung häufig implizit als Vorwurf gegen sich, sie würden Frauen diskriminieren. Das mag es zweifelsohne geben, hat sich in den vergangenen Jahrzehnten aber sicherlich deutlich verbessert. Trotzdem bleiben der Anteil von Frauen in Führungspositionen und generell die Karrierechancen von Frauen häufig gering. Dies mag nicht selten wenig mit Diskriminierung zu tun haben, sondern eher mit anderen Faktoren, für die Männer nicht unmittelbar verantwortlich sind.

Zahlreiche wissenschaftliche Studien zeigen, wie wichtig Netzwerke und Vorbilder sind, um berufliche Chancen entwickeln und ergreifen zu können. Viele Mädchen und junge Frauen können sich manche Berufsbilder und Karriereoptionen kaum realistisch für sich persönlich vorstellen, weil es kaum weibliche Vorbilder für sie gibt. Auch deshalb ist es so wichtig, dass mehr Frauen in ganz hohe Führungspositionen kommen – und deshalb ist die Mindestbeteiligung in Vorständen auch sinnvoll und wichtig, obwohl sie erst mal nur für 74 börsennotierte und gleichzeitig paritätisch mitbestimmte Unternehmen gilt, die einen mindestens vierköpfigen Vorstand haben.

Ein wichtiger Teil des Diskurses, um die scheinbar unüberbrückbaren Differenzen zwischen Befürwortern und Gegnern der Mindestbeteiligung von Frauen in Vorständen zu lösen, ist, genau dieses Bewusstsein zu schaffen. Es geht in unserer Gesellschaft heute häufig nicht primär um Diskriminierung und Schuld, sondern um Freiheit und wirkliche Chancengleichheit. Und welcher Mann möchte nicht die gleiche Freiheit und die gleichen Chancen für seine Partnerin, seine Tochter, Schwester, Mutter, Enkelin oder gute Freundin wie für sich selbst?

Ein zweiter, kontroverser Punkt ist der Vorwurf, eine gesetzliche Vorgabe würde die Freiheit der Unternehmen beschneiden. Dieser Vorwurf ist richtig, die Mindestbeteiligung beschneidet, zumindest temporär, die Entscheidungsmöglichkeiten der betroffenen Unternehmen. Diese Beschränkung ist jedoch wie gesagt temporär, denn mit einem zunehmenden Anteil von Frauen in Führungspositionen wird die Frage einer Quote irrelevant werden. Viele nordische Länder machen uns vor, wie man Freiheit und Chancengleichheit für Männer und für Frauen in Einklang bringt.

Diversität bringt Erfolg

Eine Studie der Beratungsfirma BCG zeigt, dass Unternehmen zudem von diversen Vorständen auch wirtschaftlich und finanziell profitieren. Unter den 100 größten börsennotierten Unternehmen in Deutschland haben solche mit diversen Führungsteams eine um 9 % höhere Gewinnmarge und einen fast 20 % höheren Umsatzanteil durch Innovationen. Frauen tragen neue Perspektiven bei, und die größere Diversität ermöglicht es, die Ressourcen eines Unternehmens besser zu nutzen. Daher sollten sich auch Eigentümer der Unternehmen in Zukunft viel stärker einbringen und ihr Management dazu drängen, ein höheres Gewicht auf Diversität zu legen.

Deutschland hängt beim Anteil von Frauen in Vorständen international hinter vergleichbaren Ländern deutlich hinterher, wie das neueste Managerinnen-Barometer des DIW Berlin zeigt. Dabei erweist sich die Geschlechterquote für Aufsichtsräte, die 2015 für große Unternehmen eingeführt wurde, als Erfolg. Bemerkenswert ist, dass Unternehmen, für die die gesetzliche Quote für Aufsichtsräte gilt, auch mehr Frauen in ihren Vorständen haben.

Aber obwohl in diesen Unternehmen mittlerweile rund 36 % der Positionen in Aufsichtsräten mit Frauen besetzt sind, liegt der Anteil der Vorständinnen nur bei knapp 13 %. Vor allem Unternehmen in der Finanzbranche tun sich ungewöhnlich schwer, den Anteil von Frauen im oberen Management und in Vorständen zu erhöhen.

Die Erfahrung in Deutschland mit der Frauenquote in Aufsichtsräten ist ermutigend für die Mindestbeteiligung von Frauen in Vorständen. Gleichzeitig dürfen wir aber keine zu hohen Erwartungen haben. Die vom Bundeskabinett beschlossene Vorgabe ist eine Minimalversion, die kurzfristig nur wenig wird ändern können, weil nicht viele Unternehmen an sie gebunden sein werden. Sie kann aber einen wichtigen Impuls setzen. Viel wichtiger als die bloße Entwicklung der Zahlen ist eine Veränderung der Mentalität und Werte in unserer Gesellschaft. Dieses Buch möchte dazu beitragen. Die große Vielfalt der Autorinnen – alles Vorbilder – sensibilisiert, informiert und motiviert zu eigenem Engagement.

Die Mindestbeteiligung für Vorstände ist ein wichtiges Signal und ein Schritt hin zu mehr Chancengleichheit. Zu hoffen bleibt, dass diese gesetzliche Vorgabe in absehbarer Zeit nicht mehr als eine Beschneidung der Freiheiten von Männern wahrgenommen wird, sondern als das Gegenteil – eine größere Freiheit für Frauen *und* für Männer, von der Unternehmen auch wirtschaftlich profitieren.

Marcel Fratzscher ist Präsident des Deutschen Instituts für Wirtschaftsforschung e.V. (DIW)

UNIV.-PROF. DR. MARION A. WEISSENBERGER-EIBL

Institutsleiterin Fraunhofer-Institut für System- und Innovationsforschung ISI und Inhaberin Lehrstuhl für Innovations- und Technologie Management (iTM) am Karlsruher Institut für Technologie (KIT)

Welche Netzwerke waren für Sie und Ihre berufliche Entwicklung relevant?

Ich bin in verschiedenen Netzwerken und Gremien aktiv, um in erster Linie einen Beitrag für andere zu leisten. Aber auch ich ziehe großen Nutzen aus dieser Arbeit. Beispielsweise bin ich seit 2017 im Lenkungskreis der Wissenschaftsplattform Nachhaltigkeit 2030, die Wissenschaftler:innen mit Persönlichkeiten aus der Politik, Gesellschaft und Wirtschaft zusammenbringt und drängende Nachhaltigkeitsthemen diskutiert. Vertreter:innen verschiedener Disziplinen kommen auch im Strategiedialog Automobilwirtschaft Baden-Württemberg zusammen. In diesem Dialog begleite ich gemeinsam mit Wissenschaftsministerin Theresia Bauer als Co-Lead im Rahmen der Kernarbeitsgruppe „Forschungs- und Innovationsumfeld" sehr aktiv den Transformationsprozess der Branche. In einer komplexen Welt wird dies immer bedeutender. Wenn wir interdisziplinär zusammenarbeiten und uns austauschen, erhalten wir ein ganzheitliches Bild. Für neue Ideen, die auch Akzeptanz und Anwendung finden wollen, ist dies essenziell.

Welche Mentorin/welcher Mentor hat Sie beeindruckt?

Ein sehr wichtiger Mentor in meinem Leben war mein Doktorvater, Professor Horst Wildemann. Beeindruckt hat er mich, weil er mir zeigte, dass es sich lohnt, neue Wege zu gehen, auch wenn diese zunächst ungewöhnlich erscheinen und vielleicht auch steiniger sind als manch anderer Weg. Das setzten wir auch gemeinsam in die Praxis um, als wir für unsere Forschung Industrie-Drittmittel akquirierten. Dies war damals eher ungewöhnlich für universitäre Forschung.

Was würden Sie als Mentorin an die nächste Generation weitergeben?

Der jungen Generation rate ich, stets persönliche Ziele zu definieren und unbedingt der eigenen Leidenschaft zu folgen. Je mehr unser Handeln dieser Leidenschaft folgt, desto besser und erfolgreicher werden wir. Am Ende gehen uns diese Tätigkeiten auch viel leichter von der Hand. Doch manchmal ist es erforderlich, sich auf sich ändernde Rahmenbedingungen und Möglichkeiten einzustellen, seine Ziele zu hinterfragen und gegebenenfalls die Richtung zu ändern. Um ihren eigenen Weg zu finden, rate ich jungen Menschen, persönliche Ideen und Gedanken nachdrücklich zu kommunizieren und auch offen für andere Gedanken zu sein und in den Austausch auf allen Ebenen zu gehen, um die eigene Perspektive zu reflektieren.

Wie setzen Sie Nachhaltigkeit im eigenen Unternehmen um?

Am Fraunhofer ISI bilden wir unser Wirken für Nachhaltigkeit in unserem Nachhaltigkeitsbericht ab. Dabei fokussieren wir uns nicht auf unsere Forschungsarbeit, sondern auf unser Handeln im Arbeitsalltag. In unserer Forschungsarbeit beschäftigen wir uns in verschiedenen Competence Centern (CC) mit dem Thema Nachhaltigkeit. Ein eigenes CC forscht beispielsweise zum Thema Nachhaltigkeit und Infrastruktursysteme und analysiert u.a. die Möglichkeiten für eine effizientere Nutzung von Ressourcen oder die Reduktion von Emissionen. Als Institutsleiterin ist es mir ein Anliegen, Nachhaltigkeitsthemen und gewonnene Erkenntnisse einer breiten Öffentlichkeit zielgruppengerecht zu vermitteln. Darüber hinaus nutze ich meine Gremienarbeit, wie beispielsweise in der Wissenschaftsplattform Nachhaltigkeit 2030, um zu den Themen auch in den interdisziplinären, ressortübergreifenden und offenen Austausch zu gehen und Ideen zu entwickeln, die uns auf unserem Weg zu mehr Nachhaltigkeit weiter voranbringen.

AUS DER BRILLE EINER ZUKUNFTSFORSCHERIN: WIE WIR (ÜBER-)MORGEN LEBEN WERDEN

Nachhaltigkeit als Megatrend

Nachhaltigkeit ist aus der früheren Nische in den Mainstream gewandert – sie ist nicht mehr nur Thema einiger Naturverbundener, sondern als gesamtgesellschaftliche Herausforderung akzeptiert, die weit über ihren Ursprung hinausgeht. Es gilt, sie als grundlegende Strategie und Querschnittsaufgabe bei all unseren Entscheidungen anzuerkennen – in der Gesetzgebung, im Innovationsprozess, in der Lieferkette und auch beim alltäglichen Konsum.

Seit 2007 darf ich mit dem Fraunhofer-Institut für System- und Innovationsforschung ISI ein Institut leiten, das im Bereich der Nachhaltigkeit forschungsstark ist. In zahlreichen Projekten einer speziellen Abteilung und darüber hinaus forschen wir zu nachhaltigkeitsrelevanten Fragestellungen. Gleichzeitig bringe ich mich persönlich als Innovations- und Zukunftsforscherin in den Diskurs ein und bin in Gremien wie der Wissenschaftsplattform Nachhaltigkeit wpn2030 oder der Kompetenzplattform nachhaltig.digital aktiv.

Warum? Weil Nachhaltigkeit kein Luxus ist, sondern eine Notwendigkeit, um auch zukünftigen Generationen einen lebenswerten Planeten, wirtschaftlichen Wohlstand und ein gesundes soziales Umfeld zu ermöglichen.

Nachhaltigkeit für die Zukunft

Die sogenannten Grand Challenges, wie z.B. die Klimakrise, die Ressourcenknappheit oder der demografische Wandel, erhöhen den Druck auf uns alle. Wir müssen unsere Art, wie wir miteinander leben, wirtschaften und arbeiten, reflektieren und lernen, nachhaltiger zu agieren. Nachhaltigkeit bedeutet, soziale, ökologische und ökonomische Ziele in Einklang zu bringen. Sie durchdringt damit verschiedenste Veränderungsprozesse, Branchen und Handlungsalternativen unterschiedlichster Akteure.

Bereits heute spielt Nachhaltigkeit eine relevante Rolle in unserer Gesellschaft. Sie wird uns aber in Zukunft immer stärker prägen und zu einem

Umdenken führen. Ein gesellschaftlicher Wertewandel könnte z.B. dazu führen, dass in Zukunft Tätigkeiten wie Erfinden, Herstellen, Modifizieren, Teilen, Recyceln oder Reparieren defekter Produkte für die Menschen immer wichtiger werden und zu einer Art „Selbermachwirtschaft", „Shareconomy" und Kreislaufwirtschaft führen. Der Wertewandel beeinflusst aber schon jetzt unsere Art des Konsumierens: Immer mehr Menschen wollen wissen, wie nachhaltig Produkte sind oder wie nachhaltig die dahinterstehenden Unternehmen handeln.

Auch die Zukunft der Arbeit betrifft uns alle. So sollte nachhaltige Arbeit beispielsweise Einkommen und Sinnstiftung bieten, keine negativen Auswirkungen auf die physische und psychische Gesundheit und die Umwelt haben und gleichzeitig Prosperität und Produktivität sicherstellen. Letztlich kann die Zukunft der Arbeit in vielen Bereichen nachhaltiger sein. Meetings oder Konferenzen, für die Menschen früher weite Strecken zurücklegen mussten, werden jetzt online durchgeführt. Auch das Homeoffice hat sich etabliert. Ob sich der Trend auch nach Corona fortsetzt, wird sich zeigen. Viele Organisationen haben jedoch die entsprechende IT-Infrastruktur geschaffen und reflektieren derzeit, ob eine uneingeschränkte Präsenzkultur noch zeitgemäß ist. Es liegt auch in unserer Verantwortung, Arbeit entlang der globalen Liefernetzwerke nachhaltig zu gestalten.

Diese und weitere Erkenntnisse durfte ich im Rahmen meiner Gremienarbeit für die wpn2030 in das Thema „Zukunft der Arbeit" einbringen und diskutieren.[1] Mit Stakeholdern aus Politik, Wirtschaft und Gesellschaft reflektieren wir drängende Fragen der Nachhaltigkeit umfassend. Meine Rolle sehe ich vor allem darin, den involvierten Akteuren einen Blick in die Zukunft abzuverlangen – sie immer wieder dazu zu ermutigen, Zukunft aktiv zu gestalten. Als Zukunftsforscherin betone ich dabei die Bedeutung von Zukunftsbildern, d.h. Beschreibungen von wünschenswerten und realistischen Zukünften. Und stoße eine Diskussion darüber an, wie wir diese erreichen können.

Auch in der Mobilitätsdebatte finden verstärkt nachhaltigkeitsrelevante Überlegungen statt. Egal, ob wir darüber diskutieren, wie wir die CO_2-Emissionen minimieren, oder ob es ein allgemeines Tempolimit geben sollte. Ob wir uns fragen, inwiefern der Staat Elektromobilität oder Wasserstoffantriebe subventionieren soll, wie wir die Innenstädte lebenswerter gestalten können oder welche Modelle auch für die Landbevölkerung komfortabel nutzbar sind. Klar ist, Mobilität ist ein Thema, das uns alle und verschiedenste Nachhaltigkeitsziele betrifft.

Aus diesem Grund hat die Landesregierung Baden-Württemberg gemeinsam mit Herstellern, Zulieferern, Wissenschaft und Zivilgesellschaft den Strategiedialog Automobilwirtschaft BW initiiert, an dem ich mich als Leiterin der Kern-AG „Forschungs- und Innovationsumfeld" aktiv beteilige. Wir wollen die Transformation dieses wichtigen Wirtschaftszweigs zu einem Erfolg für Menschen, Unternehmen und Klimaschutz machen. Das Ziel sind klimafreundliche und digital vernetzte Mobilitätslösungen. Dabei wird es nicht reichen, sich z.B. auf die Entwicklung neuer Kraftstoffe oder den Ausbau eines guten ÖPNV zu einigen. Wir müssen technologieoffen entlang der gesamten Wertschöpfungskette die Themen der Zukunft angehen. Und vor allem auch gemeinsam über völlig neue Mobilitätskonzepte nachdenken!

Auf dem Weg zu mehr Nachhaltigkeit

Zuallererst bin ich davon überzeugt, dass sich Organisationen – unabhängig von ihrer Größe – verstärkt strategisch mit dem Thema Nachhaltigkeit befassen müssen und systematisch überlegen, wie sie den SDGs Rechnung tragen.[2] Denn das geht mit der umfassenden Analyse der Zukunftsfähigkeit der eigenen Organisation einher. Um so die Zukunftsfähigkeit der eigenen Organisation umfassend zu analysieren, braucht es gute Ideen. Mutige Ansätze entstehen dann, wenn wir neu zusammenkommen und voneinander lernen, und nur selten in engen Zirkeln, in denen alle „dieselbe Sprache sprechen".

Auf dem Weg zu mehr Nachhaltigkeit, müssen wir außerdem Digitalisierung und Nachhaltigkeit verknüpft denken. Die digitale Transformation ist ein Metatrend, der viele verschiedene Bereiche durchdringt. Entgegen gängiger Narrative ist die Digitalisierung jedoch nicht per se nachhaltig, sondern durchaus ambivalent zu betrachten.

Zukunftsfähig werden wir, wenn wir die digitale Transformation adaptieren, sie also nachhaltiger gestalten, indem wir z.B. die ökologischen Kosten von Rechenzentren minimieren. Gleichzeitig können wir aber durch die Digitalisierung Nachhaltigkeitsziele erreichen, wenn wir sie als Tool nutzen. Mit digitalen Technologien kann beispielsweise die Landwirtschaft Biodiversität schützen und Böden effizienter bewirtschaften.

Ausblick: Chancen für die Nachhaltigkeitswende

Die Corona-Pandemie hat uns überdeutlich aufgezeigt, wie vernetzt, komplex, anfällig und verwundbar unsere Welt und die dazu gehörenden Systeme sind.

Anstatt zum Status quo ante zurückzukehren, plädiere ich dafür, dass wir die gegenwärtige Krise als Chance nutzen, um die nachhaltige Entwicklung zu beschleunigen. Wir können Entwicklungen und Erkenntnisse aus der Krise mitnehmen und für unsere Zukunftsgestaltung nutzen. Damit beschäftigen sich auch meine Kolleg:innen am Fraunhofer ISI. Sie haben drei Bereiche identifiziert, in denen jetzt schon eine Menge Bewegung zu finden ist: Mobilität, Wirtschaft und Konsum sowie Ernährung.[3]

Ich bin davon überzeugt, dass wir vieles besser machen können. Denn ein Zurück zu stundenlangen Pendlerstrecken ohne die Möglichkeit des mobilen Arbeitens ist nicht erstrebenswert. Ein Zurück zu den fragilen Lieferketten, in denen immer noch systematisch Menschenrechte verletzt werden, geht nicht mit unserem Verständnis der sozialen Marktwirtschaft einher. Ein Zurück zur uneingeschränkten Konzentration auf fossile Ressourcen zur Sicherung der aktuellen Wirtschaftslage passt nicht zu einer zukunftsorientierten Gesellschaft.

Wenn wir uns erfolgreich für die Zukunft aufstellen wollen, müssen wir uns vermehrt mit Nachhaltigkeit auseinandersetzen. Nachhaltigkeitsrelevante Problemstellungen zu bearbeiten, diese mit Leidenschaft und Hartnäckigkeit voranzutreiben sehe ich letztlich auch als meine Verantwortung als Leiterin eines Forschungsinstituts und als Universitätsprofessorin. Denn Nachhaltigkeit ist eine gesamtgesellschaftliche Herausforderung, die von Wirtschaft, Wissenschaft, Politik und Gesellschaft angegangen werden muss. Wir alle müssen unseren Teil dazu beitragen.

Quellen

1   Lessenich, S., Weissenberger-Eibl, M.A., Holtmann, T., Lindemann, K., Barth, T., Mutafoglu, K., Schmidt, F., Walli-Schiek, M., (2020), Wege zu einer nachhaltigen Arbeitswelt. Abschlussbericht der wpn2030-Arbeitsgruppe „Zukunft der Arbeit". wpn2030 – Wissenschaftsplattform Nachhaltigkeit 2030. Potsdam: Institute for Advanced Sustainability Studies IASS.

2   Weissenberger-Eibl, M.A. (2020), Das Ideenmanagement bietet reichlich Potenzial für mehr Nachhaltigkeit. In: Deutsches Institut für Ideen- und Innovationsmanagement (Hrsg.): Ideenmanagement und die Agenda 2030 für nachhaltige Entwicklung: Methodische Integration und Praxisbeispiele. Kempten: Deutsches Institut für Ideen- und Innovationsmanagement.

3   Bodenheimer, M., Leidenberger, J. (2020), COVID-19 als Chance für die Nachhaltigkeitswende? [Blog Fraunhofer-Institut für System- und Innovationsforschung ISI]. Online verfügbar unter https://www.isi.fraunhofer.de/de/blog/2020/Covid-19-als-Chance-Nachhaltigkeit.html, zuletzt geprüft am 09.03.2021.

**CORNELIA
LAMBERTY**

*Gründerin und
Geschäftsführerin der
moccamedia GmbH*

**Welche Netzwerke waren für Sie und Ihre
berufliche Entwicklung relevant?**
Senat der Wirtschaft und Global Female
Leaders.

Wie setzen Sie Nachhaltigkeit im eigenen Unternehmen um?
Im zweijährlichen Turnus lassen wir uns CSR- (Corporate Social Responsibility) zertifizieren. Mehrfach in Folge erzielten wir dabei signifikant gute Werte und wurden mit dem Silver Rating ausgezeichnet. Wir leben und arbeiten mit einer nachhaltigen Wertevorstellung und setzen diese gemeinsam mit allen Mitarbeitenden regelmäßig um.

**Was würden Sie jungen Unternehmer:innen in diesem Zusammen-
hang mitgeben?**
Vertrauen in die eigene Leistungsfähigkeit, Respekt und Wertschätzung gegenüber Mitarbeitenden, Partnern und Dienstleistern.

ZUKUNFT PASSIERT JETZT

SDGs (Sustainable Development Goals), die globalen Nachhaltigkeitsziele der UNO: Wer würde nicht „Ja" sagen zu Zielen wie Frieden, dem
Ende von Armut und Hunger, zur Gleichstellung der Geschlechter, zu
Klimaschutz und hochwertiger Bildung für alle? Diese Punkte beschrei-
ben zusammen mit den anderen der insgesamt 17 SDGs so etwas wie
den Idealzustand der Welt, sind vollkommen konsensfähig, dabei aber
extrem abstrakt und wirken aus der Sicht des Einzelnen nur sehr schwer
oder kaum erreichbar. Selbst wenn wir in einem der reichsten Länder
der Erde auf dem Weg zu vielen dieser Ziele schon ein sehr großes
Stück zurückgelegt haben, scheinen doch die meisten global betrachtet
in weiter Ferne zu liegen. Da stellt sich dem Einzelnen schnell die Frage:
Was kann ich schon tun? Es sind doch die im großen Maßstab Verantwortlichen, die Politiker, die Konzernlenker, die die Mittel und die Verantwortung haben, die Menschheit diesen Zielen im kommenden Jahrzehnt
ein gutes Stück näher zu bringen.

Also als Normalbürger den Kopf in den Sand stecken und ihn erst kurz
vor 2030 – bis dahin gelten die aktuellen SDGs – wieder herausziehen,
um zu schauen, wie weit die Politik gekommen ist? Die Gefahr, dass das
passieren könnte, hat man bei der UNO offensichtlich auch gesehen
und von vorneherein großes Augenmerk darauf gelegt, der Umsetzung
der SDGs eine besondere regionale und lokale Komponente zu geben,
ihnen so ihre Alltagsferne und Abstraktheit zu nehmen und die Menschen in ihrer Lebensrealität auf den Weg in Richtung einer besseren
Welt 2030 mitzunehmen.

Und nur so kann es funktionieren, denn ein Gutteil der Lösung sich global
ausprägender Probleme besteht darin, dass jeder Einzelne bereit dazu
ist, Verantwortung zu übernehmen – für sein eigenes Handeln in erster
Linie, aber auch für die Menschen in seiner Umgebung, deren Wohlergehen und Fortkommen, für die Umwelt bei sich vor der Haustür. Diese
Verantwortung haben wir bei moccamedia schon lange vor der Verabschiedung der SDGs durch die UNO erkannt, für uns als Unternehmen
angenommen und viele Dinge in Bewegung gesetzt – aus Überzeugung

und nicht, weil es als politisches Ziel formuliert wurde. So leben wir als Mittelständler ganz praktisch längst das vor, was viele große Unternehmen sich erst allmählich und mühsam erarbeiten. Das führt dazu, dass moccamedia schon lange vor ihrer Existenz mit großem Einsatz und auf vielfältige Weise an der Erfüllung der UNO-Nachhaltigkeitsziele mitarbeitet – und das ganz so, wie von der UNO geplant: konkret vor Ort.

Global denken, lokal handeln

Der Ansatz, lokal zu agieren, um sowohl vor Ort als auch auf nationaler oder sogar internationaler Ebene Effekte zu erzielen, ist ohnehin der Kern der moccamedia-Unternehmens-DNA, sodass sich unser Selbstverständnis mit der Erkenntnis der UNO deckt, dass im Lokalen und Regionalen das akzeptiert und umgesetzt werden muss, was man global erreichen möchte.

moccamedia gibt es seit über 30 Jahren und hat sich vom One-Woman-Start-up zu einem international agierenden, hoch spezialisierten Dienstleister mit fünf Standorten in der DACH-Region, einer einzigartigen, selbstentwickelten Systemlandschaft und rund 200 Mitarbeitenden entwickelt. In unserer Branche, der Mediaplanung, sind wir Innovationsführer, auf nationaler und internationaler Ebene vielfach ausgezeichnet für unsere intelligenten und hoch effizienten Kampagnen ebenso wie für unsere Innovationskraft. Unsere Umsätze wachsen seit Jahren stabil deutlich zweistellig und damit weit über dem Branchentrend.

moccamedia ist ein gutes Beispiel dafür, dass unternehmerischer Erfolg und unternehmerische Verantwortung Hand in Hand gehen können. Es war nie das Ziel, anders als die anderen zu sein, sondern es ging immer darum, das Unternehmen so aufzubauen und zu führen, wie es sich für uns gut und richtig anfühlt. Die zahlreichen Auszeichnungen und Anerkennungen, die wir mittlerweile auch für unser unternehmerisches Handeln bekommen haben, bestärken uns darin, dass wir mit dem, was wir tun, auf einem guten Weg sind. Dabei wissen wir aber auch sehr genau: Es ist ein Weg, dessen Verlauf wir ständig hinterfragen, auf den wir kritisch zurückschauen und den wir stets aufs Neue planen und den Gegebenheiten anpassen. Ein „Das haben wir schon immer so gemacht" hat es bei moccamedia noch nie gegeben. Nur so konnten wir Vorreiter und Innovator einer ganzen Branche werden, in der wir nach wie vor, gemessen an der Mitarbeiterzahl, ein eher kleiner Player sind. Nur so konnten wir unser individuelles Profil als Arbeitgeber entwickeln und uns bei Fachkräften und High Potentials erfolgreich positionieren. Unsere Ansprüche an uns selbst als Arbeitgeber sind hoch, in dem, was wir unseren Mitarbeitenden an Angeboten machen, wollen wir durchaus mit Großunternehmen konkurrieren. Gleichzeitig leben wir die Agilität des Mittelständlers, die Möglichkeit zu schnellen Kurskorrekturen und zügiger Innovation. Daraus ist im Laufe der rund drei Jahrzehnte, die moccamedia mittlerweile existiert, eine Arbeitgebermarke mit hohem Wiedererkennungswert und Strahlkraft entstanden und zudem ein Unternehmen, das sich auch über seine Rolle als Arbeitgeber hinaus als verantwortungsvoller und vorausschauender gesellschaftlicher Akteur bewiesen hat.

Gleiche Chancen für alle, individuelle Angebote für jeden

Diese Unternehmenserfolgsgeschichte ist auch eine Frauenerfolgsgeschichte. Für mich als Unternehmensgründerin war immer klar: Wenn ich als Frau Leistung bringe, komme ich auch voran. Doch die Realität sieht vielerorts weiterhin anders aus. Dem setzen wir bei moccamedia aktiv etwas entgegen, wir wollen es aber nicht, nur weil ich als Frau das Unternehmen gegründet habe, zu einem weiblichen Modellbetrieb machen. Unsere Maxime ist einfach: Wer einen guten Job macht, kommt voran. Das gilt für Frauen wie für Männer und führt z. B. dazu, dass unser Managementboard über die Jahre stabil paritätisch besetzt ist. Wir ermöglichen aber durch Einrichtungen wie Teilzeitmodelle, arbeitsplatznahe Kitaplätze, flexible Arbeitszeiten und Homeoffice (schon lange vor Corona) de facto vor allem weibliche Karrieren, denn die klassischen Familienaufgaben und damit auch das zumindest zeitweise Zurückfahren des beruflichen Engagements sind nach wie vor vor allem bei den Frauen angesiedelt.

Mit unseren Angeboten an Mütter wollen wir aber klarstellen: Die biologische Tatsache, dass Frauen die Kinder bekommen, sollte sie keinesfalls davon abhalten, ihren Job, für den sie gut ausgebildet sind und den sie mit Leidenschaft machen, auch als Mutter auszuüben. Sie brauchen aber in dieser Lebensphase Flexibilität, die sie dann auch bekommen. Bei uns ist die Vereinbarkeit von Familie und Beruf gelebte Praxis – auch auf der Führungsebene. Für uns gehört Shared Leadership zum Alltag – und auch das explizit nicht nur für Frauen. Bei uns können sich zwei Frauen ebenso eine Führungsposition teilen wie eine Frau und ein Mann oder auch zwei Männer. Wir wollen keine Sonderregelungen für Frauen schaffen, sondern einen Zustand erreichen, in dem Frauen und Männer ganz selbstverständlich die gleichen Angebote und Möglichkeiten haben. Erst das ist für mich echte Gleichberechtigung.

Doch nicht nur die Work-Life-Balance von Mitarbeitenden mit Kindern haben wir im Blick. Alle fünf Jahre kann man sich bei moccamedia eine einmonatige bezahlte Auszeit, ein Sabbatical, nehmen, um einen lang gehegten Traum zu realisieren, etwa um ein Haus zu renovieren oder eine ausgedehnte Reise zu unternehmen.

Fortbildung als Teil des Arbeitsalltags

Auch das UNO-Ziel des Zugangs zu hochwertiger Bildung haben wir in unserem Unternehmen umgesetzt. Schon vor Jahren haben wir mit der mocca Academy unsere eigene Bildungseinrichtung ins Leben gerufen. Hier machen wir allen Mitarbeitenden Semester für Semester vielfältige Angebote auf der fachlichen Ebene sowie im Bereich der Persönlichkeitsentwicklung oder der Gesundheitsförderung. Letztere hat auch außerhalb der mocca Academy einen prominenten Platz auf unserer Agenda, weil wir überzeugt davon sind, dass wir als Arbeitgeber eine Verantwortung für das Wohlergehen unseres Teams haben, die über die reine Arbeitszeit hinausreicht. Hier verfolgen wir stets einen ganzheitlichen Ansatz, machen viele unterschiedliche Angebote, aus denen jeder sich das zusammenstellen kann, was ihm individuell guttut. So bieten wir im Rahmen unserer Gesundheitswochen Beratungen und Kurse an, organisieren in den Räumlichkeiten der Agentur Grippeschutzimpfungen für die gesamte Belegschaft, unterstützen die Mitgliedschaft in einem Fitnessstudio finanziell und haben professionelles Lauftraining. Bei unseren Firmenlaufteilnahmen stellen wir dann auch regelmäßig ein rund 50-köpfiges Team.

Engagement über den Arbeitsplatz hinaus initiieren

An einer solch großen Resonanz bei den Mitarbeitenden sehen wir, dass unsere Angebote auf fruchtbaren Boden fallen und von jedem Einzelnen als persönliche Bereicherung angesehen werden. Wir machen unserem Team Angebote und inspirieren zu individuellem Engagement – und das auch außerhalb des Arbeitsplatzes. Besonders eindrucksvoll hat sich das im Zuge unseres 30-jährigen Firmenjubiläums gezeigt. Bei der Planung war unsere Maxime: Wir sind dankbar für unseren Erfolg und wollen der Gesellschaft etwas zurückgeben. Unter dem Motto „30 Jahre – 30 gute Taten" haben wir mithilfe der Mitarbeitenden 30 soziale Projekte ausgewählt, für die wir uns finanziell, aber vor allem auch mit der Zeit unseres Teams engagieren wollten. So stand das gesamte Jubiläumsjahr im Zeichen vielfältigen Engagements für Kinder und Jugendliche, Bedürftige und die Umwelt. Wir als Unternehmen haben die Mittel und zum Teil Arbeitsstunden gestellt, unsere Mitarbeitenden haben die Ideen und Zugänge geliefert und sich auf breiter Front persönlich eingebracht.

Das wirklich Schöne und vorher so nicht Planbare an dieser Aktion: Viele der im Jubiläumsjahr geknüpften Verbindungen haben weiterhin Bestand, aus punktueller Unterstützung ist oft dauerhaftes Engagement geworden – von uns als Unternehmen, aber auch initiativ von den Mitarbeitenden. Damit haben wir eine Win-win-Situation geschaffen: Gleich mehreren wichtigen Projekten konnten wir zu zusätzlicher Unterstützung verhelfen, und Menschen aus unserem Team haben wir inspiriert, sich dauerhaft in den Dienst der Allgemeinheit zu stellen und sich ganz konkret vor Ort einzubringen.

Über den Tellerrand schauen

Unternehmerisches Engagement endet unserer Überzeugung nach nicht an der Tür des eigenen Firmensitzes und sollte sich nicht auf die eigenen Mitarbeitenden beschränken. Dementsprechend haben wir seit Längerem nicht nur das Weiterbildungsangebot für unser Team im Blick, sondern engagieren uns mit der Finanzierung dreier Deutschlandstipendien an der Universität und der Hochschule Trier. Damit ermöglichen wir talentierten jungen Menschen unabhängig von ihrer Herkunft und von finanziellen Möglichkeiten ein hochkarätiges Studium und eröffnen ihnen damit Chancen für eine vielversprechende Karriere. Auch auf anderer Ebene kooperieren wir mit den örtlichen Hochschulen und verstehen uns hier als Brückenbauer zwischen Lehrbetrieb und Wirtschaft. Wir ermöglichen High Potentials frühzeitig Einblicke in die Praxis und unterstützen sie bei ihrer Karriereplanung.

Mensch und Umwelt gehören zusammen

Ganz bewusst hat die UNO bei der Formulierung ihrer SDGs dem Umweltschutz eine prominente Rolle zugesprochen. Auch uns ist der enge Zusammenhang zwischen einer intakten Umwelt und guten Lebensbedingungen sehr bewusst. Deshalb haben wir schon vor Jahren auf ein weitgehend papierloses Arbeiten umgestellt, setzen auf erneuerbare Energien und Elektromobilität. Um unsere Umweltbilanz stetig zu überprüfen und Verbesserungspotenziale aufzudecken, unterziehen wir uns alljährlich der Zertifizierung durch ecovadis, das weltweit vertrauenswürdigste Nachhaltigkeitsrating für Unternehmen, und sind stolz darauf, dass wir unsere konstant sehr guten Ratings immer weiter verbessern.

Und es geht weiter

Dieser Einblick in das Engagement von moccamedia liefert sicherlich keine Blaupause dafür, *wie* man als mittelständisches Unternehmen an der Erreichung der SDGs der UNO mitarbeiten kann, er zeigt aber, *dass* man es kann. Wir haben den zu uns passenden Weg gefunden, etwas zu bewegen, und wir sind froh und glücklich, auf diesem Weg viele Menschen getroffen zu haben und immer wieder zu treffen, die unser Engagement inspiriert, die es mittragen und voranbringen. Wir werden uns weiterhin auf vielfältige Weise für unsere Mitarbeitenden engagieren und mit ihnen Dinge in Bewegung setzen – nicht mit Blick auf 2030, sondern darauf, das Zusammenleben bei uns und ihnen vor Ort nachhaltiger, gerechter und solidarischer zu machen.

**PROF. DR. ANTJE
BOETIUS**

*Direktorin des Alfred-
Wegener-Instituts Helm-
holtz-Zentrum für Polar-
und Meeresforschung*

**Welche Netzwerke waren für Sie und
Ihre berufliche Entwicklung relevant?**
Bereits als Studentin bin ich regelmäßig auf
Expedition gefahren. Viele Menschen, die
ich auf diesen Forschungsreisen kennengelernt habe, sind bis heute
Teil meines wissenschaftlichen Netzwerks. Ohne gute Kooperation und
interdisziplinäre Zusammenarbeit wäre Forschung nicht denkbar. Als
Wissenschaftsmanagerin gehört für mich zu Forschung, Lehre und Infrastrukturprojekten immer auch der Dialog mit der Gesellschaft. Ich freue
mich, auch ein breites Netzwerk in der Kulturszene, Wirtschaft oder Politik aufgebaut zu haben.

Was würden Sie als Mentorin an die nächste Generation weitergeben?
Neugierde und Wissensdurst sind die wichtigsten Eigenschaften als
Wissenschaftler:in. Es ist manchmal erstaunlich, was man so aufsaugt
und wofür man dieses Wissen später mal brauchen kann – das ist oft
nicht vorherzusagen. Ich würde allen raten, bleibt immer neugierig, probiert eure Talente aus und habt keine Angst vor einem neuen Pfad, wenn

es woanders nicht weitergeht – vor allem aber: Sucht Hilfe, man muss sein Päckchen nicht alleine tragen.

Wie setzen Sie Nachhaltigkeit im eigenen Unternehmen um?
Wir haben seit einiger Zeit am AWI Nachhaltigkeitsbeauftragte und eine Nachhaltigkeitsstrategie. Diese verändert sich dynamisch, Mitarbeiter:innen machen Vorschläge für Verbesserungen, und wir schauen, was wir umsetzen können. Übergreifend wird seit 2013 mit den Grundlagen des Projekts „Nachhaltigkeitsmanagement für außeruniversitäre Forschungseinrichtungen (LeNa)", vom Bundesministerium für Bildung und Forschung gefördert, gearbeitet. Dort stehen vor allem die Nachhaltigkeitsfelder „Bau", „Personal", „gesellschaftliche Verantwortung" im Blick.

Wo sehen Sie die größten Herausforderungen dabei?
Aus meiner Sicht wäre am wichtigsten, wenn die öffentliche Hand schon jetzt umfassend bei Energieversorgung, Bauen und IT wie auch Dienstreisen und Mobilität stets in Richtung Nachhaltigkeit organisieren und beschaffen könnte. Doch dem stehen immer noch viele Gesetze und Regeln im Weg, wie z. B. günstigste Anbieter auszuwählen statt nachhaltigste Angebote.

ZUSTAND DER MEERE UND KÜSTEN

Unser blauer Planet: Meeresforschung für den Schutz und die nachhaltige Nutzung der Ozeane

Schon als Kind wünschte ich mir, Meeresforscherin zu sein und das Leben in den Ozeanen zu entdecken. Ich wuchs auf in einer Zeit der giftigen Flüsse und ölverschmutzten Strände, meine Mutter musste uns immer die Teerflecken von den Füßen abreiben und warnte uns vor den angespülten Chemikalienflaschen und Fässern. In den 70- und 80-Jahren gab es noch lange nicht so viel Umweltbewusstsein wie heute. In der Seefahrt wurde das Meer oft als „blaues Regal" behandelt – d.h., Müll flog einfach von Bord ins Meer, Schiffsunglücke führten regelmäßig zu Umweltkatastrophen, weil es noch keine Doppelhüllentanker gab. Dass sogar die Tiefsee betroffen ist von unserem nachlässigen Verhalten, habe ich bereits sehr früh als angehende Meeresforscherin bemerkt. Es muss im Jahr 1992 gewesen sein, als ich auf meiner zweiten Expedition als Studentin die Aufgabe hatte, Tiefseefänge auszuwerten – und dann zog ich aus über vier Kilometer Wassertiefe mitten im Pazifik ein Netz voll Plastikmüll und Dosen. Damals dachte ich: „Wie kann man nur so ein Pech haben?". Damals war die Vermüllung der Meere mit Plastik noch gar kein Thema.

Mittlerweile ist aber wohl allen klar: Unser Verhalten schadet den Ozeanen fundamental – ob Überfischung der Meere, Ausrotten von Arten, Überdüngung und Verschmutzung. Meere leiden enorm an den steigenden CO_2-Emissionen infolge der Nutzung von fossilen Brennstoffen wie Kohle, Gas und Öl. Sie werden zu warm, zu sauer und verlieren Sauerstoff. Jetzt schon sind die Hälfte aller Korallenriffe geschädigt – zum Ende des Jahrhunderts ist vorhergesagt, dass wir sie weitgehend verlieren wie auch das Meereis in der Arktis, von dem so viele Arten abhängen. Meine eigene Forschung ergab, dass der Klimawandel durch die Veränderung des Planktons an der Wasseroberfläche bis hinunter in die Tiefsee wirkt, denn dort ist das absinkende Material die wesentliche Nahrungsquelle. Ich habe viele Forschungsprojekte durchgeführt, um die Frage zu beantworten, welche Leistungen die Ozeane für uns erbringen, wie unsere Eingriffe sie aber auch für lange Zeit verändern. Besonders Tiefseelebensräume können sich nur sehr langsam erholen.

Seit drei Jahren bin ich Direktorin des Alfred-Wegener-Instituts Helmholtz-Zentrum für Polar- und Meeresforschung. Mir ist wichtig, dass wir mit unserer Forschung zeigen können, wie komplex und einzigartig unsere Umwelt ist. Wir arbeiten unsere Daten und Beobachtungen so auf, dass alle verstehen können, wie sehr wir die Natur brauchen und wie wir mit ihr in Wechselwirkungen stehen. Mit Forschung zur Veränderung mariner Biodiversität und deren Ursachen, zu den Auswirkungen des Klimawandels auf Meeresökosysteme, zur Verschmutzung mariner Lebensräume und zur nachhaltigen Nutzung von Meeresressourcen trägt das AWI umfassend zum Nachhaltigkeitsziel der Vereinten Nationen bei, Leben unter Wasser zu schützen. Die Vereinten Nationen haben 17 solcher „Sustainable Development Goals" – kurz SDGs – entwickelt. Auch unsere Forschungsziele sind eng mit diesen SDGs verbunden. Neben dem Ziel 14 „Leben unser Wasser" sind wir auch in den Bereichen Klimaschutz (SDG 13), Leben an Land (SDG 15), Ernährungssicherung (SDG 2) und Globale Partnerschaften (SDG 17) tätig.

Für den Schutz von „Leben unter Wasser" sind besonders solche Forschungsarbeiten wichtig, die Grundlagen für die Auswahl und Überwachung von Meeresschutzgebieten in gemäßigten und polaren Regionen schaffen. Ein Beispiel dafür sind unsere Arbeiten im UNESCO-Weltnaturerbe Wattenmeer. Hier ermöglicht die enge Verknüpfung von naturwissenschaftlicher und soziokultureller Forschung die Entwicklung von Schutzkonzepten sowie von Strategien für die nachhaltige Nutzung dieses einzigartigen Naturraums. Mit unseren Küstenstationen auf Sylt und Helgoland erstellen wir Langzeitbeobachtungen zum Bestand einheimischer Arten und dem Einwandern invasiver Arten, der Veränderungen von Nährstoffkonzentrationen sowie zur Erholung von wichtigen Ökosystemen wie Seegraswiesen und Watten. Wir erproben die Wiederansiedlung verdrängter Arten wie der Europäischen Auster und des Helgoländer Hummers. Die Ergebnisse unterstützen nationale Verpflichtungen zur Umsetzung der europäischen Meeresstrategie-Rahmenrichtlinie, deren Ziel ein guter Umweltzustand der Meere und eine nachhaltige Nutzung natürlicher Ressourcen ist. Aber für das „Leben unter Wasser" sind wir auch weltweit tätig mit unserer Forschung zur Artenvielfalt und den Nahrungsnetzen in den Polarmeeren, zur Anpassungsfähigkeit von Fischen und anderen Meerestieren und zu Lebensräumen der Tiefsee. Dazu nutzen wir unseren Forschungseisbrecher „Polarstern", die Polarflugzeuge, die Neumayer-Station in der Antarktis und weitere Forschungsstationen und Beobachtungsplattformen in den Polarregionen.

Sie helfen uns auch in der Klimaforschung, die eine große Rolle am AWI spielt – denn besonders in der Arktis stellen wir eine sehr schnelle Erwärmung mit enormen Folgen fest. Gerade haben wir die internationale Nordpol-Drift-Expedition MOSAiC abgeschlossen, an der mehrere Hundert Wissenschaftler:innen aus 20 Ländern teilnahmen. Mit dieser Mission hoffen wir, Lücken in dem Verständnis zu schließen, wie die globale Klimaerwärmung die Arktis verändert und wie der immer schnellere Meereisschwund auch auf unsere Breitengrade wirkt. Wir versuchen, die physikalischen, chemischen und biologischen Zusammenhänge in den Klimamodellen besser abzubilden, um zu verstehen, wie die Entwicklung der CO_2-Emissionen die Natur, aber auch unser Leben verändern wird, z. B. durch Extremwetter. Unsere Forschung zum Nachhaltigkeitsziel 13, „Klimaschutz", zeigt, dass alle Einsparungen von CO_2 heute schon wichtige Beiträge für eine bessere Zukunft von Mensch und Natur sind. Der Klimawandel ist ein globales Problem, das erhebliche Anpassungs- und Veränderungsprozesse von Gesellschaft und Wirtschaft notwendig macht. Grundlage für einen solchen Aushandlungsprozess ist, dass die Bürger:innen die Komplexität des Problems erfassen und sich aufgrund von Wissen und Handlungskompetenz dazu eigenverantwortlich verhalten. AWI-Mitarbeiter:innen gehen dafür unter die Leute, halten Vorträge, organisieren Dialogveranstaltungen und Weiterbildungsmaßnahmen, wie das Projekt klimafit, das seit 2018 das Thema „Klimawandel und Klimaschutz" in die Erwachsenenbildung an Volkshochschulen einbringt.

In den Projekten für eine nachhaltige Entwicklung der Aquakultur mit nationalen und internationalen Partner:innen aus Forschung und Industrie geht es um die globale Ernährungssicherheit (SDG 2). Die rasant wachsende Aquakulturproduktion kann eine zentrale Rolle spielen, wenn sie nachhaltig gestaltet wird. Das ist schwierig, denn Eingriffe in die natürlichen Netzwerke des Lebens durch eine künstliche Erhöhung von Beständen einzelner Arten bringen viele Herausforderungen mit sich. Aber mittlerweile gibt es immer mehr kluge Lösungen dafür. Aquatische Produkte sind zudem nicht nur Lebensmittel, sondern auch Produkte aus der sogenannten Bioökonomie, diese können Wirkstoffe, Biofarbstoffe oder sogar wertvolle Materien sein. Wenn man bedenkt, dass 10 % der Weltbevölkerung direkt an der Küste leben und für ein Drittel aller Menschen Protein aus dem Meer eine wesentliche Nahrungsquelle ist, wird klar, wie wichtig diese Fragen sind.

Was das Nachhaltigkeitsziel 15 „Leben an Land" angeht, so erforschen wir vor allem die Permafrostgebiete und angrenzende Tundraregionen. Permafrost bedeutet, dass der Boden aufgrund der niedrigen Lufttemperaturen ganzjährig gefroren ist. Die Klimaerwärmung in der Arktis hat erhebliche Auswirkungen auf diese Gebiete. Wir erkunden, welche Veränderungen dies für die Vielfalt der komplexen Vegetation und Lebewesen hat, aber auch, wie die Böden selbst bei Erwärmung Methan und Kohlendioxid emittieren oder wie Küsten erodieren und ins Meer fallen. Die langfristigen Wechselwirkungen zwischen Klima, Ökosystemen und Menschen in polaren kontinentalen Gebieten sind noch wenig verstanden. Für uns sind Seesedimente wichtige Umweltarchive, um die Veränderungen der letzten zehntausend Jahre zu verstehen.

In allen diesen Feldern braucht es eine enge und vertrauensvolle internationale Zusammenarbeit zwischen Wissenschaft und anderen gesellschaftlichen Akteuren wie im Nachhaltigkeitsziel „Globale Partnerschaften" (SDG 17) gefordert. Gerade die Beispiele von Klima, Artenvielfalt und Meere zeigen auf, dass wir vor vielen globalen Problemen stehen, die sowohl lokales und regionales Engagement benötigen wie auch internationale Partnerschaften. Nur so können wir uns und den nachfolgenden Generationen gesunde Meere mit ihren unverzichtbaren Leistungen erhalten. Das gemeinsame Arbeiten mit Partnern unterschiedlicher Herkunft und verschiedenem Hintergrund intensiviert wissenschaftliche Diskussionen und fördert Innovation, sodass komplexe Probleme gelöst werden können. Das reicht von der einzigartigen Lebensvielfalt im Ozean bis zu den Chancen auf nachhaltige Arbeitsplätze in der sogenannten „Blue Economy" – der nachhaltigen maritimen Wirtschaft. Dieses Jahr beginnt die UN-Dekade der Ozeanforschung für nachhaltige Entwicklung. Sie fordert offene internationale Meeresforschung und mehr Digitalisierung des Ozeanwissens. Mehr Respekt vor dem faszinierenden Leben in den Meeren vom Wal zur Mikrobe ist auch wichtig. Aber vor allem braucht es ehrgeizige Schritte für den Klima- und Naturschutz. Dazu gehört, umweltschädliches Verhalten nicht mehr zu subventionieren und zu belohnen, sondern die Nutzung und den Schutz der globalen Gemeingüter Ozean und Atmosphäre in allen Wertschöpfungsketten zu berücksichtigen.

DR. ODETTE DEUBER

Gründerin und Geschäftsführende Gesellschafterin der DO Climate GmbH

Welche Netzwerke waren für Sie und Ihre berufliche Entwicklung relevant?

In Netzwerken an der Schnittstelle von Wissenschaft, Politik und unternehmerischer Praxis habe ich erlebt, wie sich Pionier:innen und Umsetzer:innen wertorientiert für eine Transformation der Gesellschaft in Richtung Klimaschutz und Nachhaltigkeit einsetzen: Öko-Institut e.V., der Bundesverband Nachhaltige Wirtschaft e.V., aber auch verschiedene Unternehmer:innen-Netzwerke.

Welche Mentorin/welcher Mentor hat Sie beeindruckt?

Auf meinem Weg zur Unternehmerin haben mich die Trainerin Martina Caspary und der Coach Gerhard Gieschen sowie die Lehre des Enneagramms durch den Lehrer Eli Jaxon Baer stark geprägt. Sie haben mich gelehrt, in der Stille zu spüren, was ich wirklich will, meiner Intuition zu vertrauen und meinen Träumen Glauben zu schenken. Mit ihnen konnte ich erkennen, dass Angst die Triebkraft in meinem Leben ist. Aber auch, dass Angst und Mut zusammengehören.

Ich bin schon seit meiner Jugend auf der Suche nach Sinn und Freiheit. Und bin jetzt im Unternehmerinnendasein gelandet. Mit den Mentor:innen an der Seite ist dies für mich zu einer Lebensform geworden, bei der ich immer wieder die Chance habe, das Leben als Abenteuer zu erleben: Sei es, als mein Mitgesellschafter in der früheren Firma einen Unfall mit langwierigen Folgen hatte und ich mitten in der Verantwortung stand, unsere Firma wirtschaftlich aufzubauen, oder als die Umstände es erforderten, loszulassen und das von mir jahrelang aufgebaute Team in meinem erfolgreichen Unternehmen zu verlassen.

Was würden Sie als Mentorin an die nächste Generation weitergeben?
Das Leben ist wie ein Spiel. Es geht nicht darum, Rekorde zu schlagen. Es geht darum, dass jeder auf seine eigene Art und Weise mit dem eigenen Potenzial und der eigenen Leidenschaft zu einer neuen Welt beiträgt, in der wir gemeinsam gewinnen. Es lohnt sich, mit Ausdauer für seine Überzeugungen einzustehen und nicht aufzugeben. Gerade Krisen sind die Momente, in denen wir am meisten wachsen. Wenn wir den Blick nach innen richten und Gefühle wie Ohnmacht und Verzweiflung wirklich zulassen, loslassen und ein mögliches Scheitern akzeptieren, entstehen neue Energien. Es öffnet sich eine Tür und auf einmal nimmt alles Form an.

Wie sieht für Sie eine zukunftsfähige belastbare Unternehmenskultur aus?
Ein zukunftsfähiges Unternehmen muss Sinn bieten und die Herzen der Menschen gewinnen, dann wird es hochgradig leistungsfähig wirken. Wie baut man ein solches auf? Ich habe DO Climate gegründet, um mit einem Team eine dazu passende Unternehmenskultur zu schaffen: Menschen verbinden, die leidenschaftlich einen Beitrag zu einer noch lebenswerteren Gesellschaft leisten wollen. Noch sind wir am Anfang der Reise. Die Kultur ist geprägt von einer Atmosphäre der Offenheit, des Vertrauens und des gegenseitigen Feedbacks. Kollegialer Führungsstil, viel Mitbestimmung, maximale Transparenz und Raum für die persönliche Entwicklung sind meiner Ansicht nach zentrale Erfolgsfaktoren für eine zukunftsfähige Unternehmenskultur.

Was würden Sie jungen Unternehmer:innen in diesem Zusammenhang mitgeben?

Ich lade junge Unternehmer:innen dazu ein, ihrer Intuition zu folgen: das zu tun, was ihre Augen zum Leuchten bringt. Gemäß Marianne Williamson: „Unsere tiefste Angst ist es nicht, ungenügend zu sein. Unsere tiefste Angst ist es, dass wir über alle Maßen kraftvoll sind. Es ist unser Licht, nicht unsere Dunkelheit, die wir am meisten fürchten."[1]

Quelle
1   Williamson, M. (1992). A Return To Love: Reflections on the Principles of A Course in Miracles. Harper Collins.

DO CLIMATE: MIT UNTERNEHMERGEIST IN DIE KLIMANEUTRALITÄT

Um mittelständische Unternehmen auf dem Weg in die Klimaneutralität zu begleiten, habe ich im letzten Jahr meine eigene Beratungsgesellschaft DO Climate gegründet. Mit Dienstleistungen zur unternehmerischen Klimastrategie tragen mein Team und ich zum Erreichen der UN-Klimaziele bei (13. UN-Nachhaltigkeitsziel: Handeln für den Klimaschutz). Unsere Unternehmenskultur, bei der der Mensch im Mittelpunkt steht, aber auch der wertorientierte Beratungsansatz wirken sich positiv auf viele andere Nachhaltigkeitsziele aus, wie z. B. saubere Energie, nachhaltige/r Konsum und Produktion, Infrastruktur, Innovation und Infrastruktur sowie Partnerschaften zur Erreichung der Ziele.

Mit dem Ziel von Klimaneutralität und Nachhaltigkeit vor Augen, entwerfen wir gemeinsam mit den Kunden:innen handhabbare Praxislösungen, stoßen Prozesse an und begleiten fachlich und menschlich. Für eine erfolgreiche Strategie in die Klimaneutralität setze ich sowohl bei DO Climate als auch bei unseren Kund:innen und Partner:innen bei drei Handlungsfeldern an.

Den Footprint am Standort und entlang der Wertschöpfungskette reduzieren

Wir erstellen unternehmens- und produktspezifische CO_2-Bilanzen für Unternehmen. Die CO_2-Bilanz bildet das Fundament einer unternehmerischen Klimastrategie. Sie ermöglicht das Setzen von Unternehmenszielen im Einklang mit dem Ziel, die menschengemachte globale Erderwärmung auf 1,5 Grad Celsius zu begrenzen. Reduktionsmaßnahmen macht sie kontinuierlich mess- und steuerbar: wenn Unternehmen beispielsweise erneuerbare Energie zum Einsatz bringen, systematisch Energie-, Ressourcen- und Materialeffizienz verbessern, Raumnutzung optimieren, Homeoffice ermöglichen, CO_2-arme Mobilität fördern und unnötige Reisen vermeiden.

Emissionen in der Wertschöpfungskette stellen normalerweise den größten Anteil der Emissionen in der CO_2-Bilanz mittelständischer Unternehmen dar, beispielsweise eingekaufte Waren und Dienstleistungen sowie der Lebenszyklus der verkauften Produkte. Der Blick auf die Wertschöpfungskette unter dem Aspekt des Klimaschutzes schafft Transparenz, eröffnet neue Denkweisen und Handlungsfelder und bietet Impulse für bestmögliche Lösungen. Die Handlungsoptionen sind vielfältig: Beschaffungskriterien und Verhaltenskodizes für Lieferanten ins Leben rufen, Lieferanten auf Basis ihrer Nachhaltigkeitsstrategie und Transparenz bzgl. ihrer Emissionsdaten auswählen, strenge Nachhaltigkeitskriterien in das Produktmanagement einbeziehen, Kreislauflösungen für Kund:innen entwickeln, Messen und Verbessern der CO_2-Bilanz der finanziellen Investments, wie z. B. für Pensionsfonds. Klimamanagement entlang der Wertschöpfungskette bietet ein weites Feld für neue Lösungen und Kooperationen. Es ist ein Innovationstreiber, mit dem man perspektivisch nur gewinnen kann.

Klimaschutz & Nachhaltigkeit in der Unternehmensstrategie verankern

Unternehmer:innen kommen zu uns, wenn sie die strategische Relevanz von Klimaschutz und Nachhaltigkeit wahrnehmen. Eine fundierte Klimastrategie macht Unternehmen widerstandsfähiger und nachhaltig erfolgreicher. Unternehmen nehmen ihre wirtschaftlichen Chancen wahr und bereiten sich auf klimabezogene Risiken und kommende Marktveränderungen vor, beispielsweise durch politische Rahmenbedingungen, gesteigerte Anforderungen von Akteuren und verändertes Kundenverhalten. Dadurch ziehen sie die Fachkräfte von morgen an. Sie denken vom Ziel her: Wie kann die Zukunft des eigenen Unternehmens aussehen, wenn es wirtschaftlich erfolgreich und gleichzeitig positiv für Klima, Natur und Gesellschaft sein soll? Klimaschutz und Nachhaltigkeit werden zum Markenzeichen für diese Unternehmen.

Wir bieten Unternehmen Handlungsimpulse und entwickeln Lösungen zur Aufnahme des 1,5-Grad-Klimaziels in die Unternehmensvision und -mission und zur klimafreundlichen Ausrichtung ihres Geschäftsmodells. Dazu gehört, dass sie Nutzenversprechen, Produkte und Dienstleistungen auf den 1,5-Grad-Klimaschutzfahrplan ausrichten, sodass sie zur Klimaneutralität der Kund:innen und Gesellschaft beitragen und einen ressourceneffizienten Lebensstil ermöglichen. Zukunftsfähige

Geschäftsmodelle denken neu: beispielsweise vom Besitzen hin zum Nutzen, von der Produkt- hin zur Serviceorientierung, vom linearen Produktmanagement hin zur Kreislaufwirtschaft, unterstützt durch digitale Technologien. Damit werden Klimaschutz und Nachhaltigkeit zum integralen Bestandteil von Investitionsentscheidungen.

Handprint erhöhen: Klimaschutz und Nachhaltigkeit über die Unternehmensgrenzen hinaus vorantreiben

Klimaschutz hat Hand und Fuß. Es reicht nicht aus, den CO_2-Footprint des Unternehmens zu minimieren. Aufgabe ist es genauso, den Handprint wachsen zu lassen. Der Handprint ist ein Maß für gesellschaftliches und politisches Engagement für Klimaschutz und Nachhaltigkeit.

Wir sehen, dass Wissen über die Klimakrise nicht zwangsläufig zu mehr klimafreundlichem Verhalten. Die Gründe dafür sind vielfältig, sei es die weitverbreitete Annahme, dass allein durch individuelle Verhaltensänderung ohnehin kaum etwas ausgerichtet werden kann. Darüber hinaus erschweren strukturelle Rahmenbedingungen, wie fehlende echte Kostensignale, sich klimafreundlich zu verhalten. Hinzu kommt die psychologische Ebene: Wenn wir Menschen den Klimawandel nur als Katastrophe wahrnehmen, gehen wir schnell auf Abwehr und bleiben bei liebgewonnen Gewohnheiten. Verständlich, menschlich, aber nicht die Lösung. Umso wichtiger ist es, gemeinsam ins Handeln zu kommen und Lösungen erlebbar vor Ort zu schaffen. Unternehmer:innen sind prädestiniert, Klimaschutz nah, menschlich, persönlich und dringend zu machen und durch eigene Handlungen positive gesellschaftliche Lösungen für den Klimaschutz voranzutreiben. Das bedeutet beispielsweise, mit Kund:innen, Lieferant:innen und Partner:innen zusammenzuarbeiten, um eine übergeordnete Klimastrategie in der eigenen Branche oder Region zu entwickeln, Wissen in Netzwerken zu teilen, politisch aktiv zu werden und an Veranstaltungen aktiv teilzunehmen, die Klimaschutz und Nachhaltigkeit fördern.

DO Climate organisiert #BARCAMPs zum klimaneutralen Wirtschaften für Unternehmen und ist Teil von Klima-Peer-to-Peer-Gruppen für Unternehmen. Dadurch schaffen wir eine Kultur, in der Wissen neu kombiniert wird und Synergien geschaffen werden. Wir möchten Klimaschutz als positive Gestaltung der Zukunft erfahrbar machen und Wissen gemeinsam ins Handeln übersetzen. Im Sinne des Handprints engagiere ich mich auch als Vorständin des Bundesverbands Nachhaltige Wirtschaft e.V. für angemessene politische Rahmenbedingungen zum nachhaltigen Wirtschaften: Wir setzen uns gemeinsam dafür ein, dass nachhaltiges Wertschaffen zur Norm wird. Auf lokaler Ebene ist es uns Klimakomplizen, der Lokalgruppe der Entrepreneurs for Future in Tübingen, ein Anliegen, eine dynamische Mitmachstimmung unter Selbstständigen und Unternehmer:innen zu schaffen. Wir wollen die Stadt Tübingen dabei unterstützen, bis 2030 klimaneutral zu werden.

DO Cimate steht für Handeln im Klimaschutz, um Sinn und Wert zu schaffen. Wir verstehen uns als Teil eines Netzwerks. Ein Netzwerk als Ganzes kann die Gesellschaft wandeln und die Transformation gestalten. Die Natur macht es uns vor: Ameisen schließen sich in Kolonien zusammen, in denen Millionen Individuen in den einzelnen Bauten in ständigem Kontakt und Austausch miteinander stehen. Und: Sie bilden Brücken aus sich selbst. Von scheinbar unüberwindbaren Hindernissen aus Sicht eines Einzelnen lassen sie sich nicht abschrecken, legen los und überwinden sie gemeinsam mit anderen. Sie sind in ihrer eigenen Kraft, schaffen aber gleichzeitig für das große Ganze.

SASKIA STELLA GLEITSMANN

Chief Visionary Officer der Gleitsmann GmbH & Co. Verwaltungs KG

Wie sieht für Sie eine zukunftsfähige belastbare Unternehmenskultur aus?

Eine zukunftsfähige Unternehmenskultur zeichnet sich für mich durch Wertschätzung und Respekt im Miteinander aus und ist geprägt durch eine klare, transparente und verlässliche Kommunikation der Visionen und Zukunftsperspektiven. Eine belastbare Unternehmenskultur erkennt und schätzt die Vielfältigkeit der im Unternehmen beschäftigten Menschen, u.a. in Bezug auf Fachlichkeit, Alter, Geschlecht und Hintergrund und fördert deren unterschiedliche Erfahrungen und Wissen. Sie ermöglicht den Mitarbeiter:innen, eine gemeinsame unternehmerische Vision zu verfolgen, sich dabei persönlich weiterzuentwickeln und je nach Lebensphase die eigene Rolle im Unternehmen adjustieren zu können. Eine Unternehmenskultur der Zukunft lässt Fehler zu. Fehler sind ein fruchtbares Instrument, als Mensch zu lernen und zu wachsen. Gerade in Krisenzeiten wie der Corona-Krise zeigt sich, dass eine belastbare Unternehmenskultur ein großes Maß an Resilienz und Fingerspitzengefühl in der Behandlung der Mitarbeiter:innen fordert, um sich langfristig positiv am Arbeitsmarkt als Arbeitgeber zu platzieren. Dabei sind die im Unternehmen verkörperten Werte durch die Führungspersonen ein wesentliches Erfolgsmerkmal für die Zukunft.

Wie setzen Sie Nachhaltigkeit im eigenen Unternehmen um?

Die generationenübergreifende Verantwortung für die Ressourcen unserer Erde schreiben wir als Familienunternehmen in der vierten Generation groß. Nachhaltigkeitsziele sind fester Bestandteil unserer Familienverfassung und Unternehmensstrategie. Unser Anspruch ist es, Holz – den wichtigsten nachwachsenden Rohstoff unserer Erde[1] – z. B. mit der Gewinnung grüner Energie und durch eine Revolution des Bauens nachhaltig, innovativ und ressourceneffizient einzusetzen. In allen unternehmerischen Entscheidungen steht neben der Wirtschaftlichkeitsbetrachtung und Zukunftsfähigkeit einer Investition die Nachhaltigkeit als Entscheidungskriterium an oberster Stelle. Als Zeichen unserer Verantwortung sind wir Teil der Leaders for Climate Action und haben eine unternehmensinterne Klimabeauftragte bestellt, die Unternehmensentscheidungen unter Nachhaltigkeitsaspekten auswertet und unsere Fortschritte dokumentiert, um zu einer ökologischeren, sozialeren und gesellschaftlich positiveren Welt beizutragen.

Wo sehen Sie die größten Herausforderungen dabei?

Die größte Herausforderung ist der ganzheitliche Blick auf die Konsequenzen unserer Entscheidungen. Noch immer werden Entscheidungen mit kurzfristig positivem Renditeeffekt am Finanzmarkt sehr gut angenommen. Daher werden Entscheidungen in Führungsebenen häufig ausschließlich auf die Zahlenbasis reduziert, ohne die nachhaltig-ökologische Perspektive zu berücksichtigen. Hier bietet sich für Aktionär:innen großes Potenzial, einen langfristigen Blick auf die Märkte und ihre Investitionsentscheidungen zu werfen, um nachhaltige, transparente Entscheidungskriterien in den Industrien zu fordern. Spezifisch wünsche ich mir die Aufarbeitung von Fakten durch ein der Umwelt verpflichtetes Expert:innengremium, das die auf der Erde natürlich vorkommenden Rohstoffe im Vergleich zu künstlich hergestellten Materialien sorgfältig erforscht und abwägt (beispielsweise im Bau bei Beton- vs. Holzbauten in Bezug auf Langlebigkeit und CO_2-Emissionen).

Was würden Sie jungen Unternehmer:innen in diesem Zusammenhang mitgeben?

Glaubt an eure Ideen, findet Befürworter:innen und Unterstützer:innen und geht mutig voran.

HOLZWERKE – ÖKOLOGISCHER KREISLAUF UND CO_2-POSITIVE PRODUKTION

Unternehmerische Verantwortung

Eine nachhaltige Wirtschaft entsteht getrieben durch die Vision der Unternehmer:innen und Führungskräfte im Bewusstsein, dass die Ressourcen unserer Erde endlich sind. Jede Organisation hat die Verantwortung, unsere verwundbare und in hohem Maße gefährdete Welt nachhaltig zu erhalten und die Ressourcen der Erde nicht ersatzlos zu verbrauchen. Als Familienunternehmen, das seit 110 Jahren im Holzmarkt agiert, treffen wir unsere Entscheidungen mit dem Maß, mehr CO_2 zu binden als freizusetzen. Das heißt, insbesondere Holz als nachwachsenden, wertvollen Rohstoff noch viel effizienter zu nutzen und neue innovative Einsatzmöglichkeiten für die Zukunft zu kreieren. Als traditionsreiche Unternehmerfamilie in der vierten Generation setzen wir sehr nachhaltig orientierte Zukunftsvisionen um und tragen damit zu einer ökologischeren und sozialeren Welt für unsere Kinder und die nachfolgenden Generationen bei. Wir sehen es als höchste Priorität, unternehmerische Entscheidungen zwischen kurzfristiger Gewinnmaximierung und langfristigen Folgen auf Umwelt und Gesellschaft sehr sorgfältig abzuwägen. Wir von Holzwerke Gleitsmann sind davon überzeugt, dass wirtschaftlicher Erfolg mit der Erreichung ökologischer und sozialer Ziele vereinbar ist und eine Verbesserung der ESG-Kriterien langfristig zu einer verbesserten unternehmerischen Wertschöpfung beiträgt. Ganz elementar dabei: die transparente Datenerfassung, Messung und Dokumentation von Fortschritten.

Ökologischer Kreislauf bei Holzwerke Gleitsmann

Holzwerke Gleitsmann betreibt Sägewerke in einem ökologisch nachhaltigen Kreislauf und produziert und verarbeitet ressourceneffizient und innovativ Holz aus umliegenden Wäldern für die Möbel- und Holzbauindustrie. Seit 1909 bezieht Holzwerke Gleitsmann ihre Hölzer aus regionalen, nachhaltig und verantwortungsvoll bewirtschafteten Wäldern (FSC- und PEFC-zertifiziert). Die nach optimalen Kriterien zugeschnittenen Schnitthölzer werden unter Nutzung der natürlichen Witterung für mehrere Monate an der frischen Luft im Feuchtegrad reduziert. Nach natürlicher Reduktion des Feuchtegrads werden die Schnitthölzer einer unserer 16 Großraum-Trockenkammern zugeführt, welche unser Biomasseheizkraftwerk bewirtschaftet. Die Besonderheit hier ist, dass unsere im Sägewerk aufkommenden, naturbelassenen Holzreste als Energiequelle genutzt werden und damit ein in sich ökologischer Wertschöpfungskreislauf entsteht. Mit mehr als 10.000 Kubikmeter Kammerraum ist Holzwerke Gleitsmann einer der leistungsfähigsten und innovativsten Laubholztrockner in Deutschland. Unter effizienter Nutzung der im Biomasseheizkraftwerk hergestellten Abwärme kann zudem grüner Strom hergestellt und somit nicht nur der eigene Energiebedarf gedeckt, sondern auch weitere Abnehmer können versorgt und damit eine positive Energiebilanz erzielt werden. Zudem ist die daraus gewonnene Holzasche zertifiziert und wird als ökologisch zugelassener Dünger für die Landwirtschaft sinnvoll eingesetzt. Damit gelingt es uns, Branchen intelligent miteinander zu verknüpfen und gleichzeitig Ressourcen nachhaltig und effizient in einer Kreislaufwirtschaft zu nutzen.

Zudem verstehen wir uns als Pionier in der Nutzung künstlicher Intelligenz in der Holzbearbeitung. Die nach der Trocknung folgende Sortierung und Einteilung des Schnittholzes in Qualitätsstufen mittels maschinell lernender Bildgebung ist eine wesentliche Erneuerung in der gesamten Holzindustrie und für die Wertschöpfung sehr entscheidend. Holz ist ein Naturprodukt und erfordert zur qualitativen Einordnung einen langjährigen Erfahrungsschatz und Liebe zum Detail für kundenspezifische Anforderungen. Diesen Prozess haben Mitarbeiter mit dem menschlichen Auge über Jahrzehnte optimiert. Der Einsatz künstlicher Intelligenz mit bildgebender Technologie vereinfacht diesen Arbeitsschritt erheblich.

Etwa 30 % unserer Umsätze bleiben national, zu einem hohen Anteil sogar regional in Bayern. Der Auslandsmarkt ist lukrativ, besonders Asien drängt sehr stark in den Markt. Dennoch wird Holz als lokale Ressource für die lokale Bevölkerung gebraucht und von uns Menschen zum Wohnen geschätzt. Nie können wir als Menschen im Wohnraum der Natur so nah sein wie durch den Einsatz von Holz in unseren eigenen vier Wänden. Wenn dieses Holz direkt aus der umliegenden Region stammt, ist der ökologische Fußabdruck kaum von einer anderen Industrie zu unterbieten.

Innovativ sein: Holz und Gesunderhaltung der Menschen

Innovation ist das Top 1-Thema unserer Unternehmerfamilie. Teil der Vision der vierten Generation bei Holzwerke Gleitsmann nach 110-jähriger Tradition ist nicht nur die Neugestaltung des Holzmarktes, sondern auch, einen neuen Markt für Holz und Gesundheit aufzubauen. Damit setzen wir ein klares Signal, die Innovationsstärke unseres Unternehmens, z. B. mit der Erstellung gesunderhaltender, natürlicher Wohnräume aus Holz, zugunsten der nachhaltigen Entwicklung unserer Erde auszurichten. Das steigende Bewusstsein für Gesundheit, Natur und damit auch für den Klimaschutz rückt den Wald immer stärker in den Fokus. Die Biophilie[2], auch bekannt als Waldtherapie, trägt entscheidend zur Gesunderhaltung der Menschen bei. Dabei wird eines klar: Viele natürlich vorkommenden und nachwachsenden Rohstoffe unserer Erde liegen in ihrem Einsatz weit unter dem ihnen innewohnenden Potenzial. Als Unternehmerfamilie widmen wir diesem Thema Kapital, Zeit und Energie. Wir setzen auf Partnerschaften mit nachhaltig orientierten Start-ups und eine Stiftung zur Erforschung und Förderung neuer Einsatzmöglichkeiten von Holz, um dem Potenzial unserer natürlich vorkommenden und nachwachsenden Ressourcen in unserer Welt größere Beachtung zu schenken.

Generationen vernetzen

Bei Holzwerke Gleitsmann setzen wir auf generationenübergreifendes Denken. Die Vernetzung von Generationen hat für uns einen ganz besonderen Stellenwert, um neuartige Ansätze aus den Erfahrungen und dem Wissen junger und reiferer Menschen mit verschiedenen Hintergründen, Fachlichkeiten, Persönlichkeiten und Geschlechtern zu kreieren. Das sehen wir als Familie und als Unternehmen als großen Erfolgsfaktor. Heute vereinen wir in unserer Führungsebene Mitarbeiter:innen zwischen 24 und 74 Jahren. Für diesen Ansatz wurden wir 2021 vom

FKI (Frauen-Karriere-Index) mit der Auszeichnung „Beste Innovation in Familienunternehmen und Mittelstand" ausgezeichnet. Zudem haben wir als einziges mittelständisches Familienunternehmen 2020 als einer von zehn Gründungspartnern die Employers for Equality[3] mit besiegelt. Ziel der Initiative ist die Schaffung gleicher Voraussetzungen für alle Mitarbeitenden im Betrieb. Denn: Wir glauben fest daran, dass diverse Teams unsere Wirtschaft und Politik innovativer machen und dass die Nachhaltigkeitsziele nur durch die konstruktive und wertschätzende Zusammenarbeit aller Generationen erreicht werden können.

Quellen
1 Beispiel Deutschland: Das Land verfügte 2019 über einen Holzvorrat von 3,7 Mrd. Kubikmetern und ist das Holzland Nr. 1 in Europa. Der deutsche Wald nimmt fast ein Drittel der bundesdeutschen Fläche ein und zählt zu den wichtigsten nachwachsenden Ressourcen in Deutschland. https://www.bmel.de/DE/themen/wald/holz/nachwachsender-rohstoff-holz.html; https://www.fnr.de/nachwachsende-rohstoffe/nachwachsende-rohstoffe-im-ueberblick
2 Biophilie, griech. bio-filie, „Liebe zum Leben", angeborene Neigung des Menschen zur Natur und anderen Formen des Lebens in Ökosystemen, das Immunsystem wird gestärkt und der Heilungsprozess bestimmter Krankheiten wird beschleunigt: https://www.sageglass.com/de/visionary-insights/biophilie-gebaeuden-ist-der-ansatz-zurueck-zu-mutter-natur-eine-verbesserung-fuer
3 Initiative des „We are PANDA!"-Netzwerks, Employers for Equality befähigt und begleitet Unternehmen auf ihrem Weg zu Gleichberechtigung und Diversität: https://employers-for-equality.de

CLAUDIA LÄSSIG

*Gründerin und
Geschäftsführende
Gesellschafterin der
LÄSSIG GmbH*

**Welche Netzwerke waren für Sie und
Ihre berufliche Entwicklung relevant?**

Für mich war es wichtig, dass Menschen, auf
die ich mich verlassen und denen ich voll
vertrauen kann, mich auf meinem Weg begleiten und beraten. Die besten Kontakte, Netzwerke und auch Ratschläge habe ich in meinem engsten Umfeld gefunden, unterstützt durch kontinuierliche Weiterbildungen, durch die ich mein Netzwerk vergrößern konnte. Besonderen Einfluss auf meine berufliche Weiterentwicklung im Bereich der Unternehmensführung hatten Unternehmer:innennetzwerke, bei denen ich Unternehmensprobleme im Peer-to-Peer-Group-Prinzip bearbeiten kann.

Welche Mentorin/welcher Mentor hat Sie beeindruckt?

Im Laufe meines beruflichen Lebens habe ich mit mehreren Mentorinnen/ Mentoren bzw. auch Coaches zusammengearbeitet, die mich in besonderen Lebenssituationen und auch bei speziellen Fragestellungen unterstützt und meine Weiterbildung gefördert haben. Immer wieder habe ich hierbei Menschen kennenlernen dürfen, die mich mit ihren Lebensgeschichten, ihrem Mut und ihren Ideen beeindruckt haben. Frühzeitig und nachhaltig beeinflusst hat mich meine Mutter, die mir schon früh gezeigt hat, dass finanzielle Selbstständigkeit und Unabhängigkeit gerade für Frauen wichtig sind und dass man sich diesem Thema nicht früh genug stellen kann.

Was würden Sie als Mentorin an die nächste Generation weitergeben?
„Alles ist möglich, wenn man sich traut, nach den Sternen zu greifen." Ich möchte Mut machen und sagen: Versucht euch, traut euch und probiert Dinge aus. Viele Frauen haben trotz ihrer sehr guten Ausbildung dennoch großen Respekt vor Führungs- und Leitungsaufgaben oder trauen sich an manche Projekte nicht heran. Ich möchte dazu ermutigen, sich einmal auszuprobieren und auch gegebenenfalls einmal zu scheitern und dann eben aus den Fehlern zu lernen. Fehler zu machen und zu scheitern ist meines Erachtens notwendig, um größer und stärker zu werden. Auch möchte ich gerne dazu ermutigen, dass eine Entscheidung für eine berufliche Karriere nicht eine Entscheidung gegen eine Familie sein muss, sondern dass beides gut zusammengehen kann.

Wie sieht für Sie eine zukunftsfähige belastbare Unternehmenskultur aus?
Es gibt ein wunderbares afrikanisches Sprichwort: „Wenn du schnell gehen willst, geh allein. Wenn du weit gehen willst, geh mit anderen." Wenn ein Unternehmen belastbar und nachhaltig erfolgreich sein will, gehören hierzu neben der entsprechenden Geschäftsidee in erster Linie motivierte Mitarbeiter:innen, die in guten Teams zusammenarbeiten und sich mit dem Unternehmen identifizieren, um so gemeinsam zum Unternehmenserfolg beizutragen. Das macht das Unternehmen resilient und krisenfest. Die Kraft einer langfristigen Mitarbeitermotivation liegt meiner Meinung nach in einer Unternehmenskultur, die den Mitarbeiter:innen Mitbestimmung, Teilhabe und Flexibilität ermöglicht, sowie einer Unternehmensvision, die authentisch und erstrebenswert für die Mitarbeiter:innen ist.

NACHHALTIG LÄSSIG

Weite Bereiche der Grundsätze, die die Vereinten Nationen 2015 in die 17 Sustainable Development Goals (SDGs) transformiert haben, begleiten mich bereits einen Großteil meines Lebens. Meine Lebensphilosophie zu meiner Unternehmensphilosophie zu machen stellte schon frühzeitig und stellt weiterhin eine große Herausforderung dar.

Am Anfang – vor über 20 Jahren – stand mein Traum von einer Marke, die Kreativität und Lifestyle mit Nachhaltigkeit und Verantwortung verbindet. Das war auch der Traum, ein wirtschaftlich erfolgreiches Unternehmen zu gründen, das von einer nachhaltigen und auf Menschlichkeit basierenden Unternehmensphilosophie geprägt ist. So entstanden das Unternehmen und die Marke Lässig. Es begann in der Garage unseres Einfamilienhauses, und recht bald schon entstanden stilvolle Wickeltaschen, die das Frausein betonen und nicht auf das Muttersein reduziert sein sollten. Heute umfasst das Produktportfolio ein breites und nachhaltiges Sortiment für Babys und Kleinkinder.

Der Nachhaltigkeitsgedanke war also von Anfang an motivierend und ist deshalb seit jeher fest verwurzelt in der Lässig-DNA. Das Lässig-Logo unterstreicht die Kernaussage der Unternehmensphilosophie: Das im Mittelpunkt stehende Rehkitz steht für die Schutzbedürftigkeit der Zielgruppe ebenso wie der Umwelt. Es war uns von Beginn an wichtig, dass die Unternehmenswerte „innovativ", „emotional", „verantwortungsbewusst" und „umweltbewusst" keine Lippenbekenntnisse bleiben, sondern sich in der Vision und in allen Bereichen des Unternehmens wiederfinden und gelebt werden.

Dass das Thema Nachhaltigkeit so komplex und vielfältig und seine Verwirklichung damit eine Lebensaufgabe ist, die nur mit Leidenschaft, Durchhaltevermögen und einer festen Überzeugung angegangen werden kann, war uns zu diesem Zeitpunkt so natürlich noch nicht bewusst. Aus heutiger Sicht war es sicher von Vorteil, dass wir dieses Thema mit einer guten Portion Naivität angegangen sind und stets daran geglaubt haben, dass es immer besser ist, mit den eigenen begrenzten Mitteln etwas zu unternehmen, als nichts zu tun.

Diesem Grundsatz folgend haben wir uns zunächst auf unsere Produkte, Materialien und Produktionsstätten konzentriert. So verwendeten wir als erstes Unternehmen in unserer Branche Materialien aus recyceltem Polyester und setzten wassersparende Färbetechniken ein. Die Auswahl der Produktionsstätten haben wir zur persönlichen Geschäftsleitungssache gemacht.

Bei der Auswahl haben wir frühzeitig darauf geachtet, dass die Produktionsstätten von Menschen geführt und geleitet werden, deren Werte und Philosophie mit der Lässig-Philosophie vereinbar sind. Mir war immer wichtig, dass ich ein persönliches Vertrauensverhältnis zu Produzenten und Lieferanten aufbauen konnte und unsere Produkte in guten Händen wusste. Auch wenn Zertifikate ihre Berechtigung haben: den persönlichen Kontakt und die daraus resultierenden persönlichen Eindrücke und Erfahrungen können sie für ein nachhaltiges Unternehmen nicht ersetzen. Am Ende bleibt der Mensch die wichtigste Komponente, und daher waren wir immer gut beraten, nur mit den Firmen zusammenzuarbeiten, deren Eigentümer uns mit ihren Einstellungen und Werten überzeugen konnten.

Im Laufe der Jahre wurde das Produktsortiment von Lässig breiter und vielfältiger. Das hat naturgemäß neue Herausforderungen mit sich gebracht. Die Idee der Nachhaltigkeit in einem wirtschaftlich erfolgreichen Unternehmen zu leben kann daher nur mit einem seinerseits nachhaltigen Lern- und Umsetzungsprozess gelingen. Die Suche nach neuen Materialien, die diesem Anspruch immer besser gerecht werden, ist hierfür exemplarisch. Allerdings sollte unsere Nachhaltigkeitsphilosophie sich nicht auf die Bereiche Material und Produktion konzentrieren, sondern auf möglichst viele Arbeitsbereiche erstrecken.

Die 17 SDGs der Vereinten Nationen dienen uns hierbei wunderbar als Zielvorlage unserer Vision. Die Übertragung dieser mit großem Anspruch formulierten Ziele ist die eine Seite. Die andere Seite stellt für ein Wirtschaftsunternehmen die glaubhafte Vermittlung der Unternehmensphilosophie und des ernsthaften und authentischen Nachhaltigkeitsansatzes nach außen dar, denn der Einsatz von ressourcenschonenden Materialien ist schon längst kein Alleinstellungsmerkmal mehr.

Mithilfe einer auf Nachhaltigkeit spezialisierten Agentur starteten wir eine Ist-Anlage unseres „Nachhaltigkeitszustandes". Aufbauend darauf führten wir eine Stakeholderanalyse durch und legten gemeinsam mit unseren Mitarbeitern, Kunden und Lieferanten diejenigen Themen innerhalb des weiten Bereiches der Nachhaltigkeit fest, die für uns primär wichtig sind und auf die wir unsere Nachhaltigkeitsstrategie aufbauen wollten. So entstanden die sechs Säulen der Nachhaltigkeit bei Lässig. Folgende sechs Themenschwerpunkte haben wir für uns festgelegt:

1. Das Material

Dass die Liebe zur Umwelt uns besonders am Herzen liegt, wird bei der Materialauswahl unserer Produkte besonders deutlich. Denn die Qualität und die Unbedenklichkeit unserer Stoffe sind für uns mindestens genauso wichtig wie das Design der Produkte und das Gefühl, das sie vermitteln. Wir verwenden weitestgehend natürliche und nachwachsende, ressourcenschonende und recycelte Materialien, bei denen möglichst wenige chemische Behandlungen zum Einsatz kommen. So entstehen z. B. wunderschöne Babykollektionen aus GOTS-Baumwolle oder Eri-Seide und Taschenkollektionen aus recyceltem Polyester. Produkte werden zudem von anerkannten Testinstituten regelmäßigen und strengen Kontrollen unterzogen, und wir arbeiten stets daran, neue innovative Materialien und Verfahren zu suchen, mit denen wir unser nachhaltiges Sortiment erweitern können.

2. Die Produktion

Um faire Produktionsbedingungen zu gewährleisten, wählen wir unsere Produktionsstätten gründlich aus. Die Lässig-Geschäftleitung macht sich persönlich vor Ort ein Bild von den Arbeitsbedingungen an den Produktionsstandorten. Und das nicht nur einmal: Alle unsere Lieferanten werden regelmäßig besucht und auditiert. Wir verlassen uns nicht allein auf externe Zertifikate. So entstehen vertrauensvolle Kontakte, die für uns Voraussetzung langfristiger und erfolgreicher Partnerschaften sind. Bei der persönlichen Auswahl unserer Lieferanten ist entscheidend, dass vor Ort faire Arbeitsbedingungen herrschen, Qualität und Zuverlässigkeit sind wichtige Kriterien. Bei der Entscheidung, in welchem Land und mit welchen Partnern wir produzieren, spielen Faktoren eine Rolle, die in unserem Code of Conduct (CoC) verankert sind. In diesem Lässig-CoC, der für alle Geschäftspartner verbindlich ist, sind unsere Anforderungen an unsere Lieferanten und Partner festgeschrieben.

3. Die Produkte

Wir legen großen Wert auf modernes und zugleich nachhaltiges Design. Unsere Produkte bestechen durch zeitloses Design, sind multifunktionell einsetzbar, langlebig und von hoher Qualität. Unser Qualitätsmanagement-Team sorgt dafür, dass alle Lässig-Produkte den internationalen Normen zur Sicherheit entsprechen bzw. deren Anforderungen übersteigen und durch ihre Langlebigkeit nachhaltig Freude bereiten.

4. Die Mitarbeiter:innen

Die Fähigkeiten, die Erfahrungen und das Engagement unserer Mitarbeiter:innen – die bei Lässig weit überwiegend tatsächlich Mitarbeiterinnen sind – sind die Grundlage unseres Erfolgs. Unsere Mitarbeiter:innen sind Teil unserer Philosophie und unserer Ideen. Wir möchten, dass sie gerne mit und für Lässig arbeiten. Dafür tun wir einiges. Eine nachhaltige Personalführung sowie Investitionen in die Mitarbeiter:innenbindung und -weiterbildung sind für uns selbstverständlich. Wir legen großen Wert darauf, dass unsere Mitarbeiter:innen Beruf und Privatleben miteinander vereinbaren können. Dafür schaffen wir Rahmenbedingungen, die bestmöglich auf die individuellen Bedürfnisse der Mitarbeiter:innen eingehen. Dazu zählen flexible Arbeitsplätze sowie Arbeitszeitmodelle, außerdem profitieren unsere Mitarbeiter:innen von zahlreichen Vergünstigungen und sind am Unternehmenserfolg beteiligt.

5. Die Kund:innen

Die Nähe zu unseren Kund:innen ist eine unserer Stärken. Sie sind das Herzstück der Marke Lässig. Wir sind ein Familienunternehmen mit Gesicht: Wir hören zu, setzen auf Transparenz und Erreichbarkeit und sind dabei ein zuverlässiger und stabiler Partner. Langfristige, vertrauensvolle Beziehungen und die Zufriedenheit unserer Kund:innen und Vertriebspartner:innen sind uns sehr wichtig. Kund:innenfeedback ist jederzeit willkommen und wird selbstverständlich ernst genommen. Wir setzen auf eine langfristige Partnerschaft auf Augenhöhe.

6. Unser Nachhaltigkeitsengagement

Wir freuen uns über unseren Erfolg und wir teilen ihn auch gerne. Etwas tun und nicht nur darüber reden: Das liegt uns am Herzen. Deshalb engagieren wir uns langfristig für eine Vielzahl von Umwelt- und Tierschutzprojekten sowie Projekte zum Schutz von Kindern auf der ganzen Welt. So haben wir beispielsweise mit der Schutzgemeinschaft des Deutschen Waldes durch den Verkauf unseres Charity-Shoppers bereits mehr als 30.000 Bäume gepflanzt. Mit viel Herzblut unterstützen wir Initiativen zum Schutz von Kindern und Familien wie z. B. das Kinderhospiz Bärenherz, die Organisation Commit & Act oder auch Stream of Live (siehe dazu: www.laessig-fashion.de).

Durch die Konzentration auf die genannten sechs Themenbereiche wurde für uns und damit auch für unsere Mitarbeiter:innen die Unternehmensphilosophie deutlicher und nachvollziehbarer. So können wir innerhalb der einzelnen Bereiche Ziele und Messgrößen festlegen, an denen wir uns ausrichten und die Verbesserungen messbar und nachweisbar machen können.

Für uns stellt Nachhaltigkeit einen Prozess dar, an dem wir unermüdlich arbeiten müssen. Nur so gelingt es uns, uns kontinuierlich zu verbessern. So wird Nachhaltigkeit in all ihren Facetten, Unterschieden und Schwierigkeiten von meiner persönlichen Lebensaufgabe auch zu meiner Lebensaufgabe als Unternehmerin, der ich mich in voller Überzeugung jeden Tag aufs Neue stelle.

DR. MELANIE KERST

*Geschäftsführerin der
HWI pharma services
GmbH*

Wie sieht für Sie eine zukunftsfähige belastbare Unternehmenskultur aus?

Meine Vision einer zukunftsfähigen und belastbaren Unternehmenskultur lebt von gegenseitiger Wertschätzung. Unser Miteinander inspiriert meine Mitarbeitenden, ihre Stärken einzubringen und Verantwortung zu übernehmen. Wir alle sind an unserem Platz verantwortlich für das Ganze. Gegenseitige Unterstützung motiviert meine Mitarbeitenden und mich, vom Wissen und der Erfahrung der anderen zu lernen und dies weiterzugeben. Wir kommunizieren offen und respektvoll miteinander, geben uns gegenseitiges Feedback, sodass wir unsere Persönlichkeiten kontinuierlich weiterentwickeln und uns gegenseitig inspirieren. In unserem gesunden Unternehmen stehen für mich die Menschen im Mittelpunkt und können berufliche und private Aufgaben gut aufeinander abstimmen.

Wie setzen Sie Nachhaltigkeit im eigenen Unternehmen um?

Meine Beiträge zur Nachhaltigkeit sind

- die Entwicklung von innovativen Arzneimitteln, um nachhaltig ein besseres Leben zu ermöglichen,

- ein nachhaltiges Wachstum aus eigener Kraft,
- die Optimierung von Prozessen durch Digitalisierung und dadurch resultierende Effizienzsteigerung,
- gegenseitiges Vertrauen durch langfristige Zusammenarbeit als Basis für nachhaltigen Erfolg.

Die HWI group bietet seit 30 Jahren Dienstleistungen für die Pharma-, Biotech- und Medtech-Branche in allen Phasen der Arzneimittelentwicklung an. Unsere Services beinhalten die Entwicklung von innovativen Formulierungen, Labordienstleistungen sowie regulatorische Arbeiten. Nach Zulassung und Markteinführung prüfen wir Arzneimittelchargen für den Markt, geben diese verantwortlich frei und monitoren die Arzneimittelsicherheit, damit Arzneimittel und Medizinprodukte nachhaltig für eine Verbesserung unser aller Gesundheit sorgen.

Beim Ausbau unserer Dienstleistungen bewahren wir uns unsere Unabhängigkeit und finanzieren unser Wachstum nachhaltig aus eigener Kraft. Wir definieren unsere Kernkompetenzen und vernetzen uns mit kompetenten und vertrauenswürdigen Partnern in einem innovativen Ökosystem. Qualität, Effizienz und Sicherheit steigern wir, indem wir unsere Prozesse auch durch Digitalisierung und unterstützende Intelligenz optimieren. So können wir flexibel und vorausschauend auf Marktveränderungen reagieren und damit Arzneimittel schneller und kosteneffizienter entwickeln. Damit nutzen wir unsere Arbeitszeit und Lebenszeit sinnvoller.

Langfristig erfolgreiche und damit nachhaltige Innovation entsteht für mich nur dort am besten, wo Menschen einander vertrauen. Vertrauen setzt für mich voraus, dass wir alle uns und unsere Stärken kennen, um diese auch wirklich zu nutzen. Dies festigt unsere Zusammenarbeit. Im Mittelpunkt meines täglichen Handelns stehen daher immer die Menschen: Nur wo wir gemeinsam kontinuierlich an Themen arbeiten, entstehen wirklich nachhaltige Ergebnisse. Deshalb fördere ich die persönliche und fachliche Weiterqualifikation meiner Mitarbeitenden.

Ich bin davon überzeugt, dass wir in dieser sich schnell verändernden Welt nur so erfolgreich agieren können.

HWI – INNOVATIONS AND SERVICES FOR A BETTER LIFE

Unser Familienunternehmen HWI ist als Dienstleister der Pharmabranche seit 30 Jahren auf dem deutschen Markt etabliert. Unser Fokus lag von Beginn an auf einer langjährigen und vertrauensvollen Partnerschaft mit unseren überwiegend mittelständischen Kunden. Unsere Services haben wir immer an den Bedürfnissen unserer Kunden orientiert. Durch die Nutzung der Potenziale und Erfahrungen unserer Mitarbeitenden bieten wir seit über einem Jahrzehnt unsere Dienstleistungen auch in der stark wachsenden Biotech- und Medtech-Branche an. Zeitgleich haben wir begonnen, aktiv Innovationen in unserer Branche mitzugestalten, um den immer schneller werdenden Marktveränderungen und sich stetig ändernden Compliance-Anforderungen einen Schritt voraus zu sein. So agieren wir gemäß unseres Purpose „Innovations and Services for a better Life" und entwickeln bereits jetzt das, was unsere Gesellschaft morgen braucht.

Mit unseren Plattformtechnologien und Screening-Prozessen zur Entwicklung und Herstellung innovativer steriler Darreichungsformen werden wir Arzneimittel schneller und kosteneffizienter entwickeln. 90 % aller neu entwickelten pharmazeutischen Wirkstoffe sind schwer löslich. Um diese besser bioverfügbar zu machen, nutzen wir Mikro- und Nanotechnologien. So können Therapiekosten reduziert und eine effizientere Behandlung großer Patientengruppen erreicht werden.

Aktuell zeigen parenterale Formulierungen wie z. B. Injektionslösungen das größte Marktpotenzial. Unsere Technologieplattform konzentriert sich daher auf die Entwicklung von sterilen parenteralen und nasalen Arzneimitteln, für die wir hoch flexible Isolatoren und Abfülllinien nutzen. Diese innovativen Formulierungen kommen u. a. zur Therapie von Krebserkrankungen und Infektionskrankheiten wie beispielsweise Covid-19 zum Einsatz.

Auch der Bereich der personalisierten Medizin, u. a. für die Behandlung von seltenen Erkrankungen, wird in der Zukunft eine immer größere

Rolle spielen. Mit unseren innovativen und flexiblen Technologien leisten wir bereits jetzt unterstützt durch Förderprojekte (InnoTop 2020) unseren Beitrag für ein besseres Leben.

Wir sind überzeugt, dass das proaktive Treiben und Gestalten von Veränderungen unseren Erfolg dauerhaft sichern werden. Um langfristig einen Beitrag für Sicherheit, Wohlergehen und Gesundheit zu leisten, nutzen wir unsere eigenen Potenziale und Erfahrungen sowie die unseres Ökosystems.

Damit aber Veränderungen und Innovationen auch gelingen, müssen wir sie erfolgreich gestalten. Dazu braucht es das richtige Mindset: Also haben wir bei uns selbst angefangen. „Innovation: die geplante und kontrollierte Veränderung" – diese aktuelle Definition des Dudens passte früher sicherlich zu uns. Regulatorische Rahmenbedingungen führten zu Veränderungen nach dem Motto „erst exakt planen, dann umsetzen, dann berichten". Aber so konnte es doch nicht weitergehen.

Veränderung: dahinter steckte auch für uns das Neue, Unbekannte und vielleicht sogar Beängstigende: „Wieso soll ich etwas verändern? Es läuft doch!" So ging es sicherlich durch manchen Kopf. Könnte es nicht riskant sein, wenn wir uns als mittelständischer Dienstleister trauen, Innovationen zu betreiben? Sollten wir nicht lieber das weitermachen, was gut und vermeintlich sicher etabliert ist? NEIN.

Die Welt verändert sich immer schneller: Dies nutzen wir als großartige Chance und nehmen uns viel Zeit, um Ängste und Bequemlichkeiten in Mut und Neugier zu wandeln. Mut brauchten zunächst einmal wir, die Verantwortlichen des Unternehmens, um unsere Mitarbeitenden einzubinden, Verantwortung zu teilen, sowie unser Wissen durch Teilen zu vermehren und uns weiterzubilden, unabhängig von ursprünglicher Qualifikation, Arbeitsmodellen und Geschlecht. Wir verteilen Aufgaben, nicht Positionen und eröffnen so neue Möglichkeiten für alle Mitarbeitenden, ihr Potenzial einzubringen. Das erweckt Neugier auf Neues: auf Aufgaben, die erlernbar sind und in denen Erfahrene zurate gezogen werden können. Entscheidungen werden dort getroffen, wo Prozesse in der Praxis gelebt werden. Dabei beziehen wir alle Mitarbeitenden ein und beraten uns gegenseitig. Einzelne stellen so neue Fähigkeiten an sich selbst fest und trauen sich, diese auszubauen. Wir stärken fachliche Weiterentwicklung, Spezialisierung und Bündelung von interdisziplinärem Wissen, das wir insbesondere bei innovativen Arzneimittelentwicklungen nutzen, die wir zusammen mit Partnern und Kunden vorantreiben. Wir fördern soziale Kompetenzen, sodass sich die Mitarbeitenden auch über ihre ursprünglichen Fachkompetenzen hinaus im Unternehmen einbringen.

Das gelingt insbesondere, indem wir Innovation nicht mehr als geplante und kontrollierte Veränderung sehen, sondern uns wegbewegen von klassischen Projektsteuerungsmethoden hin zu agilen Prozessen. Dabei probieren wir neue Denkweisen, Arbeitsstile und digitale Tools aus – das macht Spaß und fördert so eine positive Haltung zu Veränderungen.

Ständig wechselnde Anforderungen und kreative Innovationsprozesse lassen sich erfolgreich nur durch eine begleitende Digitalisierungsstrategie realisieren. Bei uns ist Digitalisierung nicht nur Mittel zum Zweck, sondern Teil der Unternehmensstrategie und stets verwoben mit der fachlichen Ausrichtung unserer Kunden. Jede Softwareunterstützung und schließlich sogar die Nutzung von künstlicher Intelligenz kann am Ende nur so gut arbeiten, wie das Experten-Training durch unsere Mitarbeitenden mit ihrem breiten Know-how es ermöglicht.

Als innovativer Partner des AIQNET Ökosystems für medizinische Daten (https://aiqnet.eu/) erarbeiten wir mittels agiler Methoden Ansätze zur Prozessautomatisierung im Bereich der Pharmakovigilanz und Vigilanz von Medizinprodukten. Hierfür entwickeln wir auch durch Nutzung von unterstützender Intelligenz „minimal viable prototypes", um unstrukturierte Dokumente zu durchsuchen und Wissen in strukturierter Form zugänglich zu machen.

Diesen Effizienz- und Wissensgewinn nutzen wir zukünftig für all unsere Prozesse und Services. Digitalisierung und künstliche Intelligenz ermöglichen gerade im hochregulierten GxP-Umfeld ein Umdenken. Wir haben gelernt, unsere bisherigen Dienstleistungen und Geschäftsmodelle zu hinterfragen und durch neue innovative Angebote zu ergänzen. Wir positionieren uns mit digital unterstützten Dienstleistungen, von deren hohen regulatorischen Standard unsere Auftraggeber zusätzlich profitieren werden und schaffen einen Mehrwert für Patienten, Kliniken, Pharmaunternehmen und Medizintechnik-Hersteller.

Die digitale Transformation der HWI ermöglicht uns zusätzlich, unsere Prozesse insgesamt zu verbessern und damit ressourcenschonend zu nutzen. Dabei stellen wir stets den Menschen in den Mittelpunkt und handeln verantwortungsvoll mit Daten. Gebäude- und Raumplanungen gestalten wir klimaschonend durch innovative Energiekonzepte am eigenen Standort, um CO_2-neutral zu werden. Eine persönliche Kommunikation untereinander wird uns immer wichtig sein, dennoch reduzieren wir den Energieverbrauch auch dauerhaft durch virtuelle Meetings und Homeoffice-Arbeitsplätze, wo es sinnvoll ist. Die Notwendigkeit von Reisen zwischen unseren Standorten oder zu Partnern und Kunden hinterfragen wir, nutzen virtuelle Meeting-Tools wo möglich und schonen so zusätzlich Ressourcen und Lebenszeit. Damit leisten wir unseren Beitrag zur Klimastrategie und agieren in dieser sich stetig verändernden Welt nachhaltig.

Das aber vielleicht Entscheidendste auf dem Weg unserer Transformation ist, dass sich unser Mindset geändert hat. Veränderungen und Innovationen begreifen wir als Chance, die zugleich spannend und motivierend sind. Wir sprechen weniger über Probleme, sondern diskutieren Lösungswege ergebnisoffen. Neben der konsequenten Digitalisierung von Prozessen ist auch unsere Organisationsentwicklung ein zentrales Element geworden. Wir haben begriffen, dass wir umso innovativer sein können, je mehr wir die Potenziale und Ideen aller nutzen. Zusätzlich zu einer Verteilung der Verantwortung spielt dabei auch unser gemeinsamer Purpose „Innovations and Services for a better Life" eine große Rolle. Gemeinsam haben wir unsere Wertvorstellungen überprüft, die in unserer Strategie, in unserem Leitbild und in unseren Führungsprinzipien verankert sind. Dabei stehen für uns immer die Menschen, unsere Mitarbeitenden, unsere Kunden und Partner – unser gesamtes Ökosystem – im Vordergrund, mit denen wir vertrauensvoll zusammenarbeiten. Eine Unternehmenskultur, in der konstruktive Feedbackprozesse, Reflektionsgespräche und Retrospektiven etabliert sind, ist die Basis für dieses Vertrauen untereinander und damit ein entscheidender Erfolgsbaustein für Ideenaustausch, Wissensvermehrung und Innovation.

Neben der Entwicklung des Unternehmens und aller Beteiligten als Ganzes fördern wir die persönliche und fachliche Weiterqualifikation unserer Mitarbeitenden. Im Rahmen des Audits „berufundfamilie" setzen wir uns seit mehr als zwölf Jahren damit auseinander, wie wir die Arbeitsbedingungen in verschiedenen Lebensphasen gestalten können, denn eine langfristige Bindung unserer Mitarbeitenden ist die Basis unseres Erfolgs. Individuell gestaltbare Arbeitszeitmodelle und -orte sowie Verantwortungsübernahme auch in Teilzeit spiegeln sich in unserem Frauenanteil von 70 % wider. Im Rahmen unseres Leitbildprozesses haben wir ein gemeinsames Verständnis für die passende Work-Life-Balance entwickelt. Persönlichkeitsentwicklung, Vertrauen aufeinander, Teambuilding und eine respektvolle Kommunikation sind unser Erfolgsfaktor für Change-Prozesse, denn ohne Disruption herrscht Stillstand – das haben wir gelernt. Und rückwirkend betrachtet haben wir alle in dieser Welt immer gelernt, dass durch Veränderungen und Innovationen ein besseres Leben entstanden ist – also trauen wir als HWI uns zu, aktiv und risikobewusst, aber nicht risikoscheu unsere Zukunft zu gestalten: „Innovations and Services for a better Life"

PROF. DR. ANETT MEHLER-BICHER

Vizepräsidentin für Digitalisierung & Forschung der Hochschule Mainz

Welche Mentorin/welcher Mentor hat Sie beeindruckt?

Mein Vater, der meiner Schwester und mir schon sehr frühzeitig vermittelt hat, Mädchen können mindestens ebenso gut in MINT-Fächern sein wie Jungen.

Was würden Sie als Mentorin an die nächste Generation weitergeben?

1. Keine Angst vor Technik/Technologie.
2. Keine Scheu, mit Männern zu konkurrieren.
3. Als Frau muss man durch Leistung überzeugen.
4. Familie und Beruf lassen sich miteinander vereinbaren, aber es ist ein anstrengender Balanceakt.

Wie sieht für Sie eine zukunftsfähige belastbare Unternehmenskultur aus?

Eine zukunftsfähige belastbare Unternehmenskultur ist für mich durch ihre innere Innovations- und Transformationsfähigkeit charakterisiert. Hierzu ist Digitalisierung ein wichtiger Treiber. Digitalisierung erlaubt die Entwicklung innovativer Ideen und gleichzeitig die Umsetzung neuer Ideen in innovativen Formaten und Lösungen.

AUGMENTED UND VIRTUAL REALITY FÜR MEHR NACHHALTIGKEIT IN UNTERNEHMEN

Einleitung

Augmented Reality (AR) und Virtual Reality (AR) sind Technologien, die an Bedeutung gewinnen und kommerziell eingesetzt werden. Auch wenn theoretische Grundlagen beider Technologien schon zu Beginn der 1990er-Jahre entwickelt wurden, macht die gestiegene Rechenleistung erst heute einen flächendeckenden Einsatz möglich.

Ziel dieses Beitrags ist, zu klären, wie der Einsatz von Augmented und Virtual Reality Unternehmen in ihren Nachhaltigkeitsbestrebungen unterstützen kann. Der Beitrag gliedert sich wie folgt: Nach wesentlichen Grundlagen zu Augmented und Virtual Reality werden Anwendungsszenarien dargestellt und daraus Einsatzmöglichkeiten abgeleitet, die zu mehr Nachhaltigkeit gemäß ESG und SDGs in Unternehmen führen.

Grundlagen zu Augmented und Virtual Reality

Während man unter Virtual Reality die Darstellung und gleichzeitige Wahrnehmung der Wirklichkeit und ihrer physikalischen Eigenschaften in einer in Echtzeit rechnergenerierten, interaktiven, virtuellen Umgebung versteht und die reale Umwelt demzufolge ausgeschaltet wird, zielt Augmented Reality auf eine Anreicherung der bestehenden realen Welt um computergenerierte Zusatzobjekte. Im Gegensatz zu Virtual Reality werden keine gänzlich neuen Welten erschaffen, sondern die vorhandene Realität mit einer virtuellen Realität ergänzt.[1] Das „Reality-Virtuality-Continuum" veranschaulicht die Abstufungsgrade zwischen Virtual und Augmented Reality (vgl. Abbildung 1); dieses postuliert einen stetigen Übergang zwischen realer und virtueller Umgebung.[2]

```
┌─────────── Mixed Reality (MR) ───────────┐
├────────────────────────────────────────────┤
  ──────▶                        ◀──────
   Reale        Augmented        Augmented        Virtuelle
  Umgebung     Reality (AR)    Virtuality (AV)    Umgebung
```

Reality-Virtuality (RV) Continuum

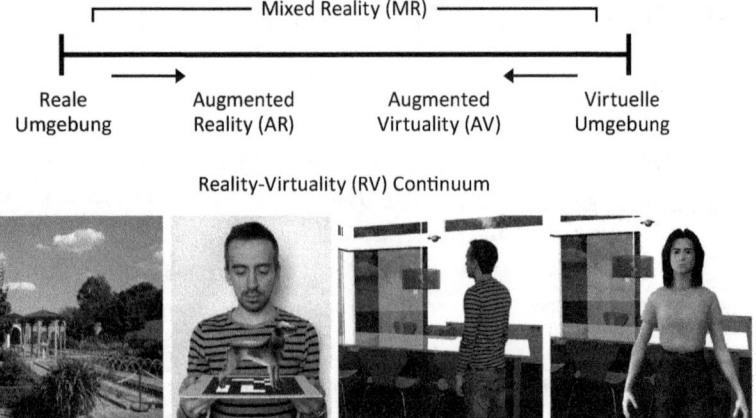

Abbildung 1: Realitäts-Virtualitäts-Kontinuum

Der linke Bereich des Kontinuums definiert Umgebungen, die sich nur aus realen Objekten zusammensetzen, und beinhaltet alle Aspekte, die bei Betrachtung einer realen Szene durch eine Person oder durch ein beliebiges Medium beobachtet werden. Der rechte Bereich hingegen definiert Umgebungen, die nur aus virtuellen Objekten bestehen. Innerhalb dieses Frameworks definiert Mixed Reality als Überbegriff eine Umgebung, in der reale und virtuelle Objekte in beliebiger Weise in einer Darstellung, d.h. zwischen den beiden Extrempunkten des Kontinuums liegend, kombiniert werden.[3] Bei AR überwiegt der reale Anteil, bei AV hingegen der virtuelle Anteil.

AUGMENTED UND VIRTUAL REALITY IN DER REALISIERUNG

Realisierungsstufen für AR und VR

Hinsichtlich der Realisierung von AR und VR kann man drei jeweils Realisierungsstufen definieren, die sich hinsichtlich ihres Interaktionsgrads deutlich unterscheiden.[4]

- **Realisierungsstufe 1: Visualisierung**
  Mithilfe von AR oder VR lassen sich computergenerierte Objekte in die reale oder virtuelle Umgebung projizieren. Mögliche Anwendungen sind AR-animierte Printmedien wie z.B. Prospekte, Kataloge, Ver-

packungen, das Einblenden technischer Informationen in das Gesichts-
feld eines Anwenders durch Headup-Displays, wie z. B. in Pkw oder
Flugzeug, oder lagegerechtes Überlagern von Informationen aus bildgebenden Verfahren in der Medizin zur Unterstützung des Operateurs.
Aus VR-Sicht ergeben sich als mögliche Anwendungen virtuelle Rund-
gänge z. B. durch computergenerierte Gebäude oder die Betrachtung
und Untersuchung von Objekten aus bildgebenden Verfahren in der
Medizin, um beispielsweise Operationen vorzubereiten.

- **Realisierungsstufe 2: Anleitung und Kontrolle**
In dieser Stufe werden vorgefertigte Szenarien der Stufe 1 in eine
logische Reihenfolge gebracht; der Ablauf wird dabei durch die Veränderung des realen Betrachtungsobjekts gesteuert. Eine mögliche
Anwendung für AR ist, dass ein Wartungstechniker nach Anweisung
ein Bauteil an einer Maschine entfernt und das AR-System die neue
Situation erkennt, beurteilt und den nächsten Schritt vorschlägt. Im
Bereich VR lassen sich für Schulungen Umgebungen und Vorgänge
simulieren. Der Betrachter kann selbstständig seine Position ändern,
um sich die Objekte näher zu betrachten; dies kann z. B. das Innere
eines Reaktors oder die Herzkammer eines Patienten sein.

- **Realisierungsstufe 3: Interaktion**
Stufe 3 unterscheidet sich von Stufe 2 insoweit, dass die Szene nicht
nach einem vorgegebenen Muster abläuft, sondern die Sequenz
der Teilschritte durch den Benutzer selbst gesteuert wird. Dies kann
sprach- oder gestengesteuert erfolgen. Eine Steuerung über Einga-
begeräte wie Maus, Tastatur oder Touchscreen, aber auch per Mimik-
oder Gestensteuerung ist denkbar und von der jeweiligen Situation
abhängig. Die für Realisierungsstufe 2 genannten Möglichkeiten werden in Realisierungsstufe 3 deutlich erweitert: Der Wartungstechniker
kann Schritte überspringen, und das System reagiert entsprechend. Im
Schulungsbereich kann der Betrachter die dargestellten Objekte nicht
nur betrachten, sondern diese auch „anfassen" oder durch andere Ein-
gaben manipulieren. Dadurch wird der Betrachter zum Akteur innerhalb der Szene. Mit steigendem Interaktionsgrad wächst einerseits der
Anspruch an entsprechende Realisierungen; andererseits bieten inter-

aktiv gestaltete AR- und VR-Anwendungen auch den höchsten Einsatznutzen. Dennoch haben auch einfache Visualisierungsansätze sowohl auf AR- als auch VR-Basis einen deutlichen Mehrwert, da sie die Realität erfahrbarer gestalten.

Kontextabhängiger Einsatz von AR und VR

Die Entscheidung, ob man im Unternehmen AR oder VR nutzen sollte, ist immer kontextsensitiv zu treffen. Anhand einer Reihe von Prüfkriterien lässt sich in der Regel eine eindeutige Entscheidung treffen[5] (vgl. Abbildung 2):

Kriterium	Augmented Reality	Virtual Reality
Simulation von Situation	Alltagssituationen	Ausnahmesituationen
Verfügbarkeit von Situationen	hoch	Ausnahmen, in der Realität selten auftretend
Gefährdungspotenzial von Situationen	kein	gering bis hoch
Notwendigkeit der Einbettung in Realität	ja	nein
Aufwand zur Erstellung	gering bis mittel	hoch
Kosten zur Erstellung	gering bis mittel	hoch

Abbildung 2: Prüfkriterien zur Entscheidung zwischen Augmented und Virtual Reality

NACHHALTIGKEIT IN UNTERNEHMEN DURCH AUGMENTED UND VIRTUAL REALITY

Augmented wie auch Virtual Reality erlauben die Umsetzung vieler Situationen im Unternehmen auf eine neue Art und Weise, die deutlich ressourcenschonender und infolgedessen nachhaltiger ist als traditionelle Ansätze.

Mehr Nachhaltigkeit durch AR

Beispielhaft seien im Bereich AR-augmentierte Produktkataloge zu nennen. Nutzern werden in so eindrücklicher Weise Nutzungs- und Erfahrungseigenschaften von Produkten oder auch Dienstleistungen vermittelt, sodass sie diese fast schon in realer Weise erleben. 3-D-generierte Objekte weisen heutzutage eine so hohe Qualität auf, dass diese real wirken. Gerade im Zeitalter des E-Commerce sind Möglichkeiten virtueller Anproben von Kleidung oder Accessoires wie Brillen daher eine interessante Möglichkeit, hohe Retourenquoten zu senken.

Der Einsatz von AR auch in Produktion und Logistik dient der Qualitätssicherung bei gleichzeitiger Entlastung der Mitarbeiter. AR-Brillen werden dabei zur Unterstützung der Prozesse genutzt und helfen Mitarbeitern z. B. in der Kommissionierung, Produkt-Bundle korrekt zusammenstellen und auszuliefern.

Mehr Nachhaltigkeit durch VR

VR zeigt insbesondere in Situationen, in denen bildhafte Simulationen notwendig sind, ihre Stärken und ihr Einsatzpotenzial. VR-basierte Simulationen beschleunigen vielfach Entwicklungsprozesse in Unternehmen. Dies zeigt sich insbesondere im Automotive-Bereich. Von der Fahrzeugentwicklung bis hin zum Crash-Test werden immer wieder VR-basierte Simulationen eingesetzt. Erst in einem hohen Reifestadium werden tatsächlich reale Prototypen entwickelt und verfeinert. Virtual Reality erlaubt das Erfahren neuer räumlicher Situationen und Prozesse ohne Einbezug oder Gefährdung Dritter, sei es im Unternehmenskontext durch die virtuelle Begehung eines Gebäudes oder einer neuen Anlage, die Vorbereitung angehender Ärzte durch eine VR-Anwendung auf Prozesse in der Notaufnahme oder die Schulung von Piloten in Extremsituationen.

Fazit und Ausblick

Augmented wie auch Virtual Reality bieten umfängliche Möglichkeiten, Unternehmen oder allgemeiner Institutionen in ihren Nachhaltigkeitsbestrebungen gemäß ESG und SDG zu unterstützen. Dies betrifft einerseits Bemühungen, ressourcenschonender zu agieren, andererseits Mitarbeiter zu entlasten und dabei Sicherheit und Gesundheit zu fördern und damit das Image eines Unternehmens oder einer Institution hinsichtlich der Corporate Social Responsibility nachhaltig zu stärken.

Quellen
1   Klein, G. (2009), Visual Tracking for Augmented Reality: Edge-based Tracking Techniques for AR Applications. Saarbrücken, S. 1.
2   Milgram, P., Takemura, H., Utsumi, A., & Kishino, F. (1994), Augmented Reality: A Class of Displays on the Reality-Virtuality Continuum. Telemanipulator and Telepresence Technologies, S. 282–292, hier S. 283.
3   Mehler-Bicher, A., Steiger, L. (2014), Augmented Reality: Theorie und Praxis, München, S. 28.
4   Mehler-Bicher, A., Steiger, L. (2020), Augmented und Virtual Reality, in: M. Lang, M. Müller (Hrsg.): Von Augmented Reality bis KI, München, S. 69–91, hier S. 76–86.
5   Ebd., S. 88.

PROF. DR. NADINE KAMMERLANDER

Co-Direktorin Institut für Familienunternehmen und Mittelstand

Welche Netzwerke waren für Sie und Ihre berufliche Entwicklung relevant?
Für mich waren das Netzwerke, die mich dazu brachten „weiter zu denken" und ambitionierter zu sein. Dazu gehörten die Studienstiftung ebenso wie die Junge Akademie der TU München und der Verein juforum e.V., in denen ich jeweils „Gleichgesinnte" traf. In diesen Netzwerken fühlte ich mich wohl, konnte ich mich austauschen und wurde motiviert, weiter an meinen Zielen und deren Erreichung zu arbeiten.

Was würden Sie als Mentorin an die nächste Generation weitergeben?
Glaube an dich und deine Ziele – lass dich nicht davon abbringen. Aber wenn du mit dem Kopf an die Wand stößt, dann versuche nicht, die Probleme alleine zu lösen, sondern suche dir Hilfe.

Wie sieht für Sie eine zukunftsfähige belastbare Unternehmenskultur aus?
Für mich spielen hier die folgenden Aspekte eine besondere Rolle: a) Anreize: Die Unternehmenskultur muss Fehler tolerieren und Mut

und Einsatz belohnen; alle Mitarbeitenden müssen auf das gleiche Ziel hinarbeiten; b) Konfliktlösung: Wann immer Menschen zusammenarbeiten, kommt es ab und an zu Konflikten. Das Unternehmen darf diese emotionale Komponente nicht ignorieren, sondern muss Lösungen zur Konfliktbewältigung anbieten; c) Fairness: Die „innere Kündigung" der Mitarbeitenden stellt zunehmend ein Problem für viele Firmen dar. Um es gar nicht erst so weit kommen zu lassen, müssen Unternehmen ihre Prozesse und Entscheidungen auf (wahrgenommene) Fairness überprüfen und verbessern.

Wie setzen Sie Nachhaltigkeit im eigenen Unternehmen um?
Als Professorin ist es mein Ziel, junge Studierende für Nachhaltigkeit zu sensibilisieren und sie dazu zu motivieren „green" oder „social" Startups zu gründen. Dies erreiche ich durch spezifische Vorlesungen sowie durch Forschung und Veröffentlichungen in diesem Themenfeld. Zudem ist es als Direktorin für das Thema Diversity meine Aufgabe, eine inklusive Arbeitskultur an der Universität zu schaffen und die Studierenden auf Arbeit in diversen Teams vorzubereiten. Zudem bin ich am Unternehmen meines Vaters, der HoKa Inergy GmbH beteiligt, deren Ziel es ist, die Prozesse im Unternehmen effizienter zu gestalten, dadurch Ressourcen zu sparen und Unternehmen beispielsweise durch den Einsatz neuartiger Energiequellen wie Wasserstoff nachhaltiger aufzusetzen.

Was würden Sie jungen Unternehmer:innen in diesem Zusammenhang mitgeben?
Die Aufgabe eines Unternehmens sollte es immer sein, ein soziales oder ökologisches Problem zu lösen. Wenn das passiert, dann hat das Unternehmen eine Daseinsberechtigung, und es lohnt sich, Zeit und Energie hineinzustecken. Zudem gilt: Nicht aufgeben. Früh und viel nach Feedback fragen. Testen und ausprobieren. Konzepte gegebenenfalls anpassen.

DIE ROLLE VON FAMILIENUNTERNEHMEN IM SDG-KONTEXT

Um die SDG-bezogenen Herausforderungen zu lösen, bedarf es des Einsatzes vieler Akteure. Eine wichtige Akteursgruppe, die jedoch oft von den Medien unbeachtet agiert, ist die der Familienunternehmen. Familienunternehmen dominieren mit über 80 % der Firmen die Unternehmenslandschaft in Deutschland. Mehr als jeder zweite im Privatsektor tätige Arbeitnehmer arbeitet für ein Familienunternehmen. Damit zeigt sich, dass vom Tun oder auch Nicht-Tun der Familienunternehmen viel abhängt, ob die Erreichung der SDG-Ziele gelingt.

Glücklicherweise bringen Familienunternehmen eine ganze Menge Eigenschaften mit, die sie befähigen, sich für eine Erreichung der SDG-Ziele einzusetzen.[1] So sind Familienunternehmer oft von einer Mischung aus finanziellen und nicht-finanziellen Zielen getrieben. Bereits in den frühen Jahren der Industrialisierung investierten Unternehmerfamilien wie beispielsweise die Fugger oder Krupps in bezahlbaren Wohnraum für Mitarbeiter. Dies geschah teils aus sozialen Motiven, teils aber auch aufgrund der langfristigen Perspektive, die Familienunternehmen einnehmen können. Anders als börsengelistete Unternehmen im Privatbesitz können Familienunternehmer auch in Zeitspannen planen, die fünf oder gar zehn Jahre Planungshorizont übertreffen. Ein weiterer Motivator für Familienunternehmen, sich in sozialen oder ökologischen Belangen zu engagieren, ist die Reputation. Oft ist der Familienname mit dem Unternehmensnamen identisch, sodass sich „gute unternehmerische Taten" auch auf das Ansehen der Unternehmerfamilie auswirken.

In der Praxis gibt es auch heutzutage viele Beispiele für solch ein positives SDG-Verhalten, wenngleich es oft im Verborgenen bleibt. So hat Reinhard Schneider, Familienunternehmer in fünfter Generation, mit seiner Marke Frosch und den dazugehörigen Initiativen, den Markt der Reinigungsartikel in Richtung Nachhaltigkeit getrieben. Die Schokoladenfirma Ritter, ebenfalls ein traditionelles Unternehmen in Familienhand, setzt sich in vielfältiger Weise für einen nachhaltigen Anbau von Kakaobohnen ein.

Nun stellt sich natürlich die Frage: Warum folgen nicht mehr Familienunternehmen diesen Beispielen? Auf diese Frage gibt es sicherlich unterschiedliche Antworten. Eine Vermutung ist jedoch: Um Wandel in Familienunternehmen herbeizuführen benötigt es mehr Diversität.[2] Das gilt nicht nur für technologischen Wandel, sondern auch für sozialen und ökologischen Wandel.

Der Beitrag von Diversität zur Erreichung der SDGs

Diversität ist dabei definiert als das Vorhandensein und die Einbeziehung von Entscheidungsgebern unterschiedlicher Herkunft, Geschlechts, Alters, Erfahrung und Einstellungen. Wie in der Wissenschaft argumentiert und gezeigt, kann Diversität unterschiedliche Formen annehmen und zu unterschiedlichen Ergebnissen führen.[3] Im schlimmsten Fall führt Diversität zur Spaltung des Entscheidungsgremiums: Die gegen uns! Frauen gegen Männer! Alte gegen Junge! Techies gegen BWLer! Im besten Fall führt Diversität jedoch zu mehr Kreativität und mehr „Out of the box"-Innovationen. Homogene Teams sind oft schneller und effizienter, wenn es darum geht Standardprobleme zu lösen. Das Problem dabei ist: Oft ist das Ergebnis dieser Prozesse lediglich eine kleine oder inkrementelle Verbesserung des Ausgangszustands.

Inkrementelle Schritte werden aber nicht ausreichen, um die vielfältigen sozialen und ökologischen Herausforderungen unserer Zeit zu lösen. Stattdessen bedarf es disruptiver Verbesserungen und diskontinuierlicher (Geschäfts-)Modelle. Diese werden jedoch selten in homogenen Teams erarbeitet. Die Tatsache, dass viele von senioren Patriarchen geführte Familienunternehmen Digitalisierung lange als irrelevant abgetan haben, kann als eine Illustration dieses Phänomens gelten. Diverse Teams hingegen bringen vielfältige Sichtweisen, Kritik, aber auch Lösungsvorschläge mit ein. Während Diskussionen in diversen Teams oft länger andauern – und gegebenenfalls auch zu mehr (konstruktiven) Konflikten führen –, ist das Ergebnis oft kreativer, die Lösung umfassender.

Diversität in Familienunternehmen

Der Allbright-Bericht aus dem Jahre 2020[4] bescheinigt den großen deutschen Familienunternehmen keinen guten Status, was (Geschlechter-)Diversität in der Führung anbetrifft. Ein ähnliches Bild zeigt eine aktuelle Auswertung des WHU-Instituts für Familienunternehmen und Mittelstand[5]: Mittelständische Familienunternehmen weisen eine signifikant niedrigere Diversität in Bezug auf Geschlecht und Internationalität auf als vergleichbare Nichtfamilienunternehmen. Schlimmer noch, den Familienunternehmen scheint es zudem an Mechanismen zu mangeln, die vorhandene Diversität zielorientiert zu nutzen. Das alleinige Vorhandensein diverser Gremienmitglieder ist nicht ausreichend, solange diese nicht gehört werden. Neben der Neuaufstellung der Gremien braucht es auch ein Umdenken in den Gremien: Ergebnisoffene Diskussionen statt Abnickgremien sind hier vonnöten.[6]

Wie können Familienunternehmen es schaffen, diverser zu werden? Ein erster Schritt ist die Aufmerksamkeit, vor allem auf Eigentümerseite sowie auf den obersten Führungsebenen. Die Kultur in Familienunternehmen ist häufig das Abbild der Werte der Eigentümer und Geschäftsführung. Insofern braucht es eine klare und konsistente Kommunikation bezüglich „Diversität ist uns wichtig – und hilft uns, zukunftsfähig zu sein." Im Anschluss müssen die eigenen Prozesse selbstkritisch hinterfragt werden: Ist unsere Diskussions- und Entscheidungskultur inklusiv? Wo ist sie es noch nicht? Wie gehen wir mit konträren Meinungen um? Werden diese gehört? Werden diese mit einbezogen? Gibt es überhaupt Raum für Kreativität und Experimente im Unternehmen? Wo gibt es unbeabsichtigte Benachteiligungen beispielsweise im Einstellungs- oder Beförderungsprozess? Für Letzteres ist es notwendig, auch Feedback von Externen und Mitarbeitenden aller Ebenen und Bereiche zu erhalten. Bei der Bevorzugung oder Benachteiligung gibt es oft unbewusste und unerkannte Wahrnehmungsverzögerungen, die man zunächst sichtbar machen muss.

Neben diesen rein firmeninternen Stellhebeln gibt es folgende weitere wichtige Treiber von Diversität, die eine bedeutende Rolle spielen. um die sozialen und ökologischen Herausforderungen der Zukunft zu bestehen.

Die Forschung zeigt die besondere Bedeutung der Rollenvorbilder. So betonten in einer interviewbasierten Studie von Sommavilla und Kolleginnen[7] die befragten Nachfolgerinnen von Familienunternehmen, wie wichtig Rollenvorbilder für ihre eigene Karriere gewesen seien. Das deutsche Nachrichtenmagazin SPIEGEL berichtete im Jahr 2021 selbstkritisch, wie viel mehr Männer als Frauen im vergangenen Jahr zitiert wurden.[8] Ein Umdenken und bewusstes Umsteuern an dieser Stelle kann viele talentierte Nachwuchskräfte dazu bringen, sich mehr für einflussreiche Positionen in Familienunternehmen zu interessieren. Auch der Mittelstand kann hierzu beitragen, indem das Thema „Diversität" mehr Raum in Gesprächen und öffentlichen Diskussionen in dieser Gruppe einnimmt und erfolgreiche weibliche Führungskräfte von Familienunternehmen mehr über sich und ihre Werdegänge sprechen.

Zusammenfassung

In den letzten Jahrzehnten haben Familienunternehmen soziales und gesellschaftliches Engagement häufig als wichtiges Thema angesehen. Durch die Volatilität, Agilität, Unsicherheit und Ambiguität der aktuellen Veränderungen wird es an dieser Stelle in Zukunft radikalere Ideen und Innovationen benötigen, die Wirtschaftlichkeit und soziale und gesellschaftliche Nachhaltigkeit vereinen. Aufgrund ihrer Ressourcen, Strukturen und Ziele sind Familienunternehmen prinzipiell gut für diesen Wandel ausgestattet. Mehr Diversität in allen organisationalen Ebenen ebenso wie in den Entscheidungsgremien der Familie kann dabei helfen, diesen Wandel erfolgreich zu meistern.

Quellen
1   Sekerci, N., Jaballah, J., van Essen, M., & Kammerlander, N. (2021), Investors' reactions to CSR news in family vs. non-family firms: A study on signal (in)credibility, in: Entrepreneurship Theory and Practice, im Erscheinen.
2   Kammerlander, N., Patzelt, H., Behrens, J., & Röhm, C. (2020), Organizational ambidexterity in family-managed firms: The role of family involvement in top management, in: Family Business Review, im Erscheinen.
3   Harrison, D. A., & Klein, K. J. (2007), What's the difference? Diversity constructs as separation, variety, or disparity in organizations, in: Academy of Management Review, 32 (4), S. 1199–1228.
4   https://www.allbright-stiftung.de/familienunternehmen2020
5   Mubarka, K., & Kammerlander, N. (2021), Diversity and performance implications in privately-owned firms. Working Paper.
6   K. Bader, N. Kammerlander, C. Reuter. (2020), Umdenken im Kopf: Covid-19 als Chance zur Veränderung in Aufsichtsräten und Beiräten, in: H. R. Fortman and D. Conrad (Eds.). The Unknown is the New Normal – Was wir aus der Corona-Herausforderung für die digitale Transformation lernen. Frankfurter Allgemeine Buch, S. 61–78.
7   Sommavilla, D., Lund, S., Bagger, E., Kammerlander, N. (2021), Nate o forgiate per essere leader? Forbes Italia, März 2021.
8   https://www.spiegel.de/politik/deutschland/frauentag-2021-die-welt-wie-sie-ist-ein-kommentar-von-steffen-klusmann-a-adfb426a-ec99-412b-a767-3cdcb6c8d298

CLAUDIA RANKERS

Geschäftsführerin vom
Rankers Family Office

**Welche Netzwerke waren für Sie und
Ihre berufliche Entwicklung relevant?**
Networking ist für mich immer sehr wichtig.
Bereits 1994 bin ich als Leiterin der Deut-
schen Bank Northeim Mitglied bei BPW Business and Professional Women
Germany geworden. Die Internationalität sowie die Fokussierung auf das
Thema „Frau und Beruf" haben mich überzeugt. Ein Jahr später wurde ich
als Vizepräsidentin in den Bundesvorstand gewählt.

Etwa zur gleichen Zeit hat mich Zonta International Göttingen Area eingeladen. Engagierte Mitglieder aus verschiedenen Berufen und die The-
menvielfalt waren entscheidend für mich, Gründungsmitglied des Clubs
zu werden. Heute freue ich mich auf den Austausch und gemeinsame
Aktivitäten mit interessanten Frauen im Zonta Club Mainz – aber auch
auf nationaler und internationaler Ebene. Als Delegierte wurde ich 2013
zur Schatzmeisterin im Landesfrauenrat Rheinland-Pfalz e.V. und 2014
zur Vorstandsvorsitzenden gewählt. Bundesweit stehen hinter den Landesfrauenräten ca. 14 Mio. Menschen. Durch den Austausch mit den
Mitgliedsverbänden entstehen neue Perspektiven und frisches Know-

how. Die gegenseitige Unterstützung erhöht den Wirkungsgrad. 2015 bin ich FidAR, „Frauen in die Aufsichtsräte", beigetreten – ein Netzwerk von interessanten Unternehmerinnen, Führungskräften und Aufsichtsrätinnen bzw. Frauen in beratenden Berufen.

Daneben sind für mich Berufsverbände von Bedeutung, die bei der Lobbyarbeit, der Regulierung und dem Wissensmanagement helfen. Sie bündeln die Interessen der Mitglieder und vertreten sie in der Öffentlichkeit.

Ich vernetze mich regelmäßig und aktiv auch mit den Akteuren aus Politik, Wirtschaft, Wissenschaft und Gesellschaft, denn interdisziplinäre Zusammenarbeit führt zu besseren Ergebnissen. Die Netzwerke und der regelmäßige Austausch bereichern, inspirieren und motivieren mich. Sie helfen, die richtigen Gesprächspartner:innen oder Antworten auf relevante Fragen zu finden. Meine Umsetzungskompetenzen – auch beim Verhandeln und Selbstmarketing – habe ich dadurch gestärkt. Dafür möchte ich jetzt mit dem, was ich tue, junge Frauen sensibilisieren und motivieren.

Was würden Sie als Mentorin an die nächste Generation weitergeben?
Jungen Frauen würde ich sagen:
- Traut euch, versucht etwas, seid mutig, macht ruhig Fehler und lernt daraus!
- Entwickelt Ziele für euer Leben und kommuniziert diese im Beruf sowie in der Familie. Strebt Führungspositionen an und sucht euch Unterstützer:innen oder Mentoren:innen.
- Arbeitet an eurem Selbstmarketing, eurem Verhandlungsgeschick sowie den eigenen Netzwerken und Kooperationen. Lernt, über Geld zu reden, und praktiziert lebenslanges Lernen.
- Und vor allem: Wählt einen Beruf, den ihr wirklich wollt und der euch Spaß macht, dann werdet ihr auch erfolgreich und mit eurem Beruf glücklich sein!

Das gilt natürlich auch für Männer. Beiden gemeinsam würde ich sagen, dass Kinder etwas Wunderbares sind und man sich die Elternzeit unbedingt teilen sollte. Das macht Kinder stark fürs Leben.

Wie sieht für Sie eine zukunftsfähige belastbare Unternehmenskultur aus?

Diese Merkmale werden gebraucht:

- Eine werteorientierte und transparente Unternehmenskultur setzt die ESG-Kriterien aktiv um.
- Das Unternehmen begreift sich als ein offenes und lernendes System, das sich immer wieder optimiert und so innovativ bleibt.
- Führungskräfte vermitteln Vertrauen und schaffen ein motivierendes, inspirierendes Umfeld, das Kreativität fördert und Fehler zulässt.

NACHHALTIGKEIT – ANLEGER:INNEN HABEN DIE MACHT

Wirtschaft, Gesellschaft und Finanzindustrie befinden sich im Umbruch – alle müssen sich auf die 17 Nachhaltigkeitsziele der UN ausrichten und dabei die ESG-Faktoren installieren. Die Kombination aus Zielen und Qualität ist gefragt. Dabei stellt sich nicht die Frage, wann sie sich neu orientieren, sondern nur wie und vor allem wie schnell. Bis 2030 sollen die 17 SDGs erreicht sein, bis 2050 will Europa der erste klimaneutrale Kontinent sein. Der Handlungsdruck auf alle Akteure ist enorm.

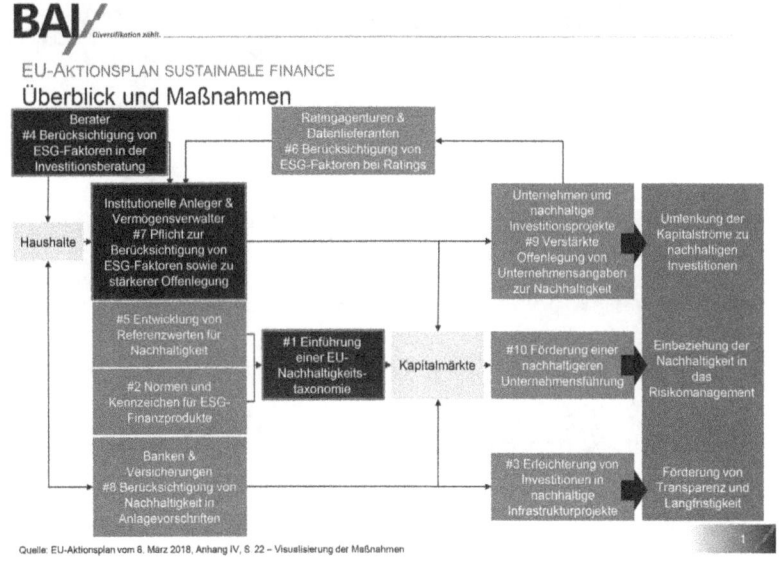

BAI, Sustainable Finance[1]

Investor:innen haben Einfluss und müssen sich dessen bewusst werden und vor allem ihre Chancen nutzen. Handeln ist gefragt. Corinna Witzel ermuntert uns alle: „Nachhaltigkeit beginnt mit der kritischen Überprüfung meines Handelns und dem Ziel, mich so zu verhalten, dass die Welt ein wenig besser wird. Wir alle gemeinsam müssen daran arbeiten!"

Warum jetzt?

Seit dem Geschäftsjahr 2017 sind kapitalmarktorientierte Unternehmen mit mindestens 500 Beschäftigten verpflichtet, über ihre Tätigkeiten im Bereich CSR (Corporate Social Responsibility) zu berichten. Sie müssen dabei auch auf Umweltbelange, Arbeitnehmerbelange, Sozialbelange, die Achtung der Menschenrechte und die Bekämpfung von Korruption und Bestechung eingehen. Sie müssen sich hier also zukunftsgerichtet und nachhaltig aufstellen, um dann positiv berichten zu können.[2]

Die EU unterstützt den Transformationsprozess in der Finanzindustrie durch die „Agenda Sustainable Finance 2030". Sie erlegt den Finanzmarktakteuren viele Pflichten auf. Ziel ist die Umlenkung des Kapitals in die Bereiche, die Wirtschaft und Gesellschaft zur Erfüllung der 17 SDGs umbauen. Anlegende sollen in nachhaltige Produkte unterschiedlicher Güte investieren und so den Transformationsprozess voranbringen.

Der Zeitpunkt ist günstig. Die Gesellschaft ist offen für Nachhaltigkeit. Greta Thunberg hat uns sensibilisiert. Und auch die Corona-Pandemie hat viele überzeugt, dass Handlungsdruck für existenzielle ökologische und soziale Verbesserungen besteht. Wir wollen verantwortungsbewusster konsumieren, Müll vermeiden, nachhaltige Energieformen nutzen und neue Technologie einsetzen, die die Umwelt verbessern und damit den Klimawandel begrenzen.

Wir wollen nachhaltig investieren!

Gemäß dem Forum Nachhaltige Geldanlagen e.V. verzehnfachte sich das Volumen nachhaltiger Anlagen in Deutschland von 2013 bis 2018 auf ca. 134 Mrd. €. Großes Wachstum haben die Anleihemärkte in der EU zu verzeichnen. Seit 2010 sind über 900 nachhaltige Anleihen mit einem kumulierten Volumen von 600 Mrd. € aufgelegt worden. 2021 wird ein Anstieg von 75 Mrd. € erwartet.[3]

Die Zahl der Investoren in Aktien ist in der Corona-Zeit 2020 so stark gewachsen wie nie. Das Deutsche Aktieninstitut spricht von einer „neuen

Liebesgeschichte" zwischen den Deutschen und ihren Aktien und von einem „Jugendboom an der Börse": 2020 wurden 2,7 Mio. Bürger in Deutschland zu Aktienanlegern. Insgesamt besitzen nun hierzulande 12,4 Mio. Menschen Aktien, Aktienfonds oder Exchanged Traded Funds (ETFs). Am stärksten gestiegen sind die Zahlen bei den unter 30-Jährigen: Hier lag der Zuwachs bei fast 70 %.[4] Hinzu kommt, dass immenses Vermögen auf gute Investmentchancen wartet. Gemäß der Bundesbank sind die Bankeinlagen privater Haushalte innerhalb eines Jahres bis Januar 2021 um über 182 Mrd. € auf über 1,7 Bill. € angewachsen.[5]

Aufgrund der Corona-Pandemie war der Konsum nur eingeschränkt möglich. Im Niedrigzinsumfeld sind Anlagealternativen gefragt wie z. B. Investitionen in nachhaltige Unternehmen, Staaten oder Infrastrukturprojekte. Durch den liberalisierten Kapitalmarkt sowie die Digitalisierung stehen den Investor:innen mehr Optionen denn je zur Verfügung. Und wie geht es weiter? Bereits 2030 werden laut Studie der Deutschen Bank, Global Sustainable Investment Alliance, 95 % aller Asset-Klassen ESG-optimiert gemanagt werden.[6]

So üben Investoren Macht aus – bald auch Sie?

Börsennotierte Unternehmen sprechen direkt mit Investoren wie Banken, Versicherungen, Pensionskassen und Vermögensverwaltern. Das wird als Stewardship bezeichnet. Daneben besuchen sie als Aktionäre Hauptversammlungen oder übertragen ihre Stimmrechte. Das Beispiel des Fondsanbieters Aviva zeigt, dass man mit klaren Zielen und Konsequenz viel erreichen kann. Die Gesellschaft spricht mit 30 großen „Umweltsündern". Aviva will sie dazu motivieren, den Kohlendioxid-Ausstoß bei Ende 2050 auf null zu bringen.[7]

„Das Wirtschaften in einer Unternehmung muss enkelfähig sein! Raubbau an Anlagegütern, Rohstoffen oder menschlichen Ressourcen ist im Sinne von ESG und SDGs unbedingt zu vermeiden. Dazu müssen sich Unternehmen vom Shareholderansatz – der monetären Gewinnmaximierung im Sinne der Eigner – hin zum Stakeholderansatz entwickeln", sagt Thorsten Greiten, Geschäftsführer der NetFederation GmbH.

Das können auch die Privatanleger tun und so aus dem Finanzsystem heraus über die Auswahl ihrer nachhaltigen Investments Unternehmen, Staaten und Infrastrukturprojekte motivieren, sich nachhaltiger bei den SDGs mit einer höheren ESG-Qualität aufzustellen. Investoren profitieren so von einem immer größeren und nachhaltig werdenden Angebot, Emittenten von einer großen Nachfrage. Eine Win-win-Situation – für Emittenten und Anleger:innen, aber auch für die Umwelt, soziale und unternehmerische Belange.

Was ist nachhaltig – wie können sich Anleger:innen orientieren?

Nachhaltigkeit ist ein sehr komplexes Thema. Anleger:innen sollten sich intensiv damit beschäftigen, um die Offerten des Finanzmarktes verstehen und bewerten zu können. Dr. Sabine Hartel-Schenk fordert: „Für nachhaltige Finanzanlagen ist ein transparentes Siegel erforderlich, damit interessierte Anleger:innen einfach und mit zumutbarem Zeitaufwand die Kriterien der Nachhaltigkeit erkennen können. Aktuell bedarf es sehr langwieriger Recherchen, um anschließend festzustellen, dass verschiedene Ratingagenturen teilweise sehr unterschiedliche Bewertungen zu dem gleichen Fonds/der gleichen Anlage geben."

Eine Orientierung für Nachhaltigkeit kann das FNG-Siegel bieten. Angela McClellan, Geschäftsführerin FNG (Forum Nachhaltige Geldanlagen e.V.) sagt: „Das FNG-Siegel bietet als Qualitätsstandard für nachhaltige Investmentfonds Orientierung für Anleger:innen. Wer sich tiefer mit der Materie beschäftigen möchte, kann die FNG-Nachhaltigkeitsprofile nutzen und über die Filterfunktionen auch persönliche Nachhaltigkeitspräferenzen."

Anleger:innen können sich auch bei Faire Fonds[8] informieren und in zwei Datenbanken filtern, welche Unternehmen und Investmentfonds wie nachhaltig sind und gegen welche ESG-Kriterien sie verstoßen. Hier können sie direkt einzelne Gesellschaften auffordern, Unternehmen, die soziale und ökologische Mindeststandards verletzen, aus den Portfolios zu nehmen.

Sie können sich aber auch einfach an die Berater:innen ihres Vertrauens wenden: „Nachhaltige und verantwortungsbewusste Investments beschreibt eine mittel-/langfristig orientierte Anlageform, die nicht nur

Finanzinformationen eines Unternehmens berücksichtigt, sondern mit ähnlicher Bedeutung auch nicht-finanzielle Informationen. Dabei handelt es sich um quantitative und qualitative Informationen über den Umgang des Unternehmens mit Umwelt, Mitarbeitern und Gemeinwesen sowie über die Qualität und Ausrichtung der Unternehmensführung, abgekürzt mit ESG. Die Integration von Nachhaltigkeitskriterien in den Investitionsprozess erfordert Expertise. Vertrauen Sie deshalb auf das Know-how von Certified Financial Planners, die Ihre persönlichen Ziele mit denen eines langfristigen nachhaltigen Vermögensmanagements kombinieren", sagt Prof. Dr. Rolf Tilmes, Vorstandsvorsitzender des Financial Planning Standards Board Deutschland e.V. FPSB.

Diverse Teams sind erfolgreicher – nutzt das die Fondsbranche?

Der „Alpha-Female-Report 2020" von Citywire zeigt, dass der Frauenanteil im Fondsmanagement 2020 in Deutschland um 50 % auf 6 % gestiegen ist.[9] Damit bleiben wir deutlich hinter der weltweiten Fondsmanagerinnenquote von 11 % zurück. Citywire hat ausgerechnet, dass es beim gleichen Wachstumstempo des Frauenanteils bis 2215 dauern würde, bis die Managerteams paritätisch besetzt wären. Schade, hier werden Chancen versäumt. Meine Recherche ergab erfreulicherweise, dass für den Bereich Nachhaltigkeit bei den Top 10 deutschen und den Top 10 weltweit betrachteten Fondsgesellschaften mehr als 50 % Frauen verantwortlich sind.

Viele Fondsgesellschaften erkennen den Mehrwert von diversen Teams und wollen den Frauenanteil erhöhen. Dass das gelingen kann, zeigt der britische Asset Manager Schroders. Das Unternehmen wollte den Anteil der Frauen im Seniormanagement auf über 30 % erhöhen und hat das auch erreicht.

Fazit

Liebe Anleger und Anlegerinnen,
nutzen Sie die Umbruchsituation in der Wirtschaft und Finanzindustrie. Agieren Sie gemeinsam und formulieren Sie Ihre Ziele und Wünsche an nachhaltige Assets und an die Produzenten – so wie diese Investorin, Silke Haug, fordert: „Die Verpflichtung zur Nachhaltigkeit erfordert

Ehrlichkeit und Transparenz. Für Finanzprodukte ist ein gut nachvollziehbarer und für Anleger:innen verständlich dargestellter Standard erforderlich. Dabei muss die ökologische und soziale Nachhaltigkeit der Geschäftsmodelle von Unternehmen in den Mittelpunkt gestellt werden. Die Bewertung muss anhand von eindeutigen und nachvollziehbaren Kriterien erfolgen, die glaubwürdig zertifiziert und kontrolliert werden."

Ich wünsche Ihnen viel Erfolg!

Quellen
1   https://www.bvai.de/regulierung/substainable-finance
2   https://www.enumion.de/umwelt/nachhaltigkeitsbericht#:~:text=Worum%20geht%20es%20beim%20Nachhaltigkeitsbericht,eines%20nichtfinanziellen%20Lageberichts%20zu%20berichten
3   https://institutional.union-investment.at/startseite-at/Kapitalmarkt/Themen_Der_Anleihemarkt_wird_bunt.html
4   https://www.sueddeutsche.de/wirtschaft/dai-deutsches-aktieninstitut-aktien-1.5218029
5   Handelsblatt Morning-Briefing 29.03.2021
6   https://www.netfed.de/blog/2021/02/04/uebersicht-ueber-die-wichtigsten-esg-rankings-und-was-sie-fuer-die-finanzkommunikation-bedeuten/
7   https://www.dasinvestment.com/qunda-mit-mirza-baig-global-head-of-esg-research-and-stewardship-bei-aviva/
8   https://www.faire-fonds.info/
9   https://citywire.de/news/citywire-studie-frauenquote-im-deutschen-fondsmanagement-steigt-auf-6/a1398528

HENRIKE VON PLATEN

Gründerin/CEO der FPI Fair Pay Innovation Lab gGmbH

Welche Netzwerke waren für Sie und Ihre berufliche Entwicklung relevant?

Als leidenschaftliche Netzwerkerin habe ich mich in vielen Netzwerken engagiert – von der Gründung eines Investmentclub für Frauen bis hin zum Business and Professional Women – Germany e.V., dem ich von 2010 bis 2016 als Präsidentin vorstand. Als solche durfte ich einige Jahre Schirmherrin der deutschen „Equal Pay Day"-Kampagne sein, was 2017 dazu führte, dass ich das FPI gründete.

Was würden Sie als Mentorin an die nächste Generation weitergeben?

Einfach machen! Viele machen sich zu viele Gedanken und sorgen sich, ohne die eigenen Ideen je umgesetzt und sich ausprobiert zu haben. Aus Fehlern in der Praxis lernt man so viel mehr als aus den Gedanken in der Theorie. Dazu braucht es nur ein bisschen Mut und die Auseinandersetzung mit der eigenen Haltung. Zum Glück ändert sich das von Generation zu Generation. Junge Menschen setzen sich heute ganz anders mit Themen wie Gehalt, Transparenz oder Lebensplanung auseinander als noch ihre Eltern und Großeltern. Der größte Unterschied:

Sie sind sehr viel kompromissloser und fragen Unternehmen in Bewerbungsgesprächen ganz konkret nach Nachhaltigkeitsstrategien, flexiblen Arbeitszeitmodellen oder Sabbaticals.

Wie sieht für Sie eine zukunftsfähige belastbare Unternehmenskultur aus?

Fair! Eine zukunftsfähige Unternehmenskultur schafft eine offene und vielfältige Atmosphäre und Chancengleichheit für alle Menschen, egal, woher sie kommen, wen sie lieben oder woran sie glauben, ganz gleich, ob sie Kinder haben oder wie alt sie sind. Eine Unternehmenskultur, die immer mehr Männer mit dem Namen Thomas und Michael in den Vorstandsetagen hervorbringt, hat ausgedient. Da zählt nicht mehr die pure Anwesenheit am Schreibtisch oder das Eckbüro mit Glasfront als Statussymbol. Worauf es in der Zukunft ankommt, sind die Arbeitsinhalte, Wertschätzung und Flexibilität in allen Lebensphasen und für alle Lebensformen. Faire Bezahlung ist ein extrem guter Gradmesser für die Chancengleichheit und in drei Schritten leicht umzusetzen: von der Analyse über die Umsetzung von Maßnahmen bis hin zum Schließen aller Pay Gaps: „Analyze your position, develop your measures, lead by example."

Wie setzen Sie Nachhaltigkeit im eigenen Unternehmen um?

Wir machen im Unternehmen vor, was wir anderen empfehlen: Wir sprechen über Geld und sorgen mit einer Formel für alle Gehälter für Transparenz, praktizieren flexible Arbeits- und Ortsregelungen und haben die 32-Stunden-Vollzeit eingeführt. Wir haben uns zudem den Entrepreneurs for Future angeschlossen.

Wo sehen Sie die größten Herausforderungen dabei?

Es fehlt häufig der Mut, den vorgetretenen Weg zu verlassen und Neues zu wagen. Dabei wissen wir sehr genau, warum es den Gender Pay Gap gibt, wie nachhaltiges Wirtschaften funktioniert und wie wir Nachhaltigkeit wirksam messen können. Wir haben bloß ein großes Umsetzungsdefizit. Damit schneller zur Tat geschritten wird, bieten wir ganz konkrete Unterstützung an: Mit dem „Universal Fair Pay Check" gelingt der erste Schritt, egal, von welchem unternehmerischen Stand aus.

**Was würden Sie jungen Unternehmer:innen in diesem Zusammen-
hang mitgeben?**

Ich rate zu einer gesunden Portion Größenwahn! Wer nicht daran glaubt,
mit seinen Visionen die Welt verändern zu können, wird wenig erreichen. Aber auch hier gilt: ausprobieren und einfach machen. Machen ist
wie denken – nur krasser.

FRAUEN FAIR BEZAHLEN HEISST EISBÄREN RETTEN

Gleichstellung ist das wichtigste Querschnittsthema und die Basis für alle anderen Nachhaltigkeitsziele der Vereinten Nationen. Gender Equality wurde explizit als Ziel Nummer 5 der Nachhaltigkeitsziele festgelegt: Erst wenn es gelingt, Frauen und Männer gleichzustellen, können auch Hunger, Gewalt und andere Missstände wie der Klimawandel entschlossen angegangen werden.

Gleichstellung als wichtigste Komplizin der Glorreichen 17

Insgesamt 17 Ziele wurden von den 193 UN-Mitgliedsstaaten formuliert und 2015 als Fahrplan für die gemeinsame Zukunft verabschiedet. Umgesetzt und erreicht werden sollen die Ziele der „Agenda 2030" innerhalb von 15 Jahren. Von Armut über Chancengleichheit bis zum Klimaschutz umfassen die „Glorreichen 17" ökonomische, ökologische als auch soziale Nachhaltigkeitsaspekte. Eine der wichtigsten Voraussetzungen, um alle Sustainable Development Goals, kurz SDGs, zu erreichen: „Die Gleichstellung der Geschlechter ist für den Erfolg aller Ziele unerlässlich."[1, 2]

Die wirtschaftliche Unabhängigkeit von Frauen ist in globaler Perspektive auch deswegen so wichtig, weil Frauen anders mit Geld umgehen als Männer. Frauen planen und rechnen anders. Wenn etwas übrigbleibt, investieren sie in die Bildung ihrer Kinder, kaufen Solarzellen, damit diese tageslichtunabhängig lernen können, oder gründen Kleinstunternehmen, mit denen sie ihre Familie besser ernähren können. Geld in Frauenhand wird anders, meist nachhaltiger investiert und verbleibt häufiger in den Familien, wo mehr Bildung für bessere Jobchancen und eine größere Unabhängigkeit von patriarchalen Strukturen sorgt.

Die goldene Mitte von 17? Equal Pay!

Die wichtigste Voraussetzung für Gleichstellung ist die wirtschaftliche Unabhängigkeit der Frauen. Und um diese zu erreichen, braucht es im allerersten Schritt Entgeltgleichheit, wie sie in Ziel Nummer 8.5 der Agenda 2030 festgehalten wurde: „Menschenwürdige Arbeit und nachhaltiges Wirtschaftswachstum für alle", fordern die Vereinten Nationen in Ziel Nummer 8, und unter 8.5 ganz explizit „equal pay for work of equal value", gleiche Bezahlung für gleiche und gleichwertige Arbeit. Zufall oder nicht, 8.5 ist exakt die Mitte von 17, und Equal Pay steht damit im Zentrum der 17 Nachhaltigkeitsziele.

Bis 2030 bleibt uns ein knappes Jahrzehnt. Wenn wir uns ab sofort alle mit geschnürten Siebenmeilenstiefeln auf den Weg machen, um die goldene Mitte der 17 Ziele innerhalb der nächsten paar Jahre zu erreichen und bis 2025 sämtliche Pay Gaps zu schließen, können wir es nach kurzem Durchatmen schaffen, pünktlich bis 2030 alle anderen Ziele zu erreichen.

Warum Gender nur der Anfang ist

Gemeint ist mit der Forderung nach gleicher Bezahlung mehr als „nur" der Gender Pay Gap. Denn neben der Lohnlücke zwischen Männern und Frauen gibt es Unterschiede in der Bezahlung von Menschen unterschiedlichen Alters, unterschiedlicher Herkunft oder die Entgeltdiskriminierung von Menschen mit Behinderungen. Tatsächlich haben andere Formen der Entgeltdiskriminierung in Unternehmen, die einen sehr kleinen oder gar keinen Gender Pay Gap aufweisen, keine Chance – wer seine Strukturen einmal analysiert und aufgeräumt, bezahlt alle fair. Und schafft letztlich Chancengleichheit für alle Menschen. Anders gesagt: Fair bezahlen heißt erfolgreich führen *und* Eisbären retten. Und die allermeisten internationalen Akteure wissen inzwischen um diese Konsequenzen.

Um Diskriminierung bei der Bezahlung zu messen und auszuschließen, stehen Unternehmen eine ganze Reihe aussagekräftiger Indikatoren und Diskriminierungsmerkmale zur Verfügung, an denen sich mögliche Ungleichbehandlungen ablesen lassen.

Die FAIR PAY MATRIX[3] der FPI Fair Pay Innovation Lab gGmbH listet die Key-Performance-Indikatoren für Fair Pay auf und bündelt Diskriminierungsmerkmale, mit denen sich der Umsetzungsfortschritt in Sachen

Entgeltgleichheit berechnen und der Erfolg von Gleichstellungsmaßnahmen messen lässt. Die Matrix kann als Grundlage für die Prüfverfahren dienen, die den Unternehmen und Organisationen aufzeigen, an welchen Punkten Handlungsbedarf und Stellschrauben zu finden sind, mittels derer sich Gleichstellung und faire Bezahlung umsetzen lassen.

Dass Fair Pay schon jetzt zu den Key-Performance-Indikatoren gehört, zeigt beispielhaft Großbritannien. Unternehmen mit mehr als 250 Beschäftigten sind verpflichtet, jedes Jahr ihre Pay Gaps zu veröffentlichen. So hat die öffentlich-rechtliche Rundfunkanstalt BBC sehr genau aufgeschlüsselt, welche Merkmale zu Unterschieden in der Bezahlung führen. Im Jahr 2020 ließen sich Einkommensunterschiede in Höhe von 4,9 % Behinderungen zuordnen, 3 % der ethnischen Herkunft, 3,9 % einer Teilzeitbeschäftigung und –0,3 % der sexuellen Orientierung.[4] Oftmals addieren sich für einzelne Beschäftigte mehrere Diskriminierungsmerkmale wie das Geschlecht oder die ethnische Herkunft zu höheren Einkommensunterschieden. Insgesamt werden Pay Gaps aufgrund der ethnischen Herkunft in den USA oder Neuseeland sehr viel genauer beobachtet, als es bislang in den meisten anderen Ländern der Fall ist.

Immer mehr Indikatorensysteme orientieren sich an der Agenda 2030 – von der Global Reporting Initiative bis hin zu den im Januar 2021 vorgestellten Metrics des Weltwirtschaftsforums. Alle haben eines gemeinsam: Die Umsetzung der gesamten Agenda 2030 der Vereinten Nationen hängt maßgeblich davon ab, ob Gleichstellung als Querschnittsziel erreicht werden kann.

Erst messen, dann umsetzen

Idealerweise wird schon bald niemand mehr an den Nachhaltigkeitszielen vorbeikommen – und ein positiver Wettlauf um den ersten Platz unter Staaten und Unternehmen entstehen, in dem die Pay Gaps neben dem ROI Gesamtkapitalrentabilität, dem Cash-Flow und der Umsatzrentabilität zur Standardkennzahl werden.

Um genau diese Entwicklung zu unterstützen, hat das FPI den UNIVERSAL FAIR PAY CHECK ins Leben gerufen. Unternehmen können in einem dreistufigen Prozess ihre Vergütungsstrukturen analysieren und sämtliche Pay Gaps schließen. Faire Bezahlung übt einen extrem wirkungsvollen Dominoeffekt auf alle anderen Unternehmensbereiche aus: Wenn alle Beschäftigten die gleichen Chancen haben, sind sie zufriedener, die Motivation steigt, die Fluktuation sinkt. In sämtlichen Unternehmensbereichen geht es diverser und inklusiver zu. Das Unternehmen wird attraktiver für den Nachwuchs und für neue Fachkräfte. Das spart intern eine Menge Kosten und sorgt für glücklichere Kunden, Stakeholder:innen und Investoren.

Die meisten Unternehmen lassen es sich schon jetzt eine Menge kosten, für mehr Diversität und Inklusion zu sorgen: Wer viel erreichen will, unternimmt oft auch viel. Doch viele Maßnahmen führen nicht automatisch schneller ans Ziel. Oft ist die Wirksamkeit kaum messbar und das Erfolgsmonitoring vage. Dabei ist faire Bezahlung eine hervorragende Möglichkeit, den Erfolg aller Maßnahmen zielgenau anhand sehr eindeutiger Kennzahlen zu messen.

Ob Mentoring-Programm, Unconscious-Bias-Schulung oder Frauenförderung – wer den Erfolg aller Maßnahmen daran misst, ob auch weiterhin Einkommensunterschiede bestehen, hat ein unschlagbar objektives Kriterium zur Hand – und außerdem einen wirksamen Hebel. Denn die regelmäßige Analyse des Gehaltssystems zeigt sehr deutlich, was wirkt und wo es Nachjustierungsbedarf gibt. So kommt, wer die unterschiedlichen Maßnahmen bündelt und einzig und allein an einem fairen Vergütungssystem orientiert, schneller ans Ziel.

Mit dem Gender Pay Gap zu starten bietet sich dabei in den allermeisten Unternehmen und Organisationen an: Oftmals fehlen Daten zu Diskriminierungsmerkmalen wie der ethnischen Herkunft oder sexuellen Orientierung, währen die Daten zum Einkommen von Frauen und Männern in der Regel vorliegen und analysiert werden können, um Lücken zu berechnen. Wer von hier aus konsequent für faire Bezahlung sorgt, schafft automatisch Chancengleichheit für alle – und beseitigt sämtliche Pay Gaps.

Denn vorhandene Einkommensunterschiede zwischen Männern und Frauen anzugleichen heißt zunächst einmal, Gehälter anzupassen. Ein

erneutes Auseinanderklaffen in Zukunft zu vermeiden heißt, Entgeltstrukturen zu schaffen, die neutral, objektiv und diskriminierungsfrei
sind. Und so werden am Ende *alle* fair bezahlt – ganz gleich, woher
die Beschäftigten kommen, wen sie lieben oder woran sie glauben. So
schließen sich mit dem Gender Pay Gap auch alle anderen Pay Gaps.

Das Ziel: Lohngerechtigkeit für alle bis 2025

Wer die Agenda 2030 umsetzen will, braucht Lohngerechtigkeit für alle
bis 2025. Für Unternehmen und Organisationen gilt: in drei Phasen
auf null. Am Anfang stehen die Auseinandersetzung mit der eigenen
Position und die Analyse der Entgeltstrukturen als Basis für die passge-
naue Ermittlung aller weiterer Schritte, die für die Umsetzung von fairer
Bezahlung erforderlich sind. Dann wird der unerklärbare Rest-Gender
Pay Gap auf null Prozent gesetzt. Das bedeutet: Alle Beschäftigten in
gleichen und vergleichbaren Positionen werden gleich bezahlt. Je nach
Ausgangslage erfolgt dies kurz- oder langfristig und erfordert verschiedene, miteinander verzahnte Maßnahmen sowie ein regelmäßiges Moni-
toring. Letztlich zielen die unternehmerischen Bemühungen darauf ab,
einen realen Gender Pay Gap um die null Prozent zu erreichen. Anhand
eindeutiger Kennzahlen und mit dem strategischen Willen, die Lücken
nachhaltig zu schließen, lässt sich dieser Prozess innerhalb kürzester
Zeit bewerkstelligen.

Faire Bezahlung ist kein Hexenwerk. Sämtliche Instrumente stehen
jedem Unternehmen und jeder Organisation, unabhängig von Größe,
Branche oder Standort, zur Verfügung. Zur Erreichung der 17 UN-Nachhaltigkeitsziele ist Fair Pay unumgänglich. Wir sollten heute beginnen,
mit fairer Bezahlung die Welt zu retten. Zum Beispiel, indem wir im ersten
Schritt andere fair bezahlen.

Quellen
1   UN Women (2018), Turning Promises Into Action: Gender Equality in the 2030 Agenda for Sustainable Development.
    Abrufbar unter https://www.unwomen.org/-/media/headquarters/attachments/sections/library/publications/2018/sdg-
    report-gender-equality-in-the-2030-agenda-for-sustainable-development-2018-en.pdf?la=en&vs=5653
2   Ebd., S. 73.
3   Siehe https://www.fpi-lab.org/fair-pay-matrix/
4   BBC (2020), Pay Gap Report. Abrufbar unter http://downloads.bbc.co.uk/aboutthebbc/reports/reports/pay-gap-
    report-2020.pdf

DILEK RUF

*Geschäftsführerin
und Gründerin
BBU.PROJEKT
ARCHITEKTEN BDA*

Welche Netzwerke waren für Sie und Ihre berufliche Entwicklung relevant?

Es war ein Prozess, teils mit Umwegen, der nicht linear und durchorgansiert verlief: Zunächst gründete ich in Kooperation mit einem Frankfurter Architekturbüro ein Partnerbüro in Hannover, nach dem ich mich 2006 aus privaten Gründen für einen Umzug nach Hannover entschied. 2011 liquidierten wir die Gesellschaft, und am 1.1.2012 ging ich mit BBU an den Start – begleitet von der Unsicherheit, ob ich als One-Woman-Show und Mutter mit kleinen Kindern dieses „Projekt" bewältigen kann.

Auf diesem Weg waren es viele großartige Menschen, die mir in einer fremden Stadt, die zu meiner Heimat geworden ist, Türen öffneten und ihr Vertrauen schenkten.

Meine berufspolitische Heimat habe ich im BDA – Bund Deutscher Architektinnen und Architekten gefunden, der mir den Rahmen für mein baupolitisches Engagement bietet. Der 1903 gegründete BDA vereint bundesweit 5.000 freischaffende Architekt:innen und Stadtplaner:innen.

Der bundesweit politisch große Einfluss erklärt sich durch den Umstand, dass zwar weniger als 10 % der bundesweit 60.000 freischaffenden Architekt:innen unserem Berufsverband angehören, diese aber mit ihren Teams für ca. 30 % des Bauvolumens, bei der öffentlichen Hand gar für 70 % verantwortlich zeichnen. Uns verbindet die Bereitschaft zum Engagement im Interesse des Gemeinwohls, der Baukultur und des Berufsstands.

Was würden Sie als Mentorin an die nächste Generation weitergeben?
Wenn man sich für den Weg in die Selbstständigkeit entscheidet, wird dieser weder gradlinig sein, noch ist der Verlauf vorprogrammiert. Es gibt nicht den perfekten Zeitpunkt. Es gibt nicht den einen richtigen Weg. Es fordert hohen persönlichen Einsatz und ist verbunden mit Chancen wie Risiken, Freiheiten wie Einschränkungen, Rückschlägen und Erfolgen; das gilt für Männer wie für Frauen. Jedoch: Als Unternehmerin beruflich wie ehrenamtlich mit Menschen, die man mag und schätzt, arbeiten zu dürfen, auch über das Tagesgeschäft hinaus, ist ein großes Privileg. Der Einsatz lohnt, für die eigene persönliche wie berufliche Entwicklung.

Wie sieht für Sie eine zukunftsfähige belastbare Unternehmenskultur aus?
Die Arbeitsweise unseres Teams ist geprägt von offener und undogmatischer Herangehensweise, begleitet von Neugier für die Menschen und deren Bedürfnisse und Anforderungen, für die wir arbeiten. Im Projekt ist die beste Lösung relevant und nicht, von wem diese stammt. Integrität und Verlässlichkeit, Kollegialität und Engagement sind die Basis einer jeden Beziehung – das leben wir intern wie auch gegenüber unseren Auftraggeber:innen. Meine Aufgabe innerhalb des Unternehmens sehe ich vor allem darin, die Menschen mit denen ich arbeite, in ihren Fähigkeiten zu fördern und zu bestärken, jenseits von Klischees. Mein 16-köpfiges Team setzt sich aus unterschiedlichsten Männern und Frauen aus sieben Nationen zusammen – wir leben Chancengleichheit, auch durch familienfreundliche Arbeitszeitmodelle für Männer wie Frauen.

ASYMMETRIEN DIESER TAGE

Als Architektin habe ich das große Privileg, gebaute Umwelt gestalten zu dürfen – und gehöre somit einer Branche an, die laut dem Bericht des UN-Umweltprogramms „2020 Global Status Report for Buildings and Construction – Towards a zero-emissions, efficient and resilient buildings and construction sector" für 38 % der globalen CO_2-Emissionen verantwortlich zeichnet.

Diese Spuren hinterlassen wir Bauende vor allem dort, wo es global wie national die Menschen hinzieht: in den Städten, in denen annähernd 75 % der Bevölkerung leben und diese zu Hauptemittenten werden lassen. In Deutschland wird der fortwährende Boom der Städte begleitet von einem stetig wachsenden Pro-Kopf-Flächenverbrauch von 15 m^2 nach dem Zweiten Weltkrieg zu 48 m^2 aktuell.

Gleichzeitig – und im Sinne der Actio-Reactio-Betrachtung logisch – steigen die Preise für Bauland konstant, seit 1962 bundesweit um 2.300 %, in München gar um 39.000 %. Es ist nicht nur der massive Druck auf die Wohnungsmärkte mit weitreichenden sozialen und wirtschaftlichen Folgen, der aus diesen Zahlen spricht. Auch ohne Pandemie, das ist zwischenzeitlich Konsens, ist der Handlungsbedarf in unseren Städten auf weiteren Feldern immens.

Wie werden sich unsere Arbeitswelten mit zunehmender Digitalisierung verändern, und was bedeutet das für die Immobilienbestände? Wie kann eine ernstzunehmende Mobilitätswende gelingen, und welchen Einfluss hat Digitalisierung? Welche Aufgaben können unsere weitestgehend monokulturell von Handel geprägten deutschen Innenstädte übernehmen? Welchen Flächenbedarf haben Produktion und Industrie künftig, und wie gehen wir mit den brachliegenden, teils schwer belasteten Bodenressourcen um, die nicht selten innenstadtnah und somit infrastrukturell gut gelegen sind? Und hinzu kommen die Themen demographische Entwicklung, Migration, Zukunft Bildung, Landflucht – und dies im Zeichen von Klimawandel und Post-Pandemie-Ära.

Wir stehen an einem Punkt, an dem wir um immer knapper werdende Ressourcen und Klimawandel, um die Schaffung von Zukunftsperspektiven und Chancengleichheit für die nachfolgenden Generationen verhandeln, um die Frage: Wie wollen wir leben?

Neben der klimapolitischen verdeutlichen die wirtschafts- und sozialpolitische Ebene und die komplexen Wechselwirkungen die Dimension der Aufgabe, vor der unsere Städte stehen, und so wird klar: Es braucht robuste und produktive Allianzen auf breiter Front. Stadtgesellschaft, Politik, Verwaltung, Verbände, Forschungsanstalten und Wirtschaft, all jene, die an der Gestaltung unserer Städte und Gebäude mitwirken, sind gefordert, ihren Beitrag zur Findung nachhaltiger Lösungen für diese Megathemen zu liefern.

2012, im Jahr der Gründung meines Büros, waren viele der heutigen Entwicklungen bereits ablesbar und beschäftigten mich in meinem unternehmerischen Alltag sehr: Wir betreuten in diesem Jahr eine innenstadtnahe Liegenschaft, bebaut mit einer gewerblich genutzten Bestandsimmobilie aus den 70er-Jahren mit annähernd 16.000 m^2 Fläche, die ein amerikanischer Fond gekauft hatte. Das Objekt gehörte nicht zu den Favoriten der Assetmanager, während ich in der klaren Struktur des Gebäudes Chancen für einen Nutzungsmix und die Bebauung des mit 350 Parkplätzen belegten Grundstücks für innerstädtisches Wohnen sah – was für eine Verschwendung von Bodenressourcen. Der Ankauf der Liegenschaft durch eine agile und innovative städtische Wohnungsbaugesellschaft brachte den Durchbruch: Heute ist der Parkplatz Geschichte, und es entstehen in zentraler Lage mit bester Anbindung an den ÖPNV 63 Wohnungen, basierend auf einer eigeninitiativ entwickelten Studie meines Büros; das Bestandsgebäude ist ein Mix aus Wohnen, Einkaufen, Dienstleistungen, Verwaltung und Büro, Fitnesseinrichtung und Arztpraxen. Wir lieben dieses Projekt sehr, denn es repräsentiert unsere Haltung: Innenentwicklung, Bestandsentwicklung und Nutzungsmix – im besten Sinne Synonyme für Nachhaltigkeit.

Mit der Wahl in den Vorstand Hannover des bundesweit aktiven und als Berufsverband relevanten Bund Deutscher Architektinnen und Architekten (BDA) im Jahr 2015, den ich seit 2018 als Vorsitzende vertrete, habe ich meine berufspolitische Heimat gefunden, in der ich Themen, die mich in meinem unternehmerischen Handeln beschäftigen, positioniere:

Sozial wie funktional durchmischte Städte, das ist nicht nur meine tiefe Überzeugung, sind der Garant für eine liberale und demokratische Gesellschaft, unverzichtbare Basis wirtschaftlicher Stabilität, Orte für Innovationen und klimapolitische Zukunftsarbeit, und so gilt mein BDA-Engagement der strategischen Stadtentwicklung – ein Dekadenprojekt rund um Potenziale und Chancen unserer Stadt – und der Förderung des Bauens im Bestand.

Als politisch neutraler, dem Gemeinwohl verpflichteter Verband initiieren wir interdisziplinäre Zusammenarbeit und bauen konsequent Allianzen mit Politik, Verwaltung, Hochschulen, Immobilienwirtschaft, Verbänden und der Architektenkammer auf, bringen als Sparringspartner strategische Vorschläge in baupolitischen Gesprächen mit Politik und Verwaltung ein und werben für einen mutigen planungs- und baurechtlichen Kurswechsel:

Die Priorisierung von Innenentwicklungen in unseren Städten vor Außenentwicklungen auf grüner Wiese, deren ökologischer Fußabdruck trotz hochgedämmter Gebäude und des Einsatzes regenerativer Energiequellen nachhaltig Schaden in ökologisch intakten Systemen verursacht und der Zersiedelung Vorschub leistet, ist kein Zukunftsmodell.

Während die Art und Weise, wie wir leben und arbeiten, produzieren und uns bewegen, lernen und konsumieren, sich in nur 70 Jahren mit einer nie gekannten Dynamik radikal verändert hat, stammen die wesentlichen Instrumente und planungsrechtlich festgesetzten Rahmen der Stadtentwicklung mit geringfügigen Änderungen aus der Nachkriegszeit und den folgenden zwei Dekaden. Die Fragmentierung unserer Städte in Nutzungsgebiete wie auch die verkehrliche Ausrichtung, in deren Mittelpunkt das Auto steht – ein Resultat eben jener Nachkriegsdekaden – stellen Sackgassenlösungen dar. Dieses Korsett manifestiert einen Status, der seine Berechtigung hatte, jedoch zu einem Abbild einer längst vergangenen Zeit geworden ist, fernab unserer gegenwärtigen wie künftigen gesellschaftlichen Realitäten, Bedarfe, Zukunftsfragen.

Gleichermaßen plädieren wir für die Entwicklung unserer Bestandsgebäude: Eine zunehmend größere Komplexität in den baurechtlichen Anforderungen stellt Investor:innen und Planende vor immer neue Hürden insbesondere in der Nachnutzung. Abbruch erscheint oftmals alternativlos.

Der bevorstehende Wandel der Innenstädte wie auch der Arbeitswelten wird uns zwangsläufig noch viel häufiger mit der Frage konfrontieren: Was passiert mit den Immobilien, wenn wir sie nicht mit baurechtlichem Augenmaß einer Nachnutzung zuführen? Dürfen wir Gebäude, bestehend aus unendlich vielen Rohstoffen, errichtet unter großem Ressourceneinsatz, zum Wegwerfprodukt degradieren?

Mangelnde baurechtliche Toleranz gegenüber dem Bestand führt zu massiver Vernichtung „grauer Energien" durch Abbruch, in der Gesamtbilanz ein energetisch und ökologisch desaströser Weg, den wir uns klimapolitisch nicht weiter leisten dürfen.

Ebenfalls steht der Dialog mit den Hochschulen im Fokus unserer Verbandsarbeit; mit der Stiftung des BDA_MASTER_H-Preises würdigen wir seit nunmehr fünf Jahren Masterarbeiten mit Preisen und Ausstellungen.

Junge Menschen darin zu bestärken, den Weg in die Selbstständigkeit zu wagen, ist eine Zukunftsfrage für unseren Berufsstand und auch notwendig für den Erhalt von Vielfalt als Innovationsmotor. Jedoch beobachten wir die kontinuierlich abnehmende Bereitschaft zur Selbstständigkeit unter jungen Architekt:innen, begleitet von zwei Phänomenen:

1. Inhaber:innen zahlreicher namhafter Büros verabschieden sich in den kommenden fünf Jahren in den Ruhestand.
2. Annähernd 70 % der Studierenden sind Frauen.

Diese Zahlen zeigen den dringenden Handlungsbedarf, insbesondere mit Blick auf den Frauenanteil, wenn wir uns nicht in einen Zustand massiven Fachkräftemangels manövrieren wollen: Laut einer Untersuchung der Bundesarchitektenkammer im Jahr 2019 sind bundesweit lediglich 1 % der 3.500 Büros mit mehr als zehn Mitarbeiter:innen von Frauen geführt, sprich 35, zu denen auch mein Büro zählt. Oftmals kehren talentierte Frauen nach der Geburt des ersten Kindes dem Beruf teils ganz den Rücken zu. Unternehmens- und Familiengründung scheinen sich in ihrer Parallelität auszuschließen.

2015, als die Frage an mich gerichtet wurde, ob ich für den Vorstand des BDA kandidieren möchte, haderte ich: Kann ich als Mutter von zwei Kindern, damals vier und sechs Jahre alt, und mit der Verantwortung für ein sich im Aufbau befindliches Büros, ein solches Amt annehmen?

Trotz der zu erwartenden zeitlichen Mehrbelastung habe ich mich dafür entschieden, geleitet von dem Gedanken: Mit jedem öffentlichen Amt, ob in einem Verband, einer Partei oder einem Unternehmen, das wir Frauen nicht annehmen, vergeuden wir die Chance, aus dieser Position öffentliche Wirkung zu entfalten, um alternative Biografien sichtbar werden zu lassen. Die Entweder-oder-Entscheidung zwischen Kind und „Karriere" beginnt im Kopf, basierend auf gesellschaftlich dominierenden Familienmodellen – die Schaffung von Chancengleichheit ist eine gesellschaftspolitische Aufgabe, dennoch hat sie ihren Anfang im privaten, bilateralen Verhandlungsraum.

Beim Gedanken an die großen Herausforderungen, die auf unser Land zukommen, wünsche ich mir, dass die vielen klugen Köpfe engagiert an zukunftsfähigen nachhaltigen und ganzheitlichen Lösungen mitwirken – egal ob Mann oder Frau.

PROF. DR. ELEONORE SOEI-WINKELS

Professorin für Wirtschaftspsychologie an der Hochschule für Oekonomie und Management, Gründerin und Geschäftsführerin der Online Academy #PostdocTransformation

Welche Netzwerke waren für Sie und Ihre berufliche Entwicklung relevant?

Ich habe schon in meiner Doktorandinnenzeit Netzwerke gesucht, denn ich wusste, alleine komme ich nicht weiter. Mein frühestes und weiterhin bestehendes Netzwerk ist der Deutsche Akademikerinnenbund e.V. Ich bin heute aktiv im DFK-Verband für Fach- und Führungskräfte sowie in Panda – the Women Leadership Network, hercareer und net4tec. So finde ich immer wieder einzelne Persönlichkeiten (männlich, weiblich, divers), die mich in bestimmten beruflichen Kontexten inspirieren.

Was würden Sie als Mentorin an die nächste Generation weitergeben?

Ein klares Warum und einen erfüllenden Sinn suchen. Daran dann das eigene Handeln ausrichten. Lebenslanges Lernen verinnerlichen, weil nur das zukunftssichernd ist. Externe und interne Faktoren wie auch direkte und indirekte Aufwände, Auswirkungen und Opportunitätskosten in die eigene Entscheidungsfindung einbeziehen. Das Leben genießen, solange man kann und gesund ist. Bei der Partnerwahl würde ich vor einer potenziellen Familiengründung die Zukunft simulieren, wer sieht wen für was verantwortlich etc., damit man nicht in ungewollte Rollen gedrängt wird. Den Arbeitgeber gemäß den eigenen Bedürfnissen auswählen, da man bei deren Nichtbeachtung auch nicht längerfristig leistungsfähig sein kann.

#ALLYOUCANLEARNBUFFET BIETET HOCHWERTIGE BILDUNG ZUM SELBSTORGANISIERTEN LERNEN

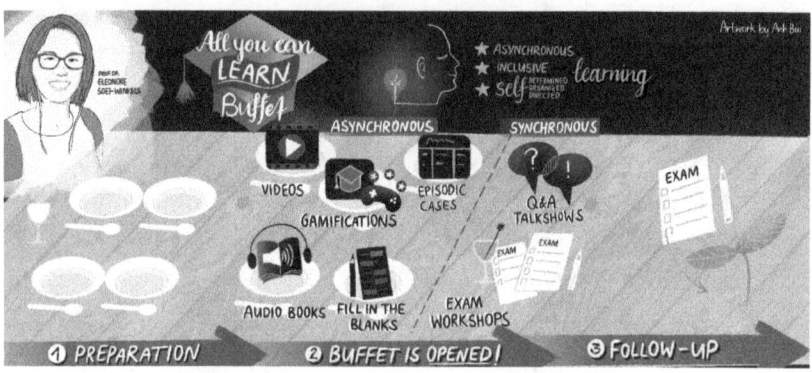

Warum ich so lehre, wie ich lehre

Es ist mir ein gesellschaftlich zukunftssicherndes Anliegen, meine fachlichen, universitären und karriererelevanten Lerninhalte finanziell erschwinglich zu machen. Lerninhalte biete ich zeit- und ortsunabhängig an, damit meine Lernenden mit Sorgearbeit für Kinder/Familienangehörige gleichberechtigt lernen können im Sinne des 4. Ziels für Nachhaltige Entwicklung (Qualität in der Bildung).

Als Neurowissenschaftlerin achte ich darauf, meine Angebote möglichst für alle Menschen gehirngerecht und inklusiv bedarfsgerecht anzubieten. Als ehemalige IT-Strategie-Unternehmensberaterin gestalte ich Teile meiner Lernangebote zukunftssichernd digitalisiert, damit meine Lernenden im beruflichen wie im privaten Alltag gegen Maschinen (wie künstliche Intelligenz und Robotik) „gewinnen" können.

Was ich mit diesem Ansatz bewirke

Mein #AllYouCanLearnBuffet verändert die Beziehung zwischen Lehrenden und Lernenden. In der Präsenzlehre war ich Schrittmacherin für meine Studierenden. Ich habe es genossen, mit ihnen in Abhängigkeit von ihrer Aufmerksamkeit „synchron" zu sein. Ich erlebe in der Präsenz-lehre einen Flow, der schwer zu überbieten ist, es ist, als würde ich auf einer Metaebene steuern, wie ich meine Worte in Echtzeit betone, um die Wirkung meiner Worte *mit* dem Publikum zu entfalten. Dazu lese ich die Emotionen in den mir zugewandten Gesichtern.

Aber aus der Sicht der Studierenden ist das Verfolgen meiner bis zu vierstündigen Vorlesungen insbesondere nach einem Achtstundentag sicherlich nicht einfach, auch wenn ich stolz darauf bin, mitreißend und mit ansteckender Begeisterung zu lehren. In Wahrheit haben meine Studierenden keine Wahl, außer da zu sein, wenn sie von mir lernen möchten, auch wenn es nicht der beste Ort oder der beste Zeitpunkt für sie ist.

Seit Corona haben die meisten von uns Bandbreitenprobleme erlebt. So sind virtuelle synchrone Videokonferenzen (3:15 bis 4 Std.) sehr anstrengend und nicht nur ein positives Lernerlebnis. Mit meinen vorher aufgenommenen Vorlesungsvideos können meine Studierenden meine Lerninhalte asynchron in ihrem eigenen Tempo und bedarfsgerecht wahrnehmen. Wir treffen uns innerhalb der geplanten Vorlesungszeiten, verkürzt, konzentriert und engagiert, um in Kleingruppen mittels Video-konferenzen miteinander zu diskutieren und zusammenzuarbeiten, in denen wir auch spielen etc. Es entspricht eher einer lockeren Talkshow oder Gameshow.

Mein Ansatz: strategisch, zielgerichtet und agil aufgebaut

Ich biete inklusive Lehrmaterialien an wie z. B. Lehrvideos, Hörbücher, digitale Quizze mit Multiple-Choice-Aufgaben, digitale Karteikarten, sinnliche Geschichten, episodische Fallstudien, digitale und analoge Lückentexte. Ich lasse meine Studierenden bedarfsgerecht ihren Lern-fortschritt selbstständig kontrollieren. So können sie niederschwellig testen und erkennen, wo sie gegebenenfalls Lücken haben, und zwi-schen den einzelnen Vorlesungsterminen ihr Lernverhalten adaptieren.

Sinnliche Geschichten animieren die Studierenden, meine Vorlesungs-inhalte zu reflektieren. Entlang einer Wertschöpfungskette aus der BWL-

Welt sollen sie den Prozess der biopsychologischen Wahrnehmungs-verarbeitung erarbeiten. Ich lasse sie meine vorlesungsübergreifenden Anwendungsfälle lösen.

Ich versorge meine Studierenden mit relevanten Informationen aus beruflich relevanten Netzwerken und mache meine besten Studieren-den dort sichtbar.

Skalierbarkeit des Ansatzes

Aus meiner Erfahrung als IT-Strategie-Unternehmensberaterin weiß ich, was ich von einer digitalen Lösung erwarte. Diese muss den Sinn, den ich mit der jeweiligen Aufgabe verbinde, unterstützen und meine Anfor-derungen zur Skalierbarkeit erfüllen.

In Videokonferenzen möchte ich die Anzahl der Teilnehmenden bedarfs-gerecht erhöhen können, Teilnehmende manuell und zufällig Binnen-gruppen zuordnen und sie diese selbstständig nutzen lassen. Bei Gami-fication nutze ich bedarfsgerechte Formate, und ich möchte teilbare und modulare eigene Inhalte erstellen mittels einer Importfunktion. Ich möchte Musterlösungen automatisch anzeigen lassen, damit Studie-rende jederzeit niederschwellig und leistungsgerecht sofort Rückmel-dung erhalten. Ich möchte spielerische Wettbewerbe synchron starten, um gemeinsame emotionale Erlebnisse zu erschaffen.

Multisensorik des Ansatzes

Ich lade meine Studierenden ein, beim Lernen anhand meiner Videos und Audios ihre Fragen aufzunehmen, sodass sie ihre Gedanken in dem Moment einfangen können. Während uns in der Präsenzlehre emotiona-les Engagement und gegenseitige Rückkopplung auf einen Blick mög-lich war, ist das für mich in virtuellen Konferenzen schwierig.

Social Media erlauben eine neue Kategorie von Reaktionen: Der Um-stand, dass einige Studierende mir freiwillig dort folgen, zeigt ihr Inte-resse an vorlesungsassoziierten Inhalten. Oft kann ich bedarfsgerecht daran anknüpfen, und das entspricht in etwa den interessierten Gesprächen rund um Präsenzvorlesungen.

Alle diese multisensorischen Informationen geben mir die Sicherheit, eine maßgeschneiderte Videokonferenz basierend auf den Bedürfnissen meiner aktiven Studierenden anzubieten.

Inklusivität des Ansatzes

Studierende sind vielfältig. Einige sind sehr ambitioniert, einige sind eher interessiert, die Klausur nur zu bestehen. Die meisten zielen darauf ab, eine gute Note zu erreichen. Einige verstehen Lerninhalte besser durch Hören und Sehen. Andere sind der auditive Lerntyp. Einige können das Wissen schnell verarbeiten, andere brauchen eine Wiederholung. Das kann lebensphasen- und tagesformabhängig sein.

Die meisten meiner Studierenden studieren parallel zu ihren Berufen, und das beeinflusst ihre mentale und kognitive Last beim Lernen.

Am Anfang sind alle meine Studierenden durch die Freiheit beim Lernen überfordert, die ich ihnen gewähre, damit sie ihre eigenen akademischen Ziele erreichen können. Ich bereite sie bestmöglich auf unsere Klausur vor, basierend auf ihren eigenen Erwartungen und ihrer Freiwilligkeit, in ihr eigenes Lernen zu investieren. Ich biete ein ausgewogenes Menü an. Meine Studierenden können wählen und re-priorisieren, basierend auf ihrem Lernwillen und ihren Ressourcen, welche z.B. durch Corona zeitweise beeinträchtigt sein können. Alle Studierenden können ihr Lernen beschleunigen, da sie die Verantwortlichen ihres Klausurerfolgs sind und selbst ihre Zielnoten definieren.

Mein #AllYouCanLearnBuffet ermöglicht meinen Studierenden, mehr und besser zu lernen

Ich glaube an alle meine Studierenden. Ich vertraue darauf, dass sie in der Theorie-Praxis-Reflektion in ihrer Kompetenz wachsen können – sogar wenn vorher niemand anders so viel von ihnen gefordert hat. Ich bin mir sicher, dass sie meine Erwartungen erfüllen oder sogar übertreffen können, weil ich mein Bestes gebe, um sie zu begleiten.

Die meisten meiner Studierenden machen mich stolz, während ich ihre Klausurleistungen lese, weil diese mein Engagement in ihrem Lernen spiegeln. Einige Studierende erzählen oder schreiben mir Jahre nach dem Abschluss, dass sie im Rückblick und im Vergleich zu anderen Vorlesungen erst erkannt haben, wie viel sie über mein Curriculum hinaus für das Leben gelernt haben.

Das Wichtigste zum Schluss: unsere Haltung

Wir Lehrende haben eine Vorbildfunktion in den sensiblen Lebensphasen unserer Lernenden. Wenn junge Menschen aus diversen Hintergründen zukunftssichernd agierende, ihnen ähnliche Lehrende wahrnehmen, dann ist bei vergleichbarem Curriculum das Lernen für alle nachhaltiger und inspirierender. Durch mein #AllYouCanLearnBuffet kann ich alle Lernenden studierendenzentriert und digital unterstützt fördern. Ich kann meine Arbeitsbelastung mittel- und langfristig asynchron und synchron steuern. Als arbeitende Mutter bleibe ich in einer gesellschaftlich prägenden Führungsposition sichtbar.

Ich transformiere mein eigenes Geschäftsmodell: weg von Präsenz hin zu global skalierbaren E-Learning-Kursen und virtuellen Coachings für Forschende in Richtung Professur oder Quereinstieg in die Wirtschaft. So biete ich mit meiner Online Academy #PostdocTransformation ein ermutigendes Beispiel für alle. Meine Studierenden können mich in vielen Funktionen unterstützen und sind am Erfolg gegebenenfalls finanziell beteiligt.

Ich bin stolz darauf, dass ich in mehrfacher Hinsicht meinen Beitrag zur hochwertigen Bildung sichtbar leiste.

ALYSSA JADE MCDONALD-BAERTL

Gründerin der BLYSS GmbH, Vorstandsmitglied von CGIAR und vom Bundesverband Nachhaltige Wirtschaft

Welche Netzwerke waren für Sie und Ihre berufliche Entwicklung relevant?

Am wichtigsten sind und waren Netzwerke, in denen ich Gleichgesinnte finden konnte. So wie es beim Bundesverband Nachhaltige Wirtschaft Gleichgesinnte im Bereich nachhaltiges Unternehmertum gibt. Bei den Digital Media Women fand ich Ideen rund um Female Leadership. Und Wissenschaftsorganisationen, die an ökologischen und sozialen Lösungen forschen, gaben mir den für mein Unternehmen nötigen technischen Input.

Welche Mentorin/welcher Mentor hat Sie beeindruckt?
Mentor Nr. 1 – Sparring

In meinen 20ern hatte ich Sparringspartner-Mentor:innen wie etwa Dayle, eine ehemalige Chefin aus meiner „Corporate"-Zeit. Dayle war selbst eine Quereinsteigerin, erste Frau im Vorstand eines Energiekonzerns – ein insgesamt unkonventioneller Karriereweg. Ich suchte bei ihr nach Führung, nach Rat, nach Ideen. Wir setzten uns mit jedem Thema auseinander, wobei Dayle mich herausforderte, mir die Ideen der Gegenseite aufzeigte und mich so mit Feingefühl und der nötigen Prise „Dampf" auf den richtigen Weg brachte.

Mentor Nr. 2 – Mastermind-Gruppe

In meinen 30ern habe ich eine „Tree to Bar"-Schokoladenfirma gegründet – damit war ich unter Gleichaltrigen recht allein. Also tat ich mich mit Shailia und Katy zusammen, die ebenfalls gerade ihre Unternehmen gegründet hatten. Wir kamen aus unterschiedlichen Branchen, hatten aber mit vergleichbaren Herausforderungen zu kämpfen: Onlineshops, Teammanagement, Kundenservice. Wir trafen uns jahrelang jeden Mittwoch. Jede für sich hatte nur ein „small enterprise", doch gemeinsam konnten wir bessere Preise bei Dienstleistungen durchsetzen und natürlich Neues ausprobieren und uns austauschen.

Mentor Nr. 3 – Klassische Mentorin

Merrilyn, mit der ich jetzt in meinen 40ern arbeite, ist Mentorin im klassischen Sinne. Ich bin ihre Schülerin, d.h., wir tauschen uns nicht gegenseitig aus. Sie ist in ihren 70ern, Medizinprofessorin und bald im Ruhestand; ich lerne ganz aktiv und fleißig ihre Methoden. Wir kommunizieren über Evidenzbewertungen; ich profitiere von ihren Erkenntnissen und der jahrzehntelangen Erfahrung.

Was würden Sie als Mentorin an die nächste Generation weitergeben?
Gehen Sie auf Ideenjagd, vor allem außerhalb Ihrer Branche, Ihres Organisationstyps und Ihrer Region. Das ist vor allem bei ökologischen oder sozialen Innovationen enorm wichtig.

Wie setzen Sie Nachhaltigkeit im eigenen Unternehmen um?
Beim Aufbau unserer Teams, bei Projekten und Einflussfaktoren. Dabei setze ich aktiv auf Systemdenken, Transdisziplinarität, ökologische und faire Lösungsfindung und iteratives Design.

Wo sehen Sie die größten Herausforderungen dabei?
Bei Verantwortlichen, die nach einfachen Antworten und schnellen Erfolgen suchen. Wir müssen in 50-Jahres-Zyklen denken, in generationenübergreifenden Effekten. Wir müssen uns als Entscheidungsverwalter an einem bestimmten Zeitpunkt begreifen, uns als Teil eines Einflusses sehen, der zu einer positiven Zukunft beiträgt. Weniger Ego und mehr Fokus aufs Ziel.

Was würden Sie jungen Unternehmer:innen in diesem Zusammenhang mitgeben?

Treffen Sie wertebasierte Entscheidungen. Kennen Sie Ihre Werte, Ihr Warum und Ihre Ziele – wählen Sie anhand dieses Wissens Ihren Karriereweg, Ihre Mentor:innen, Geschäftspartner:innen und Mitarbeiter:innen aus. Das macht vieles einfacher, reduziert das „Rauschen" und hilft Ihnen, das große Bild klar zu sehen und das große Ziel zu erreichen.*

* Englisch-deutsche Übersetzungsunterstützung: Nath Federova.

SCHOKOLADE – NICHT NUR SÜSSIGKEIT, SONDERN DAS WERKZEUG FÜR EINE BESSERE WELT

Im Jahr 2009 kündigte ich meinen Job in einem großen Unternehmen und folgte meinem Traum. Ich gründete eine Schokoladenfirma, BLYSS, die Tree-to-Bar-Schokolade aus ganz wunderbaren, bio-zertifizierten Single-Origin-Kakaobohnen produzierte. Während wir mit unserer Schokolade in Europa Branchenpreise für Geschmack und Sensorik gewannen, kamen auf unseren Farmen in Ecuador Vorsteher benachbarter Dörfer auf uns zu und baten um Hilfe. Sie sagten: „Bringt uns bei, wie ihr das macht!" Und obwohl BLYSS damals mein absoluter Traum war, wurde mir schnell klar, dass die Welt nicht noch ein weiteres fair gehandeltes Gourmet-Lebensmittel braucht – nicht, wenn die gesamte Wertschöpfungskette unter systemischen Problemen leidet. Wir waren zwar ein ehrliches Social Enterprise, und ich war als Speaker für gesellschaftlich-ökologischen Wandel unterwegs, doch insgesamt halfen wir weniger als hundert Farmarbeitern in Ecuador und auf den Philippinen. Ich dachte zunehmend über die Lage nach und stellte fest, dass es 5 Mio. Kakaobauern und 14 Mio. Menschen auf der Welt gibt, die vom Kakaohandel leben.[1] Wir konnten also schon mehr bewirken, wir mussten nur über die Schokoladenproduktion hinaus denken. Die Frage war nur: wie?

Und vor etwa sieben Jahren konnten wir dem Ruf nach Hilfe schließlich folgen: Wir wandelten das mit viel Herzblut und Leidenschaft für Social Awareness geführte Schokoladenunternehmen in eine Organisation um, die Kakaobauern ausbildet. Damals war es schwierig, denn es gab kein gemeinsames Rahmenkonzept für die Wirkungsanalyse von Empowerment-Prozessen für die Haushalte in den Dörfern.[2] Unabhängige Untersuchungen berichten immer wieder, dass die Kakaobauern in den Hauptanbauländern nicht über ein existenzsicherndes Einkommen verfügen und in Armut leben.[3] Wenn die Bauern keine Möglichkeit bekommen, mit ihrer Arbeit für ein menschenwürdiges Leben zu sorgen, können Kakao und Schokolade nicht nachhaltig sein. Stattdessen verfestigen sich tiefgreifende Probleme wie Kinderarbeit und Abholzung, da die Bauern gezwungen werden, bei Geschäften mitzumachen, die nicht in ihrem oder im Interesse der Umwelt sind.

Auch der Klimawandel wirkt sich auf den Kakao aus, und zwar unmittelbar auf der Landschaftsebene, z. B. durch die Beeinträchtigung des Pflanzenertrags, der Boden- und Wasserqualität. Klimawissenschaftler warnen, dass die Hauptkakaoanbaugebiete (Ghana, Elfenbeinküste) sowie die historischen Kakaoanbaugebiete (Mesoamerika)[4] aufgrund der globalen Erwärmung bis 2050 weniger geeignet für den Kakaoanbau sein werden.[5, 6] Abgesehen davon, dass der Kakaoanbau harte Arbeit ist, leiden die Kakaobauern also unter den schwierigen klimatischen Bedingungen. Aber auch ihre Gesundheit ist gefährdet. Zeitgenössische Beweise zeigen, dass Kakaobauern unter chronischen Schmerzen, Atemwegserkrankungen und Unterernährung leiden sowie eine schlechte Sehkraft und Zahngesundheit haben; diese Umstände sind im täglichen Leben und bei der Arbeit äußerst belastend.[7, 8, 9]

Kakaobauern leben außerdem in einem Ökosystem aus nationaler Wirtschaft, internationalem Handel und Dorfbedürfnissen vor Ort. Es ist ein hochkomplexes Ökosystem, definiert von hierarchischen und ineinandergreifenden Systemen, in dem eine simple Beobachtung von Ursache und Wirkung keinen ausreichenden Einblick in die Gesundheit des Ökosystems selbst oder der Menschen, die es bewohnen, bietet.[10] Also haben wir uns auf die Resilienz von Kakaobauernhaushalten konzentriert, haben sie geschult und ausgebildet. Unserer Cacao Academy war klar, dass die paradigmengetriebene Standardwelt der Industrie nicht dafür ausreichte und nicht dafür ausgelegt war, um komplexe Zusammenhänge zu analysieren und die wirklichen Herausforderungen der Bauern zu verstehen. Wir nahmen eine „Systemperspektive" ein, um Fakten zu sammeln und zu analysieren und um räumliche, soziale, ökonomische und ökologische Dynamiken und ihren Einfluss auf die Bauern zu untersuchen. Wir sahen, wie die Rollen von Männern und Frauen in den Dörfern kulturell unterschiedlich waren, und benötigten eine andere Untersuchungsmethode, um die Feinheiten zu verstehen.

Und obwohl ich selbst in Kakao produzierenden Ländern gelebt habe (meine Familie stammt aus Papua-Neuguinea), musste ich das, was ich über Entwicklungsländer und Familienstrukturen zu wissen glaubte, ablegen. Ich musste in die Tiefe gehen, partizipativ mit allen Bauern zusammenarbeiten und expansiv denken. Wir haben hart daran gearbeitet, um viele Zusammenhänge zu erfassen und zu verstehen: die Auswirkungen und Folgen zwischen Klimawandel, Lebensraumzerstörung, Ernährungsunsicherheit, Wohlstandsgefälle, Artensterben sowie Viehbestand innerhalb der Haushaltseinheiten. Es gab fünf Prinzipien, anhand derer wir dies untersuchten, und wer mit den Themen EcoHealth, One Health oder Planetary Health vertraut ist, wird sie kennen.

Bei jedem Projekt, ob es um die Ausbildung von Kakaobauern, um die Zusammenarbeit mit Regierungen, Landwirtschaftsministerien, NGOs oder Schokoladenfirmen geht, wenden wir immer den gleichen Ansatz an, um sicherzustellen, dass wir ökologische und soziale Herausforderungen adressieren. Wir setzen dabei auf grundsolide Methoden, da unsere Auftraggeber von der Regierung bis zur Auslandshilfe reichen, während die Bauern und ihre Familien unsere „Endkunden" sind. Die Ausbildung der Landwirte kostet Zehntausende für nur wenige Teilnehmende und erfordert viel diplomatisches Geschick, da sie eng mit den jeweils aktuellen religiösen, kulturellen oder sozialen Spannungen vor Ort verknüpft ist.

Die Methoden, die wir für eine nachhaltige und faire Projektentwicklung einsetzen, sind:
1. Systemdenken[11] – sucht nach Mustern zwischen Themen wie z. B. dem Zusammenhang zwischen Armut, sozialer Ungerechtigkeit, Umwelt und menschlicher Gesundheit.
2. Transdisziplinarität[12] – bezieht die Bauern in die Gestaltung und den Einsatz ihrer Ausbildung bei der Cacao Academy ein.
3. Partizipation[13] – die gesamte Bandbreite einer Stakeholder-Kette wird eingeladen, sich aus ihrer Perspektive zu beteiligen und eigenes Wissen zu einem Thema beizutragen. Für uns bedeutet das, lokale Kreditgeber, Unternehmen, Gesundheitsdienste, NGOs und Kakaohändler einzubeziehen.
4. Nachhaltigkeit[10] – für uns bedeutet das, dass wir die Umweltzerstörung als Grund für schlechte Gesundheit verstehen und versuchen, ökologische und nachhaltige Ansätze in bessere Anbaupraktiken zu integrieren (einschl. nachhaltiger Mikrofinanzierung, klimaschonen-

der und anpassungsfähiger Pflanzenpathologie und Verbesserung der Nahrungsmittelvielfalt). Wir gehen auch gezielt auf Ungleichheit oder ungerechte Bedingungen ein, die bestimmte Zielgruppen (Frauen, Jugendliche, Indigene) im Umfeld des Kakaoanbaus erleben.

5. Knowledge to action[14] – wir setzen auf wissenschaftliche Prinzipien: Theoretische Annahmen testen wir iterativ in einer Live-Forschungsumgebung.

Heute ist mein Unternehmen BLYSS intensiv in verschiedene Programme rund um die universellen Probleme des Kakaoanbaus eingebunden und setzt auf verschiedene Aspekte des Systemansatzes, der Transdisziplinarität, der Partizipation, der Aktionsforschung, der Nachhaltigkeit und der Gleichberechtigung, um sie zu lösen. Obwohl wir auf einem guten Weg sind und dazu beigetragen haben, die Lebensgrundlage und die Lebensqualität von Tausenden von Bauern von Südamerika bis Asien zu verbessern, haben wir noch viel zu tun. Um meine Mission zu erfüllen, arbeite ich mit verschiedenen Organisationen zusammen, von Universitäten bis hin zu multinationalen Technologieunternehmen. Viel lernen gehört auch dazu. Dabei ist das Team von BLYSS das Herzstück des Unternehmens und das größte Kapital. Ich bin sehr dankbar, dass meine ersten Teammitglieder aus den Schokoladentafel-Zeiten heute noch mit uns arbeiten. Und dann ist da natürlich noch meine Familie – in Ozeanien und in Deutschland –, die mir Halt und Kraft gibt.

Quellen
1. Fountain, AC, Huetz-Adams, F., Cocoa Barometer. Cocoa Barometer Consortium, 2020.
2. Van den Berg, H., IPM Farmer Field Schools: A synthesis of 25 impact evaluations, 2004.
3. Tyszler, M., Bymolt, R., Laven, A., Analysis of the income gap of cocoa producing households in Ghana. Comparison of Actual incomes with the Living Income Benchmark Prepared for the Living Income Community of Practice, KIT Royal Tropical Institute, 2018.
4. de Sousa K., van Zonneveld, M., Holmgren, M., Kindt, R., Ordoñez, J.C., The future of coffee and cocoa agroforestry in a warmer Mesoamerica. Scientific reports. 2019, 9(1): 1–9.
5. Läderach, P., Martinez-Valle, A., Schroth, G., Castro, N., Predicting the future climatic suitability for cocoa farming of the world's leading producer countries, Ghana and Côte d'Ivoire. Climatic Change, 2013, 119 (3–4): 841–54.
6. Schroth, G., Laderach, P., Martinez-Valle, A.I., Bunn, C., Jassogne, L., Vulnerability to climate change of cocoa in West Africa: Patterns, opportunities and limits to adaptation. Sci Total Environ, 2016, 556: 231–41.
7. Irfany, I., McMahon, Peter J., Toribio, J.-A., Phan-Thien, K.-Y., Rifai, Muhamad A., Yusdiyanto, S., et al., Determinants of diversification by cocoa smallholders in Sulawesi. International Journal of Social Economics, 2020, 47 (10): 1243–63.
8. Walton, M., Arsyad, D.S., Alimuddin, S., Arundhana, A.I., Guest, D., McMahon, P., et al., Implementing a One Health village volunteer programme in West Sulawesi, Indonesia: A pilot study. Global Public Health, 2020: 1–16.
9. Walton, M., Hall, J., van Ogtrop, F., Guest, D., Black, K., Beardsley, J., et al., The extent to which the domestic conditions of cocoa farmers in Bougainville impede livelihoods. One Health, 2020, 10: 100142.
10. Forget, G., Lebel, J., An ecosystem approach to human health: Citeseer, 2001.
11. Chapin, F.S., Carpenter, S.R., Kofinas, G.P., Folke, C., Abel, N., Clark, W.C., et al. Ecosystem stewardship: sustainability strategies for a rapidly changing planet. Trends in ecology & evolution (Amsterdam), 2010, 25(4): 241–9.
12. Nicolescu, B., Methodology of transdisciplinarity. World Futures, 2014, 70(3–4): 186–99.
13. Neudoerffer, R.C., Waltner-Toews, D., Kay, J.J., Return to Kathmandu – A Post Hoc Application of AMESH, 2008.
14. Waltner-Toews, D., Kay, J., Lister, N.-M., The ecosystem approach: Complexity, uncertainty, and managing for sustainability: Columbia University Press, 2008.

MIRJAM MOHR

*Vorständin des
Endkundenvertriebs
der Interhyp Gruppe*

**Welche Netzwerke waren für Sie und
Ihre berufliche Entwicklung relevant?**

Ich bin sehr kommunikativ und auch gerne
auf Social-Media-Plattformen wie LinkedIn
aktiv – das macht mir einfach Spaß. Das hat mir sicher dabei geholfen,
seit meinem Studium aus jeder Lebensphase ein kleines Netzwerk zu
erhalten. Ob mit Alumni aus meinem Mathestudium, dem MBA in Mailand
oder ehemaligen Kolleg:innen der verschiedenen Banken, bei denen ich
gearbeitet habe – der Austausch über Länder-, Branchen- und Unternehmensgrenzen hinweg ermöglicht neue Perspektiven und bereichert
mich sehr. Bei Goldman Sachs hat sich beispielsweise ein harter Kern
von etwa zehn Leuten ergeben, die damals eng zusammengearbeitet
haben und sich auch heute noch gegenseitig unterstützen. Langjährige
Kolleg:innen, mit denen man Hochs und Tiefs gemeistert hat, wachsen
einem einfach ans Herz. Und nur weil man den Arbeitsplatz wechselt,
verschwinden solche Menschen nicht einfach aus dem Leben. Deshalb
bin ich auch noch mit vielen ehemaligen Interhyp-Kolleg:innen in Kontakt
und sehr dankbar dafür.

Wie sieht für Sie eine zukunftsfähige belastbare Unternehmenskultur aus?

Die Interhyp Gruppe verbindet unsere eigenentwickelte Baufinanzierungs-plattform mit kundenorientierten Digitalangeboten und unserer persönlichen Beratungskompetenz. Eine belastbare Kultur bedeutet für uns, mit der Zeit zu gehen, uns neuen Kundenbedürfnissen zu stellen und Spaß an dieser Verän-derung zu haben. Die bei uns gelebten Werte Leidenschaft, Professionalität, Partnerschaft und Integrität bilden die Basis dafür. Aber auch Nachhaltigkeit trägt immer mehr dazu bei: 78 % der Generation Y wollen in ihrem Beruf einen gesellschaftlichen Mehrwert leisten[1]. Deshalb schaffen wir ein Arbeitsumfeld, in dem Menschen gerne zu uns kommen und gemeinsam mit uns daran arbeiten, Wohnträume zu erfüllen und sich selbst zu verwirklichen.

Wie setzen Sie Nachhaltigkeit im eigenen Unternehmen um?

„Verantwortliches Handeln" ist als einer unserer Erfolgsfaktoren fest in unse-rer Unternehmensstrategie „Mission Zuhause" verankert. Darunter verste-hen wir neben der Einhaltung von Regulatorik- und Compliance-Anforderun-gen das Thema Nachhaltigkeit. Als Baufinanzierungsvermittler sind wir der Überzeugung, dass jeder ein Zuhause braucht. Deshalb sind „nachhaltiger, bezahlbarer und lebenswerter Wohnraum" und „nachhaltige Produkte und Dienstleistungen" ein wesentliches Handlungsfeld unserer Nachhaltigkeits-strategie. Mit einem transparenten Marktvergleich und innovativen Services finden wir das optimale Angebot für unsere Kunden – damit sich diese den Traum vom eigenen Zuhause erfüllen können. Darüber hinaus liegen uns „betrieblicher Umweltschutz", „Mitarbeiter und Arbeitgeberattraktivität" und „gesellschaftliches Engagement" am Herzen.

Was würden Sie jungen Unternehmer:innen in diesem Zusammen-hang mitgeben?

Überweisen Sie nicht nur Geld, um auf dem Papier etwas Gutes zu tun. Gesellschaftliche Verantwortung geht längst über Spenden hinaus. Für mich persönlich hat Nachhaltigkeit auch etwas mit „nachhalten" zu tun. Es reicht nicht, sich zu engagieren, man muss auch verfolgen, was dar-aus wird. Wenn sich gleichzeitig Ihre Mitarbeiter:innen einbringen und sich selbst verwirklichen können – umso besser. Wollen Sie wirklich einen Unterschied machen? Dann ziehen Sie alle an einem Strang.

NACHHALTIGKEIT BEI DER INTERHYP GRUPPE – MEHR ALS EIN GRÜNER ANSTRICH

Die Finanzbranche eine Männerdomäne? Nicht nur. Das beste Beispiel dafür ist Mirjam Mohr, Vorständin für den Endkundenvertrieb bei der Interhyp Gruppe. Heute gibt sie einen Überblick, wie und wo sich das Unternehmen zum Wohle von Gesellschaft und Umwelt engagiert – von Compliance über Ökostrom bis hin zu Diversity.

Was verstehen wir bei der Interhyp Gruppe unter verantwortlichem Handeln? Um das zu erklären, möchte ich einen Einblick in unser Unternehmen geben: Wir vermitteln nicht nur private Baufinanzierungen – unsere Kunden bekommen ihre Beratung genau dort, wo sie beraten werden wollen: vor Ort an über 100 Standorten in Deutschland und Wien, per Video, am Telefon oder online durch unsere selbst entwickelten digitalen Services. Im Vertrieb, unseren Zentralbereichen und in agilen Teams auf unserem innovativen Interhyp Campus arbeiten fast 2.000 Interhyp-Mitarbeiter:innen daran, unseren Kunden den Traum vom eigenen Zuhause zu erfüllen.

Warum diese Exkursion? Verantwortliches Handeln geschieht zielführend und im Einklang mit unseren Unternehmenszielen. Und Sie sehen: Die Interhyp Gruppe hat mehr als ein Gesicht. Wir verstehen uns als Baufinanzierungsvermittler und Technologieführer in unserer Branche – und haben den klaren Anspruch, ein attraktiver Arbeitgeber für unsere Mitarbeiter:innen zu sein.

Was bedeutet das für unsere Nachhaltigkeitsziele?

In unserer Unternehmensstrategie „Mission Zuhause" ist verantwortliches Handeln fest verankert. Neben Compliance und der Einhaltung regulatorischer Anforderungen verstehen wir darunter auch das Thema Nachhaltigkeit. Bevor ich näher auf unsere Nachhaltigkeitsstrategie eingehe, möchte ich ein paar Worte zum Thema Regulatorik verlieren: Um als Baufinanzierungsvermittler innovative State-of-the-Art-Services bieten zu können, ist es unsere Pflicht, das zu schützen, was unsere Kunden zu uns bringen – vertrauliche Informationen, die sie vielleicht nicht mal ihren Freunden erzählen. Denn: Daten werden immer kostbarer, und potenzielle Gefahrenquellen wie Hacker-Angriffe lauern überall. Als Baufinanzierungsvermittler in Deutschland und Österreich und als Teil der ING Group unterliegen wir neben rechtlichen Vorgaben gewissen Branchen- und Bankenrichtlinien. Diese Anforderungen und regelmäßige Kontrollen betrachten wir als Baukasten mit entsprechendem Werkzeug, um einen seriösen Umgang mit Informationen sicherzustellen. Aber auch unabhängig davon verpflichten wir uns dazu, vertrauensvoll mit unserem Datenschatz umzugehen: Für uns ist es selbstverständlich, dass sich unsere Kunden und Partner, aber auch Mitarbeiter:innen darauf verlassen können, dass ihre Daten bei uns bestens geschützt sind. Als eine der führenden Adressen für private Baufinanzierungen in Deutschland setzen wir die Benchmark, um unserem Anspruch von verantwortlichem Handeln gerecht zu werden.

Auch bei unserer Nachhaltigkeitsstrategie fokussieren wir uns auf die Nähe zu unserem Kerngeschäft. Deshalb liegen uns neben betrieblichem Umwelt- und Klimaschutz, Mitarbeiter- und Arbeitgeberattraktivität und gesellschaftlichem Engagement besonders die Themen nachhaltiger, bezahlbarer und lebenswerter Wohnraum sowie entsprechende nachhaltige Produkte und Dienstleistungen am Herzen.

Als Baufinanzierungsvermittler sind wir der Überzeugung, dass jeder ein Zuhause braucht. Das Themenfeld „nachhaltiger, bezahlbarer und lebenswerter Wohnraum" (ähnlich SDG 11[2]) spielt für uns deshalb eine besondere Rolle. Ein Immobilieninvestment bleibt für viele Menschen die weitreichendste finanzielle Entscheidung im Leben. Unser Ziel ist es, mit einem transparenten Marktvergleich und innovativen Services mehr Menschen den Weg ins eigene Zuhause zu ebnen. Durch die maßgeschneiderte Finanzierung, die wir bei Interhyp für unsere Kunden aufsetzen, erfüllen wir ihnen den Traum vom eigenen Zuhause und ermöglichen den bezahlbaren Zugang zu Wohnraum. Bei der Umsetzung helfen uns nachhaltige Produkte und Dienstleistungen: Neben der optimalen Finanzierung vermitteln wir unseren Kunden Expertise und Orientierung am Immobilienmarkt. Unsere Interhyp-Berater:innen und unsere Tools zeigen ein Zusammenspiel verschiedenster Fördermöglichkeiten auf, die eine Baufinanzierung insgesamt um mehrere Zehntausende Euro entlasten können. Gleichzeitig helfen wir so unseren Kunden, energetische Sanierungen, energieeffizientes Bauen oder Barrierefreiheit beispielsweise durch Produkte der Förderbank KfW zu realisieren. Ein weiteres Beispiel ist unsere Kooperation mit den Sachverständigen von Bauexperts. Die qualifizierten Experten sind bundesweit tätig und stehen als kompetente Ansprechpartner rund um die Immobilie zur Seite – u. a. beim Thema Energieberatung.

Betrieblicher Umwelt- und Klimaschutz

Abseits unseres Kerngeschäfts, beispielsweise beim Thema Umwelt- und Klimaschutz, kehren wir zuerst vor unserer eigenen Haustür – denn viele kleine Maßnahmen machen einen großen Unterschied. Emissionen vermeiden wir bereits überall dort, wo es möglich ist: An all unseren Standorten setzen wir zu 100 % auf Ökostrom und unterstützen Kunden und Mitarbeiter:innen mit Ladestationen für E-Bikes und -Autos an unserer Münchner Zentrale. Emissionen lassen sich bei unserer Geschäftstätigkeit leider nicht komplett vermeiden, beispielsweise durch die Anfahrt unserer Kunden bei einem Termin an unseren Standorten. Für solche nicht vermeidbaren Emissionen prüfen wir aktuell Alternativen wie CO_2-Kompensation. Auch unsere Technologieführerschaft leben wir im Einklang mit der Umwelt: Zum einen sparen unsere digitalen Prozesse automatisch Papier ein. Wir achten aber auch auf eine zertifizierte Energieeffizienz unserer Rechenzentren, legen großen Wert auf das Recycling von E-Waste und prüfen regelmäßig Stromsparkriterien unser Hardware.

Mitarbeiter- und Arbeitgeberattraktivität

Grundsätzlich sind wir bei der Interhyp Gruppe davon überzeugt, dass Diversität uns erfolgreicher macht. Wir achten in jedem Bewerbungsprozess darauf, dass niemand aufgrund seines Geschlechts, seines Alters oder seiner Herkunft bevorzugt oder benachteiligt wird. Obwohl bei uns bereits etwa 50 % Frauen und 50 % Männer arbeiten, bin ich als Vorständin in der Finanzbranche weiter eine Ausnahme[3]. Geschlechtergleichheit liegt mir deshalb persönlich am Herzen: Bei der „Initiative Women into Leadership", einem gemeinnützigen Verein zur nachhaltigen Entwicklung weiblicher Führungskräfte, konnte ich im Februar meine zweite Runde als Mentorin starten. Dass ich dort hochqualifizierte und erfolgreiche Frauen aus renommierten Unternehmen auf ihrem Weg an die Spitze begleiten darf, freut mich sehr – und gibt auch mir neue externe Impulse, die ich wiederum bei der Interhyp Gruppe einbringen kann.

Um Diversität zu ermöglichen, ist eine nachhaltige familien- und lebensphasenbewusste Personalpolitik notwendig. Bei der Interhyp Gruppe möchten wir bei ständigem Wachstum ein solches Umfeld garantieren. Deshalb haben wir uns 2016 erstmals an der Auditierung „berufundfamilie" unter der Schirmherrschaft von Bundesfamilienministerin Franziska Giffey auf Herz und Nieren prüfen lassen. Vergangenes Jahr wurden wir zum zweiten Mal in Folge zertifiziert. Die Re-Auditierung verankert die Vereinbarkeit von Familie, Beruf und Privatleben noch tiefer in unsere Unternehmens-DNA – und diese Entwicklung freut mich wirklich sehr.

Gesellschaftliches Engagement

Ein Beispiel, wie wir unsere Unternehmensstrategie auf unsere gesellschaftliche Verantwortung übertragen, ist unser Kunden-werben-Kunden-Programm: Für jede erfolgreiche Empfehlung spenden wir 50 Euro an das Internationale Kinderhaus Frankfurt des Deutschen Kinderhilfswerks. Dort geben wir mit einer Patenschaft Mädchen und Jungen eine Art zweites Zuhause. Dass dank unserer letzten Spende in Höhe von 44.200 Euro eine weitere Honorarkraft für pflegebedürftige Kinder eingestellt werden kann, macht uns sehr stolz.

Auch entsprechend unserer Technologieführerschaft engagieren wir uns, um den Zugang zu digitalem Wissen zu beschleunigen. Zuletzt konnten wir Laptops im Wert von etwa 8.000 Euro an eine Grundschule übergeben, die Probleme hatte, alle Schüler im Homeschooling entsprechend auszustatten. Wir freuen uns sehr, dass wir mit solchen Aktionen für Chancengleichheit sorgen und die Digitalisierung unterstützen.

Spenden alleine reicht uns bei der Interhyp Gruppe allerdings nicht – wir sind Macher: Kurz vor der Corona-Krise haben wir ein Corporate-

Volunteering-Konzept entwickelt, bei dem sich unsere Mitarbeiter:innen aktiv an sozialen Initiativen beteiligen können, die ein Zuhause schaffen. Ob Aufforstung, Müllsammelaktion oder der Bau einer Unterkunft für Obdachlose – jedes Team entscheidet selbst, wo es Gutes tut und Menschen oder Tieren ein Zuhause gibt oder dieses aufwertet. Wir freuen uns sehr auf den Startschuss im Sommer – durch die Krise ist der Bedarf größer denn je.

Quellen
1   Gessler, M., Radel, J. (2014), Arbeitgeberattraktivität für die Generation Y, in: Karlheinz Schwuchow, Joachim Gutmann (Hg.), Personalentwicklung – Themen-Special Demografie-Management 2015: Themen, Trends, Best Practices 2015, S. 357.
2   https://www.bundesregierung.de/breg-de/themen/nachhaltigkeitspolitik/nachhaltige-staedte-und-gemeinden-1006538
3   Holst, E., Friedrich, M. (2016), Hohe Führungspositionen: in der Finanzbranche haben Frauen im Vergleich zu Männern besonders geringe Chancen. DIW Wochenbericht, 83 (37), S. 827–838.

KATARZYNA KOMPOWSKA

CEO Nordeuropa bei Coface

Welche Netzwerke waren für Sie und Ihre berufliche Entwicklung relevant?

Im Verlauf meiner Karriere habe ich mich vor allem auf berufliche Netzwerke konzentriert. Das sind Verbände für Kredit- und Risikomanagement, aber auch Netzwerke für CEOs, wo man sich austauschen und von den Erfahrungen anderer Führungskräfte profitieren kann. Um meine Erfahrungen als Frau in Führung weiterzugeben, engagiere ich mich seit ein paar Jahren als Mentorin in einem österreichischen Verein zur Förderung und Vernetzung von Frauen.

Welche Mentorin/welcher Mentor hat Sie beeindruckt?

Beeindruckt und vor allem beeinflusst hat mich meine erste Chefin bei Coface, deren Nachfolge ich später auch übernommen habe. Sie hat mir von Anfang an die Chance und den Raum gegeben, um mich auf allen Ebenen zu entwickeln. Die Basis unseres Verhältnisses war ein großes gegenseitiges Vertrauen. Ich war sehr jung, und es gab auch kritische Stimmen, als sie mich damals einstellte: Ich sei zu jung, ich würde das nicht schaffen. Aber meine Chefin hatte Vertrauen in meine Fähigkeiten und hat die Verantwortung für diese Entscheidung getragen. Das war zur damaligen Zeit schon eine mutige Entscheidung und für mich persönlich natürlich eine riesige Chance.

Was würden Sie als Mentorin an die nächste Generation weitergeben?
Ich bin ganz nah dran an der nächsten Generation, denn ich habe selbst zwei junge und ambitionierte Töchter, die sich entwickeln möchten. Was ich ihnen immer wieder sage, ist: „Seid mutig!" Wer ein Ziel hat, der muss sich auch etwas trauen. Man sollte nicht warten, bis sich Gelegenheiten ergeben, sondern die eigene berufliche Entwicklung aktiv gestalten. Denn am Ende des Tages bin vor allem ich selbst für mein Handeln verantwortlich. Und wenn mal etwas nicht gelingt, ist das nicht das Ende der Welt. Aufstehen, Krone richten, weitermachen.

Wie sieht für Sie eine zukunftsfähige belastbare Unternehmenskultur aus?
Ich glaube fest daran, dass Organisationen, die auf Diversität und Agilität bauen, erfolgreicher sind. Diverse Teams sind produktiver, resilienter und handeln verantwortungsbewusster – und nebenbei steigert das auch noch die Attraktivität als Arbeitgeber. Die Bedeutung von Agilität haben wir doch alle während der Pandemie vor Augen geführt bekommen, als es darum ging, sich schnell an die neue und unvorhersehbare Situation anzupassen. Ein weiterer wichtiger Punkt ist die Kollaboration, also abteilungsübergreifendes Teamwork und der Abbau von Silodenken. Nur so kann ich eine bestmögliche Kundenorientierung erreichen. In Zeiten, in denen meine Wettbewerber nur einen Mausklick entfernt sind, spielt diese kundenzentrierte Denkweise aus meiner Sicht eine ganz entscheidende Rolle.

Was würden Sie jungen Unternehmer:innen in diesem Zusammenhang mitgeben?
Ein Erfolgsfaktor ist für mich seit jeher, um mich herum die bestmöglichen Teams aufzubauen. Es mag banal klingen, aber mit sehr guten Leuten ist es leichter, die gesteckten Ziele zu erreichen. Außerdem: Bleibt offen für Veränderung und immer aufmerksam. Ja, es ist nicht immer einfach, Verantwortung zu tragen. Wer aber aktiv unsere Zukunft mit diverseren Teams und einer „besseren Wirtschaft" gestalten will, wird daraus auch viel Kraft und Ideen schöpfen.

GEMEINSAM DURCH DIE PANDEMIE: #WEDONTSTOP

Kennen Sie diese Rückblicke im Fernsehen, die im Jahresrhythmus auf ganze Jahrzehnte zurückblicken? Ich mag dieses Format, denn aus der heutigen Perspektive werden viele gesellschaftliche Entwicklungen verständlicher und besser nachvollziehbar. „Und dann kam Corona und veränderte alles" – so oder so ähnlich werden Sprecher wohl künftig das Jahr 2020 und somit den Beginn der 2020er-Jahre anmoderieren. Wir können heute nur erahnen, was die Pandemie in Zukunft alles verändert haben wird. Fest steht: Corona wird Spuren hinterlassen. Das gilt auch und vor allem für die drei Nachhaltigkeitsbereiche ESG (Environment, Social, Governance), auf die ich im Folgenden eingehen möchte.

E wie Environment: einmal durchatmen und dranbleiben

Als ein „Gewinner" der Corona-Krise wird häufig die Umwelt genannt. Oft habe ich in den vergangenen Monaten gelesen, dass die Natur beispielsweise die verbesserte Luftqualität nutze, um „durchzuatmen". Die Gründe liegen auf der Hand: Deutlich weniger Berufspendler und ein stark reduzierter Flugverkehr auf der einen, heruntergefahrene Fabriken auf der anderen Seite. Bei Coface in Deutschland haben wir im vergangenen Jahr 75,2 % weniger Flugmeilen „gesammelt" und dabei 77,5 % weniger CO_2-Emissionen durch Flugreisen verursacht als im Jahr 2019. Fest steht aber: Diese positiven Effekte werden nur so lange anhalten, wie die Reduzierung der Emissionen stabil bleibt.

Während die Weltgemeinschaft in den vergangenen Monaten also gezwungenermaßen den Umweltschutz forcierte, möchten wir als Unternehmen auch künftig einen Beitrag leisten. Durch die Möglichkeit, auch nach der Pandemie im Homeoffice zu arbeiten, reduzieren wir unseren CO_2-Ausstoß, und beim Thema Geschäftsreisen werden wir künftig deutlich selektiver agieren. Denn wenn wir eines gelernt haben, dann Folgendes: Es muss nicht immer das persönliche Gespräch sein, auch virtueller Vertrieb hat im Versicherungsgeschäft durchaus Erfolgschancen. Durch die beschleunigte Digitalisierung zahlreicher Geschäftsprozesse werden wir nicht nur Unmengen Papier, sondern auch viel Platz einsparen. Und was wir ebenfalls festgestellt haben: Gerade in der Pandemie ist die Nachfrage nach unserem Jobrad-Angebot deutlich gestiegen. Eine nachhaltige und gesundheitsfördernde Entwicklung, die wir gerne unterstützen.

Positive Auswirkungen auf die Umwelt könnte es auch haben, wenn sich globale Lieferketten verändern. Unsere Volkswirte sehen hierzu einen gegebenen Anlass: Die Pandemie hat vor allem im produzierenden Gewerbe gezeigt, wie schnell Lieferketten unterbrochen werden, wenn beispielsweise in China Probleme auftreten. Das könnte zur Folge haben, dass Unternehmen in unserer Region ihre Lieferketten verkürzen – also Waren nicht mehr aus Asien, sondern aus Mittel- oder Osteuropa beziehen.

S wie Soziales: Große Herausforderungen ...

Vielleicht ist es Teil unserer DNA als (Kredit-)Versicherer, vielleicht war es aufgrund unserer internationalen Vernetzung: Wir bei Coface haben uns frühzeitig mit dem potenziellen Risiko und den Folgen von Covid-19 für unsere Mitarbeiterinnen und Mitarbeiter auseinandergesetzt. Die wichtigsten Fragen waren von Anfang an, wie wir sie bestmöglich schützen und gleichzeitig unseren Geschäftsbetrieb aufrechterhalten können. Am 16. März 2020 habe ich gemeinsam mit unserem Krisenstab dann entschieden, vorrangig auf Homeoffice umzustellen. Von einem Tag auf den anderen. Mit vielen Fragezeichen und der Hoffnung, dass wir den Übergang reibungslos bewältigen können. Aber auch in der Überzeugung, dass es die beste und sicherste Lösung für unsere Belegschaft ist. In den ersten Tagen und Wochen fühlte sich das Ganze noch wie ein Abenteuer an, so wie ein großes Experiment. Nach und nach kam die Routine und schon nach wenigen Wochen waren wir im „New Normal" angekommen.

Wir hatten also für die Sicherheit und Gesundheit unserer Mitarbeiterinnen und Mitarbeiter gesorgt. Aber wie stand es um die Chancengleichheit? Was war mit der (möglicherweise alleinerziehenden) Mutter, die tagsüber „nebenbei" noch ihre Kinder betreuen oder gar beschulen musste? Hier haben eine deutliche Erweiterung des Arbeitszeitkorridors (von 6 Uhr bis 22 Uhr) und ein kulanterer Umgang mit Mehr- bzw. Minderstunden Abhilfe geschaffen. Das Signal, dass wir aussenden wollten: Wir sehen die großen Herausforderungen, die viele Kolleginnen und Kollegen Tag für Tag meistern, und wir möchten überall dort unterstützen, wo es möglich ist. Das bedeutete auch, dass unsere Kindertagesstätte im erweiterten Notbetrieb geöffnet blieb.

... und große Chancen

Bei einer von Beginn an konstanten Homeoffice-Quote von über 90 % war klar, dass die (interne) Kommunikation eine zentrale Rolle einnehmen würde. Früh entwickelten wir neue Formate, mit denen wir unsere Belegschaft auf dem Laufenden hielten. Hier eine Videobotschaft, da ein virtuelles Town Hall Meeting oder ein CEO-Lunch mit unseren Young Professionals. In unserem Intranet und in den sozialen Netzwerken etablierten wir – zugegebenermaßen nicht als einziges Unternehmen – früh das Hashtag #wedontstop. Es sollte zum Symbol dieser Zeit werden und signalisieren: Wir lassen uns nicht unterkriegen, wir machen weiter. Aber auch „analog" wollten wir in Kontakt bleiben, mit einer Osterkarte, Plätzchen zu Weihnachten oder einem Fastnachtspaket zum Rosenmontag. Als Highlight wird vielen unsere virtuelle Cocktailparty in Erinnerung bleiben, die wir live aus einer Bar heraus übertragen haben. Ich bin davon überzeugt, dass sich all diese Bemühungen gelohnt haben und einen Teil zum positiven Teamspirit beigetragen haben.

Ob wir unsere Mitarbeiterinnen und Mitarbeiter auch wirklich erreichen, wollten wir mittels einer Umfrage herausfinden. Das Ergebnis: Über 80 % gaben an, dass sie im Homeoffice „angekommen" sind und zum Zeitpunkt der Umfrage mit der Situation und den Umständen entsprechend sehr gut bis gut zurechtkamen. Ein Ergebnis, das über unseren Erwartungen lag und uns vor Augen führte, dass wir als Arbeitgeber trotz der extremen Umstände in der Lage waren, ein „gesundes" Arbeitsklima zu schaffen und unsere Reputation sogar noch verbessern konnten. Apropos gesund: In den ersten zwölf Monaten (von Anfang März 2020 bis Ende Februar 2021), die wir im Homeoffice gearbeitet haben, haben wir im Vergleich zum Vorjahreszeitraum insgesamt 20,8 % weniger Krankheitstage registriert.

G wie Governance: 4+1-Werte, die Bestand haben

Unter Governance wird eine nachhaltige Unternehmensführung verstanden, darunter fallen Schlagworte wie Unternehmensethik, Risiko- und Reputationsmanagement, Korruption, Compliance etc. Bei Coface orientieren wir uns bei allem, was wir tun, an vier Werten: 1. Kundenfokus, 2. Kompetenz, 3. Teamwork sowie 4. Mut und Verantwortung. Über all diesen Werten steht die Integrität – gegenüber uns, unseren Kunden und unseren Partnern. Diese 4+1-Werte haben seit Jahren Bestand und sind fest in unserer Unternehmenskultur verankert. Einmal im Quartal vergeben wir unsere Coface-Wertezertifikate an einzelne Mitarbeiterinnen und Mitarbeiter oder Teams, die sich in besonderem Maße auszeichnen konnten. Diese Verleihung hat bei uns einen großen Stellenwert.

Gerade in unvorhersehbaren Zeiten oder Krisen sind es diese Werte, die uns Halt geben. Mit dem plötzlichen Übergang ins Homeoffice haben wir Mut und Verantwortung bewiesen, indem wir uns getraut haben, neue und ungewohnte Dinge zu probieren. Wir mussten uns schnellstmöglich wieder auf unsere Kunden fokussieren und ihnen helfen, die richtigen Entscheidungen zu treffen, und wir haben uns dabei voll auf unsere Kompetenz verlassen. Und um all dies zu erreichen, haben wir noch besser zusammengearbeitet als zuvor, obwohl wir uns so gut wie nie persönlich gesehen haben: über Team- und auch Ländergrenzen hinweg. Unser Teamwork hat uns erfolgreich gemacht.

Was bleibt, was kommt?

Die Welt ist nicht erst seit Covid-19 ganz schön „VUKA" – also volatil, unsicher, komplex und ambivalent. Die vergangenen Monate haben mich gelehrt, dass wir als Menschen – ebenso wie Unternehmen – auch und gerade in schwierigen Zeiten zu viel mehr fähig sind, als wir für möglich halten. Wenn Führungskräfte Anpassungsfähigkeit, Agilität und Mut vorleben, dann entsteht ein positiver Spirit, dem man sich nur schwer entziehen kann. Wir sind unserem Ziel, der agilste Kreditversicherer am Markt zu werden, ein großes Stück nähergekommen.

Was bei Coface definitiv kommen wird, ist eine komplett neue Arbeits-welt, in die unsere Mitarbeiterinnen und Mitarbeiter nach Corona zurück-kehren. Wir haben im Eiltempo – mit der Pandemie als „Brandbeschleu-niger" – den Weg in eine Bürowelt 2.0 eingeschlagen. Unser Ansatz: Wenn unsere Belegschaft schon nicht in der Zentrale in Mainz sein kann, dann können wir diese Zeit doch für umfangreiche Umbauarbeiten nut-zen, um die Transformation des „klassischen" Büros hin zur modernen Arbeitswelt voranzutreiben. Ein offenes Raum- und Farbkonzept, keine festen Arbeitsplätze, Netzwerkflächen und eine IT-Bar – all das und vie-les mehr erwartet uns bei der Rückkehr in unsere Zentrale. Und darauf freue ich mich jetzt schon. Die Pandemie hat bis hierhin viel Kraft gekos-tet, aber sie hat uns als Unternehmen schon jetzt nachhaltig vorange-bracht. Unserem Hashtag haben wir mittlerweile ein Update verpasst: #westilldontstop.

**PROF. DR.
CHRISTIANE HIPP**

*Professorin für
Organisation und
Unternehmensführung an
der Brandenburgischen
Technischen Universität
Cottbus-Senftenberg*

**Welche Netzwerke waren für Sie und
Ihre berufliche Entwicklung relevant?**
Politische Netzwerke sind ganz entscheidend, um Ideen und Entscheidungsprozesse auf die politische Bühne zu bringen.

Welche Mentorin/welcher Mentor hat Sie beeindruckt?
Meine Mentoren haben alle an mich geglaubt, meine Individualität
gestärkt und mir Zugänge zu Netzwerken ermöglicht, die ich mir alleine
nicht hätte erschließen können.

Was würden Sie als Mentorin an die nächste Generation weitergeben?
Vor allem die Selbstführung, d.h. die Fähigkeit zur eigenen Reflexion,
die ständige Lernbereitschaft, Selbstdisziplin und Menschlichkeit sind
ganz wesentliche Elemente für einen erfolgreichen und authentischen
Karriereweg.

Wie sieht für Sie eine zukunftsfähige belastbare Unternehmenskultur aus?
Eine Unternehmenskultur basiert auf Vertrauen, Teamkultur, Agilität, Transparenz sowie einer konsequenten Zukunftsorientierung und Veränderungsbereitschaft.

Wie setzen Sie Nachhaltigkeit im eigenen Unternehmen um?
Nachhaltigkeit ist ein umfassender Begriff, der bei der Mitarbeitergewinnung und -führung beginnt und beim Energie- und Umweltmanagement sowie der ökonomischen Nachhaltigkeit noch nicht endet. Alle Anstrengungen basieren auf einer klaren Wertorientierung und Umsetzungskompetenz, um glaubwürdig das Thema Nachhaltigkeit in der Organisation zu etablieren. Instrumente sind Zertifikate für Qualitätsmanagement, Umweltmanagement, Gesundheitsmanagement, Familienorientierung sowie eine transparente Kommunikation, ein wertorientierter Führungsstil und eine klare Ausrichtung der Investitionen, Innovationen an den Kriterien der Nachhaltigkeit. Dabei liefern die Nachhaltigkeitsziele (Sustainable Development Goals, SDGs) der Vereinten Nationen eine gute Orientierung.

Wo sehen Sie die größten Herausforderungen dabei?
Bei der Entwicklung, Implementierung und Durchsetzung der nachhaltigen Erfolgsindikatoren sowie der ständigen Bereitschaft aller Mitarbeitenden, vor allem auch der Führungskräfte, sich zu reflektieren und weiterzuentwickeln.

Was würden Sie jungen Unternehmer:innen in diesem Zusammenhang mitgeben?
Das Geschäftsmodell von Beginn an an den Nachhaltigkeitszielen ausrichten.

NACHHALTIGKEIT, UNTERNEHMENSKULTUR UND ORGANISATIONEN

Digitalisierung, Klimawandel und Globalisierung sind grundlegende Treiber der aktuellen Transformationsprozesse auf gesellschaftlicher, unternehmerischer und individueller Ebene. Diese Herausforderungen auf Basis der Nachhaltigkeitsziele zu meistern wird unsere gemeinsame Aufgabe werden.

Wenn es um die erfolgreiche Umsetzung der Nachhaltigkeitsziele innerhalb einer Organisation geht, sind verschiedene Ebenen Hand in Hand zu betrachten. Neben der strategischen Ausrichtung sind vor allem auch die Unternehmenskultur sowie konkrete Instrumente der Umsetzung und Operationalisierung von großer Bedeutung. Eine Organisation lebt durch ihre Menschen. Das bedeutet, dass vor allem auch die Organisationsmitglieder bei der Umsetzung aktiv mit eingebunden werden müssen.

Während eine strategische Agenda und die Ausformulierung strategischer Ziele inzwischen zum gut eingespielten Handwerkszeug der meisten Unternehmen und Organisationen gehören, wird es bei der Gestaltung einer an Nachhaltigkeitszielen orientierten Unternehmenskultur schon schwieriger. Eine Unternehmenskultur neu zu etablieren, die sich sehr stark der Nachhaltigkeit verpflichtet, hat die Innovations- und Veränderungsbereitschaft neben der konkreten Ziel- und Wertorientierung zusätzlich mitzuberücksichtigen. Dieses neue Selbstverständnis erfordert ein Umdenken für jeden Einzelnen innerhalb der Organisation und eine Ausrichtung außerhalb der klassischen Leistungsindikatoren. Zudem werden ein hohes Maß an Lernwille und die Fähigkeit gefordert, neue Kompetenzen aufzubauen.

Organisationen, die sich den Nachhaltigkeitszielen verpflichtet fühlen, müssen somit einen ganzheitlichen Ansatz finden. Produkte, Prozesse, Services, Technologien, Geschäftsmodelle sowie die Organisation und die Menschen im Wechselspiel mit dem gesellschaftlichen Umfeld und der Umwelt müssen integriert und mit neuen Maßstäben betrachtet, vernetzt und bewertet werden. Systemgrenzen sind neu zu denken, die

Beziehungen zu Zulieferern, Kunden, Geschäfts- und Kooperationspartnern stehen auf dem Prüfstand. Neue Wege hinsichtlich Beschaffung, Leistungserstellung, Vertrieb, Verkauf und Entsorgung bzw. Rückführung sind zu beschreiten.

Hierzu sind neue Instrumente der Organisations- und Personalentwicklung notwendig. Ein Umschwenken von heute auf morgen ist in größeren Organisationseinheiten kaum möglich. Allerdings gibt es inzwischen in vielen Unternehmen sehr gut formulierte und ausgearbeitete Nachhaltigkeitsberichte, die sich an Umweltschutz, Energieeffizienz, Ressourcenschonung sowie Verantwortung für Mitarbeitende und gesellschaftlichem Engagement ausrichten. Das Problem ist, dass die entwickelten Indikatoren und die unternehmerischen Nachhaltigkeitsziele noch zu wenig standardisiert und damit kaum vergleichbar sind und die Verknüpfung mit dem SDG-Indikatorenset der EU aufgrund der unterschiedlichen Betrachtungsebene noch nicht immer möglich ist. In einem nächsten Schritt gilt es nun, für Organisationen ein Standardset an Indikatoren zu erarbeiten, das sich an den SDGs ausrichten und diese für Organisationen messbar machen. Damit wird das eigene unternehmerische Handeln deutlich umfassender unter Nachhaltigkeitsaspekten bewertbar und vergleichbar. Erfolgversprechende Ansätze sind bereits vorhanden.

Sustainable Development Goals (SDGs)

Ökologie

Unternehmenskultur

Ökonomie   Soziales

Ein sehr guter und inzwischen auch in Unternehmen genutzter Ansatz sind die Leitlinien der Global Reporting Initiative (GRI). Dieses Indikatorenset umfasst eine sehr breite Palette an Kriterien, die sich eng an den ökologischen, ökonomischen und sozialen unternehmerischen Faktoren orientiert. Insgesamt werden 33 Standardmodule mit rund 120 Indikatoren bereitgestellt, an denen sich ein Unternehmen orientieren kann. Firmen können mit diesem Set sehr umfassend und durchaus im Einklang mit den SDGs ihr nachhaltiges Engagement bewerten und sich konkrete Nachhaltigkeitsziele setzen.

Das ist aber nicht ausreichend, um als Unternehmen umfassend und glaubhaft an den nachhaltigen und zukunftsorientierten Themen zu arbeiten. Vor allem wird die Eigeninitiative der Mitarbeitenden durch eine gelebte nachhaltige Unternehmenskultur gestärkt, was sich wiederum positiv auf die Gestaltungs- und Umsetzungsmotivation der Mitarbeitenden auswirkt. Damit ist die Unternehmenskultur die Grundlage für Anpassungs- und Veränderungsprozesse. Neben bereits bekannten Indikatoren zur Messung der Mitarbeiterzufriedenheit, wie beispielsweise Krankheitsstand, Mitarbeiterfluktuation oder die Bereitschaft der Belegschaft, das eigene Unternehmen als Arbeitgeber weiterzuempfehlen, gilt es in einem zweiten Schritt, deutlich umfassender in die eigene Reflexion zu investieren. Somit wird erreicht, dass das gesamte Unternehmen unter Nachhaltigkeitskriterien gedacht wird. Dazu gehören die hohe Qualifikation und Motivation der Mitarbeitenden, die Aufgeschlossenheit, sich mit Nachhaltigkeitsthemen und den damit verbundenen Veränderungsprozessen auseinanderzusetzen, die Bereitschaft, neue Wege zu gehen und die „Komfortzone" zu verlassen, die Übernahme von Verantwortung sowie die Fähigkeit, Entscheidungen zu treffen und verantwortlich die Umsetzung zu begleiten. Organisatorische Maßnahmen, klare interne Verantwortlichkeiten, Zielvereinbarungen sowie Anreizsysteme helfen bei der Umsetzung.

Tian u. a.[1] identifizieren sechs verschiedene Typen von Unternehmenskulturen. Besonders wichtig für Veränderungen und Zukunftsorientierung ist eine Verbindung verschiedener Elemente, die sich in einer innovationsorientierten Kultur, einer Lernkultur, einer Adhokratie bzw. Entwicklungskultur, aber auch in einer hierarchischen Kultur (z. B. klare Kommunikationslinien), einer Clan-Kultur (Teamorientierung, große Offenheit) sowie einer rationalen marktorientierten Kultur (Wettbewerbsfähigkeit, Zielorientierung) wiederfinden. Dabei sind die folgenden wesentlichen Kriterien zur Unterstützung und Implementierung einer nachhaltigen Unternehmenskultur zu betrachten:

- Innovationsorientierung
- Risikobereitschaft
- Übernahme von Verantwortung
- Orientierung an zukünftigen Märkten
- Offenheit
- Lernbereitschaft
- Entscheidungsfähigkeit
- Investitionen in Forschung und Entwicklung
- Wissensgenerierung und -transfer
- Kreativität
- transformationale Führung
- Flexibilität
- Personalentwicklung und -beteiligung
- Teamorientierung
- klare Kommunikationsstrukturen
- Transparenz
- Vertrauen
- langfristige Ziel- und Wertorientierung
- Wettbewerbsfähigkeit
- Zielvereinbarungen und Anreizsysteme

Mit einem umfassenden Ansatz – der die SDGs runtergebrochen auf die unternehmerische Ebene und in Verbindung mit einer nachhaltigen Unternehmenskultur in den Mittelpunkt rückt – können es Unternehmen schaffen, Nachhaltigkeit umfassend für das Unternehmen zu denken und auf der individuellen wie der organisatorischen Ebene veränderungs-, anpassungs- und entwicklungsfähig zu bleiben.

Quelle
1   Mui Tian, Ping Deng, Yingying Zhang & Maria Paz Salmador (2018), How does culture influence innovation? A systematic literature review. In: Management Decision, February 2018, DOI:10.1108/MD-05-2017-0462

ALICIA LINDNER

*Geschäftsführerin und
Mitinhaberin der
BÖRLIND GmbH*

Welche Mentorin/welcher Mentor hat Sie beeindruckt?

In einem Familienunternehmen wie unserem gehören Mentor:innen in der Regel zur Verwandtschaft. Die Frau, die mich für mein Unternehmerinnentum mit Sicherheit am meisten geprägt hat, war meine Großmutter Annemarie. Nicht nur weil sie eine der ersten Naturkosmetikunternehmerinnen Deutschlands war, sondern auch weil sie sich in einer Zeit selbstständig gemacht hat, in der Frauen nicht mal ein eigenes Konto eröffnen durften. Was Willenskraft, Eigensinn und unternehmerisches Durchhaltevermögen angeht, konnte ihr kaum jemand das Wasser reichen.

Was würden Sie als Mentorin an die nächste Generation weitergeben?

Ich würde gerne mit einem Vorurteil aufräumen, dass Selbstständige und Gründer oft zu Recht abschreckt. Selbstständigkeit heißt in meiner Erfahrung eben nicht „selbst" und „ständig". Im Gegenteil: Wer beruflich viel vorhat, muss lernen, Aufgaben abzugeben und auch mal um Hilfe zu bitten. Gerade als Selbstständige:r ist es überlebensnotwendig, sich bewusst Ruhepausen zu gönnen. Nachhaltige Führung bedeutet nicht, permanent präsent zu sein, sondern dann, wenn es wirklich drauf ankommt. Und zwar mit vollen Akkus.

Wie sieht für Sie eine zukunftsfähige belastbare Unternehmenskultur aus?

Ich bin davon überzeugt, dass ein Unternehmen nur bestehen kann, wenn auf allen Unternehmensebenen selbstständiges und verantwortliches Arbeiten gefördert wird. Nur so entsteht das Bewusstsein für die Bedeutung der jeweiligen Aufgabe.

Wie setzen Sie Nachhaltigkeit im eigenen Unternehmen um?

Mit dem Blick aufs große Ganze. Wir wollen nicht in unserem eigenen Süppchen rühren, sondern auf die UN-Klimaziele einzahlen. Bei allen Nachhaltigkeitsmaßnahmen haben wir dieses Ziel im Blick – das hilft, sich zu motivieren. Wir arbeiten außerdem nach der Kaizen-Methode, einer japanischen Managementtechnik, die für schlanke Abläufe und verschwendungsfreies Arbeiten steht.

Wo sehen Sie die größten Herausforderungen dabei?

Wer sich, wie wir, auf die Fahne geschrieben hat, eines der nachhaltigsten Unternehmen Deutschlands zu werden, muss sich viel Kritik gefallen lassen. Warum macht ihr dieses, aber jenes nicht? Irgendjemand findet immer, dass wir noch konsequenter sein könnten. Es bedarf viel Eigenmotivation und Freude an der Sache, um sich davon nicht den Wind aus den Segeln nehmen zu lassen.

Was würden Sie jungen Unternehmer:innen in diesem Zusammenhang mitgeben?

Wir brauchen nicht ein paar Menschen, die in Sachen Nachhaltigkeit alles richtig machen, sondern viele Menschen, die ihr Bestes geben.

NACHHALTIGE SCHÖNHEIT, DIE GENERATIONEN ÜBERDAUERT

Mein Bruder Nicolas Lindner und ich leiten das vielleicht ambitionierteste Naturkosmetikunternehmen Deutschlands. Und das bereits in dritter Generation. Als meine Großmutter Annemarie 1959 die Börlind GmbH gründete, war der Begriff Nachhaltigkeit noch nicht geläufig. Und doch glaubte sie daran, dass Natur und Mensch untrennbar miteinander verbunden sind. Als eine der ersten deutschen Frauen hatte Annemarie Lindner den Mut, eine Naturkosmetikfirma zu gründen – ausgerechnet in einem Jahrzehnt, das technischem Fortschritt und der Erdölchemie ohne jeden Gedanken an mögliche Konsequenzen huldigte. Das verrät viel über ihre Courage – und über den Einfluss, den diese Courage auf uns als Unternehmerfamilie hatte.

Wenn man in einer Unternehmerfamilie groß wird, spielt das Unternehmertum immer eine Rolle. In unserem Fall auch ganz explizit der Umweltschutz. Mein Großvater Walter Lindner demonstrierte schon in den 1960er-Jahren gegen die Haltungsbedingungen von Legehennen, mein Vater Michael Lindner und meine Mutter Daniela machen sich, seit ich denken kann, für soziale Projekte stark. Es hat mich nicht überrascht, dass meine Großmutter – trotz vieler Kämpfe, die sie ausfechten musste – 95 Jahre alt geworden ist. Ihre grenzenlose Energie verdankte sie vor allem der Leidenschaft, mit der sie bis zuletzt für unsere Firmenphilosophie brannte. Sie wurde nicht müde, jeden zu beraten, der sie auf ihr sehr gutes Aussehen ansprach. Und alle anderen auch. Meine Großmutter war, seit selbst gerührte Naturkosmetik ihre Haut von Spätakne geheilt hatte, der Überzeugung, dass die Natur alles bereithält, was unsere Haut benötigt. „Was ich nicht essen kann, gebe ich nicht auf meine Haut" war dabei ihr Credo.

Ich habe Anfang 2020 – mein Bruder Nicolas bereits 2015 – die Geschäftsführung der Börlind GmbH von unserem Vater übernommen. Zeitgleich haben wir auch unsere „Mission 2025", die unsere Haltung zur Nachhaltigkeit und die Ziele für die kommenden fünf Jahre beschreibt, ins Leben gerufen. Da konnten wir noch nicht ahnen, dass uns kurze

Zeit später eine Pandemie vor Auge führen würde, dass diese Strategie keine Option, sondern eine Notwendigkeit ist. Jahrzehntelanger Raubbau an der Natur, leichtfertiger Konsum und soziale Ungerechtigkeit haben unserem Lebensraum einen immensen Schaden zugefügt. Es wird höchste Zeit, dass wir mit den Reparaturarbeiten beginnen. Nicht nur als Firmenchefin, sondern auch als dreifache Mutter und Kind des Schwarzwalds machen mir die absehbaren Folgen der Klimakrise Sorge. Ich möchte nicht, dass die Generationen nach uns zu einem Leben auf einem unwirtlicheren Planeten gezwungen sein werden. Deshalb nutze ich die Möglichkeiten, die mir mein Beruf bringt: Ich investiere in Produkte, die – von der Entwicklung über die Abfüllung bis hin zum Vertrieb – konsequent nachhaltig sind und die Macht haben, das Kaufverhalten der Konsumenten langfristig zu verändern. Dass das funktioniert, haben wir während der Corona-Krise gemerkt. Als andere, in Fernost oder Osteuropa produzierte Kosmetika nicht mehr nachbestellt werden konnten, stieg die Nachfrage nach Annemarie-Börlind-Produkten rasant an. Nicht nur weil wir im Schwarzwald herstellen und keine Lieferengpässe hatten, sondern auch weil Käufer:innen ein Bewusstsein für Marken und deren Herkunft und Auswirkungen entwickeln. Immer mehr Kund:innen möchten wissen, unter welchen Umständen Produkte entstehen und ob sie sie mit einem guten Gewissen kaufen können. Für Börlind gilt: Ja.

Das Wasser, das wir für die Herstellung unserer Kosmetik verwenden, stammt aus unserer eigenen, 166 Meter tiefen Quelle am Standort Calw. Dass wir unseren Gästen und Mitarbeitern dieses Wasser nicht in Papier- oder Plastikbechern, sondern in schadstofffreien und klimaneutral produzierten Glasflaschen zur Wiederbefüllung anbieten, ist für uns nur logisch. Aber nicht nur bei den Dingen, die wir im Firmenalltag nutzen, achten wir genau auf deren CO_2-Bilanz, sondern auch bei unseren eigenen Fertigungsabläufen hat der Klimaschutz höchste Priorität. Weil wir ausgestoßenes CO_2 durch die Unterstützung eines Climate-Partner-Projekts zur Wasseraufbereitung in Kambodscha kompensieren, ausschließlich mit CO_2-neutralen Versand- und Paketdienstleistern zusammenarbeiten, unsere Vertriebsrouten ökologisch effizient planen und auf Ökostrom setzen, darf sich die Börlind GmbH seit 2015 offiziell klimaneutral nennen. Und wir haben noch viel mehr vor. Mit der „Mission 2025" soll unser Unternehmen innerhalb der nächsten vier Jahre klimapositiv werden. Wie wir das schaffen wollen? Mit der Bereitschaft, unbequeme, manchmal sogar unprofitablere Wege einzuschlagen, und mit vier klar formulierten Zielen: Reduce Carbon, Reduce Waste, Protect People, Protect Nature.

Bis 2025 werden wir die an unserem Standort durch Wärme- und Stromenergie entstandenen CO_2-Emissionen von 308,7 Tonnen im Jahr (Stand 2018) auf null Tonnen reduzieren. Durch den Einsatz von erneuerbaren Energien, die Einsparung von CO_2 auf Produkt- sowie Unternehmensebene und das Pflanzen von Bäumen und Jojoba-Pflanzen gleichen wir unseren Beitrag zur Klimaveränderung nicht nur aus, sondern tragen aktiv zum Kampf gegen die globale Erwärmung bei. Als Erzeuger von Kosmetikprodukten sind wir Teil einer Industrie, die nicht unerheblich zu den Verpackungsmüllbergen beiträgt, die kaum noch zu bewältigen sind. Laut neuesten Erhebungen exportiert kein zweites EU-Land so viel Plastikmüll wie Deutschland.[1] Für uns ist deshalb klar: Das muss sich ändern. Im Laufe der kommenden vier Jahre wird die Börlind GmbH alle nicht recyclingfähigen Produktionsabfälle um 30 % reduzieren. Darüber hinaus möchten wir auf 100 % recycelbare, nachfüllbare und kompostierbare Produktverpackungen umstellen. Weil wir als Kosmetikhersteller vor besonderen Herausforderungen stehen und die Stabilität unserer Cremes und Seren gewährleistet sein muss, kann nicht jedes unserer Produkte plastikfrei verpackt werden. Wo Kunststoff als Packmittel unverzichtbar ist, werden wir 50 % recyceltes Polymer aus sogenanntem Post-Consumer-Rezyklat einsetzen und damit zum geschlossenen Abfallkreislauf beitragen. Wir sind überzeugt: Wir brauchen diese Maßnahmen, um die Plastikkrise, die auch Teil der Klimakrise ist, in den Griff zu bekommen.

Aber Nachhaltigkeit ist für mich nur zu Ende gedacht, wenn sie nicht nur den verantwortungsvollen Umgang mit dem Planeten, sondern auch mit seinen Bewohnern bedeutet. Menschenwürdige Arbeitsbedingungen, ein faires Einkommen, ein sicherer Job, Frauenrechte und Gleichberechtigung – das sind die Dinge, für die wir uns hier und anderswo stark machen. Soziale und ökologische Projekte, etwa die Gewinnung von

Rosenkirschöl in Nepal oder der Anbau von Bio-Aloe Vera in Guatemala, stellen sicher, dass die Menschen vor Ort unter gerechten Bedingungen arbeiten und leben, Zugang zu Bildung, Nahrung, medizinischer Versorgung und finanzieller Unabhängigkeit bekommen. Teil unseres „Protect People"-Vorhabens ist es, solche Projekte weiter zu unterstützen, aber auch ein weiteres soziales Projekt zu initiieren. Unser Plan: Jedes Neuprodukt von Annemarie Börlind wird bis 2025 mindestens einen Rohstoff dieser Projekte enthalten.

Aber auch dem Schwarzwald gegenüber, dieser einmaligen Region mit ihrem endlosen Grün, die nicht nur unser Firmenstandort, sondern auch unsere Heimat ist, fühle ich mich verpflichtet. Seit 40 Jahren arbeiten wir deshalb eng mit der Behinderten-Werkstätte und Wohnstätte GWW in Calw zusammen, die Menschen mit Handicap Arbeits- und Wohnplätze zur Verfügung stellt und ihnen darüber hinaus etwas gibt, das mindestens genauso wertvoll ist: Würde. Unser Engagement für den Schwarzwald gilt seinen Bewohnern – und seinen Landschaften. Wer, wie ich und mein Bruder, das große Glück hatte, in einer „grünen Lunge" aufzuwachsen, ist geneigt zu vergessen, wie fragil diese Lebensräume geworden sind. Aber der Klimawandel ist auch hier sicht- und spürbar.

Was für eine Art Naturkosmetikunternehmen wären wir, wenn wir uns nicht für den Erhalt der Pflanzen einsetzen würden, die wir in unseren Produkten verarbeiten? Annemarie Börlind verwendet keine Silikone, Mineralöle oder Mikroplastik, die unser Grundwasser belasten und in Flüsse oder Meere gelangen können. Stattdessen setzen wir auf Rohstoffe aus kontrolliert biologischem Anbau oder Wildsammlungen und auf Pflanzen-Stammzellen, die es uns ermöglichen, die gesamte Pflanze zu nutzen. Auch herkömmliche Tenside, die in Wasch-, Pflege- und Reinigungsprodukten zum Einsatz kommen und nur zum Teil von Kläranlagen gefiltert werden und giftig für Fische, Krebse und Algen sein können, möchten wir in Zukunft streichen. Gemeinsam mit dem Fraunhofer-Institut und dem Bundesministerium für Umwelt arbeiten wir deshalb an der Entwicklung von verträglicheren Biotensiden.

Auf umweltfreundliche Alternativen umzustellen und Acht auf seine Mitarbeiter:innen zu geben kostet Zeit, Kraft und Geld. Das mag kurzfristig betrachtet unökonomisch wirken, ist aber unsere einzige Chance, nicht nur heute, sondern auch in 10, 50 oder 100 Jahren erfolgreich zu sein. Trotz aller Anstrengungen, die wir täglich für ein nachhaltiges Wirtschaften unternehmen, sind wir weit davon entfernt, zufrieden zu sein.

Wir lernen weiter dazu und passen an, wo notwendig. Dennoch sind wir überzeugt, dass die kleinen Beiträge vieler Menschen und Unternehmen wertvoller sind, als die vermeintlich perfekten von wenigen.

Quelle
1   https://www.tagesschau.de/wirtschaft/technologie/recycling-verpackungen-frosch-101.html

GESA LISCHKA

*Inhaberin und
Geschäftsführung
Strategie der Kochstrasse
– Agentur für
Marken GmbH*

Welche Netzwerke waren für Sie und Ihre berufliche Entwicklung relevant?
Die NMSBA (Neuromarketing Science and Business Associations).

Welche Mentorin/welcher Mentor hat Sie beeindruckt?
Ich war sehr früh selbstständig und hätte gut eine Mentorin oder einen Mentor gebrauchen können, die mir besonders in den Anfangsjahren durch so manche berufliche Untiefe hindurch geholfen hätten. Meine Eltern haben diese Rolle zum Teil eingenommen – ansonsten bin ich nach dem Pick and Mix-Verfahren vorgegangen: Ich habe mir aus Vorträgen, Büchern, Filmen immer wieder Aspekte abgeguckt, die ich versucht habe, in meinen Alltag zu integrieren.

Was würden Sie als Mentorin der nächsten Generation mitgeben?
Meine Botschaft als Mentorin an die Frauen, die ich unterstütze, ist: Habt Mut! Traut euch mehr zu! Die Frauen, mit denen ich arbeite, sind hervorragend ausgebildet und alle in der Lage, Fehler, die passieren, auf ihrem Weg wiedergutzumachen. Wir alle scheitern und fallen. Nicht alle

Projekte werden ein Erfolg. Die Kunst liegt im „Vorwärtsfallen". Gerade wir Frauen tendieren dazu, ein Fallen möglichst von vornherein zu vermeiden und uns deswegen gar nicht erst zu bewegen. Ich möchte die nächste Generation dazu rüsten, Niederlagen als Teil ihres Prozesses und nicht als Teil ihrer Persönlichkeit zu betrachten.

Wie sieht für Sie eine zukunftsfähige belastbare Unternehmenskultur aus?
Wenn es uns gelingt, einen Raum zu schaffen, in dem Mitarbeiter sich wohlfühlen, einen Ort, an dem sie gern Zeit verbringen und ihre Talente und Fähigkeiten entfalten und entwickeln können, einen Ort, wo auf den Fluren gelacht wird und jede/r als Mensch gesehen wird – dann haben wir die Basis für Kreativität geschaffen.

RUMMEL IM KOPF – FURORE AUF DEN FLUREN

Wie entstehen Ideen, die so kreativ sind, dass auf den Fluren eines Unternehmens darüber gesprochen wird? Wie sorgt man dafür, dass alte Strukturen infrage gestellt werden und Neues entstehen kann? In unserem Business suchen wir jeden Tag nach kreativen Antworten und setzen diese anschließend in die Praxis um. Furore auf den Fluren machen nämlich nicht Ideen, sondern vor allen Dingen Ergebnisse.

Entstanden ist die Agentur vor 25 Jahren auf einem Dachboden in Hannovers Kochstraße. Fünf Freunde, die zusammen schöne Dinge machen wollten. Irgendwann kam der erste Kunde, der auf einer gemeinsamen Rechnung bestand. Mit einem Blick aus dem Fenster gründeten wir „Projekt Kochstrasse". Den Namen könnte man ja immer noch mal ändern. Heute heißen wir nur noch Kochstrasse, sind vom Dachboden in eine ehemalige Wurstfabrik gezogen und haben das „Projekt" aus dem Namen gestrichen. Vieles hat sich seit unseren Anfängen geändert, aber eines ist geblieben – unsere Haltung: „Jeden Tag für das Gute kämpfen, um das Morgen besser zu machen!"

Statt mit SDGs und ESG beschäftigen wir uns im Alltag allerdings mit PDFs, GIFs, JPGs und Co. SDG oder ESG sind zwar keine Kürzel, die im Sprachgebrauch der Agenturszene stattfinden – wir leben sie aber trotzdem. Kein Unternehmen unserer Branche, das exzellente Mitarbeiter:innen rekrutieren möchte, kann es sich leisten, die ESG-Faktoren und SDGs zu ignorieren. Und das ist gut so. Die Erwartungshaltung junger kreativer Menschen ist deutlich – die wenigsten sind heute noch bereit, ihre Überzeugungen hinsichtlich sozialer und ethischer Gerechtigkeit außer Acht zu lassen. Ganz im Gegenteil: Unsere Kreativen wollen aktiv an einer besseren Zukunft mitgestalten. Diese Möglichkeiten bieten wir ihnen: Das reicht von der Arbeit an innovativen, recyclebaren Verpackungskonzepten bis hin zu verhaltenspsychologischen Strategien, wie Unternehmen heute ihre Mitarbeiter:innen mit in eine lebenswerte Zukunft nehmen können.

Allein unter Männern

In der Gründungsphase war ich die einzige Frau. Diese Zeiten haben sich geändert. Die Kochstrasse beschäftigt zurzeit 56 Festangestellte, davon 26 Frauen. Als Frau kenne ich die Schwierigkeit, sich in einem klassischen Männerkontext behaupten zu müssen. Das Gebiet der Neurowissenschaften und der Digitalszene ist noch sehr stark von Männern dominiert. Es kommt nicht selten vor, dass ich auf einer Fachkonferenz die einzige Frau bin.

In meiner 25-jährigen Berufspraxis habe ich, was Geschlechtergerechtigkeit angeht, leider schon alles erlebt. Und noch schlimmer: Diese Erfahrung teile ich mit vielen Kolleginnen. #Metoo ist in unserem Berufsfeld keine Seltenheit. Männliche Vorstände bzw. Entscheider, die mich so lange ignoriert haben, bis sie mitbekamen, dass ich der „Experte" bin, den sie gebucht haben; Kunden, die Termine in der Sauna machen möchten; die obligatorische Hand auf diversen Körperteilen; anzügliche E-Mails; Kunden, die mal „den Chef" sprechen wollen – die Liste ließe sich verlängern.

Das ist u. a. einer der Gründe, warum jede/r Angestellte in der Kochstrasse (ja, auch die Männer) einen Joker haben und die Zusammenarbeit mit einem bestimmten Kunden ablehnen dürfen. Wir befähigen unsere Mitarbeiter:innen zur Selbstbestimmung und möchten ihnen damit das Vertrauen und die Sicherheit geben, dass die Kochstrasse geschlossen hinter ihnen steht (SDG Nr. 5, alle SDGs sind auf dem Einleger abgedruckt).

Menschen entwickeln und neues Denken lenken

Das meiste im Leben habe ich anderen Menschen zu verdanken. Menschen, die mich weiterentwickelt, an mich geglaubt und mich ermutigt haben – das gebe ich gern weiter, weil es meinem Verständnis von Führung entspricht. Ich bin international gut vernetzt, und es ist mir ein persönliches Anliegen, mehr gute Frauen auf der Bühne und in entscheidenden Positionen zu sehen. Geschlechtergleichstellung ist auch in unserer Branche noch ein Thema. Viele Frauen bleiben auf der Hälfte der Karriereleiter stehen. Hier engagiere ich mich persönlich als Mentorin und berate junge Frauen auf dem Weg in die Selbstständigkeit und Sichtbarkeit.

Gemeinsam mit meiner Mitgeschäftsführerin mache ich aktuell eine Zusatzausbildung zum systemischen Coach mit dem Schwerpunkt Veränderungsmanagement, damit wir Mitarbeiter:innen noch besser auf ihren individuellen Entwicklungswegen unterstützen können. Überforderung, Burn-out, Depressionen – unsere Branche scheint dafür prädestiniert. Wir können niemanden therapieren, aber wir können Angebote machen, um ein gesundes Umfeld zu schaffen. Dazu gehören jetzt schon unsere wöchentlich stattfindenden Yoga-Stunden (SDG Nr. 3).

Den Hut, unter den alles passt, gibt es nicht

Ich wünsche mir Vorbilder für Führungsfrauen von morgen, die den Mut haben, über ihr „Vorwärtsfallen" zu reden. Ich weiß noch genau, wie ich im Büro an meinem Schreibtisch saß, den Maxi-Cosi mit meinem Sohn zu meinen Füßen. Während ich versuchte, ein Konzept für den Markenrelaunch eines Kosmetikunternehmens zu Papier zu bringen, das abends fertig sein musste, schrie mein Sohn sich die Seele aus dem Leib. Verzweifelt wippte ich mit meinen Füßen den Maxi-Cosi, um das Kind in den Schlaf zu wiegen, während ich gleichzeitig am Laptop an dem Konzept schrieb. Nichts funktionierte. Mein Kind nicht. Das Konzept nicht. Ich nicht. Mein Kollege kam zu meiner Rettung, nahm das Kind auf den Arm und rief seine Frau an, ob sie Lust hätte, meinen Sohn abzuholen und mit ins Freibad zu nehmen. Sie hatte.

Geschichten wie diese gehören zur DNA unserer Agentur. Kinder, Ehepartner und Hunde sind willkommene Gäste, nicht nur die der Geschäftsführer, auch die der Mitarbeiter:innen. Auch wenn es für uns nicht immer leicht ist, versuchen wir doch für alle gute Lösungen zu finden, die mit der eigenen Familiensituation vereinbar sind. Hier agieren wir sehr individuell. Das fängt bei Arbeitszeiten an und kann auch schon mal dazu führen, dass wir einem Mitarbeiter für ein paar Monate einen zusätzlichen Miniarbeitsplatz einrichten, damit sein kleiner Sohn offizieller Kollege wird und Betreuungszeiten überbrückt werden können.

Kochstrasse ist nicht nur kinder-, sondern auch tierfreundlich. Acht Kolleg:innen bringen ihre Hunde mit ins Büro, was für eine lockere Atmosphäre sorgt und dazu beiträgt, dass Mittagspausen nicht vor dem Rechner, sondern an der frischen Luft verbracht werden (SDG Nr. 3 und Nr. 5).

Ich glaube, dass wir nur dann ein gesundes Leben für andere schaffen können, wenn wir als Führungskräfte selber ein gesundes Leben führen und es uns gelingt, authentisch zu leben und Vorbild zu sein.

ESG bleibt so lange eine abstrakte Abkürzung, bis sie mit Niederlagen und Erfolgen aus unserem Leben gefüllt wird. Als Neuroexpertin bin ich davon überzeugt, dass nicht die Fakten die Veränderung bringen, sondern Geschichten und geteilte Emotionen uns zum Handeln bewegen. KPIs sind eine Messgröße, kein Motivator. Wir feiern unsere kleinen Schritte und generieren so das Momentum für den nächsten.

Nachhaltig auf dem Weg

Nachhaltigkeit haben wir seit einigen Jahren bei uns zum Thema gemacht. Wir sind auf dem Weg und werden immer besser. Luft nach oben gibt es immer. Wir arbeiten zu 100 % mit Ökostrom, sind Öko-Profit-zertifiziert und fahren bereits zum großen Teil elektrisch. Für unsere Mitarbeiter:innen steht ein Fahrzeug zur Verfügung, dass sie sich privat jederzeit ausleihen können. Unser kleines, aber feines, internes Carsharing-Projekt.

Wasser für die Mitarbeiter:innewn und Klopapier werden von den Hamburger Unternehmen Viva con Aqua und Goldeimer bezogen – der Erlös fließt in den Bau von Brunnenanlagen und die Errichtung von Toiletten. Damit können wir die Welt nicht retten, aber über die Zeit kommt da doch etwas Geld für das SDG Nr. 6 zusammen.

Wir schnippeln Obst und Gemüse für Kunden und Mitarbeiter:innen und beziehen alles über die regionale Biokiste (SDG Nr. 2). Fair gehandelte Snacks bieten wir nur noch als lose Ware in Gläsern dar, um den Verpackungsmüll zu reduzieren. Büromaterialien wie Kugelschreiber und Co. bestehen aus Recyclingmaterialien und werden mit dem Namen der Mitarbeiter:innen graviert, da sie auf diese Weise weniger verloren gehen und wir dadurch die Menge der Büromaterialien reduzieren konnten (SDG Nr. 12). Unserer Heizungsanlage haben wir eine Smart-Home-Steuerung spendiert: Jeder Heizkörper hat jetzt einen individuellen Heizplan und regelt sich runter, sobald ein Fenster geöffnet wird (SDG Nr. 13).

Alles für sich nur kleine Maßnahmen, die in jedem Betrieb umsetzbar sind. Wir sind uns bewusst, dass wir allein nur wenig zu den Klimazielen beitragen, aber wir werden jedes Jahr ein bisschen besser und prägen mit unserer Haltung auch das Selbstverständnis unserer Mitarbeiter:innen.

Eine Portion Wissen, zwei Portionen Kräuterquark

Jeden Mittwoch gibt es ein gemeinsames Mittagessen, kombiniert mit einem Vortrag. Nach Möglichkeit versammelt sich dazu die komplette Agentur analog oder digital, um sich intern fortzubilden. Und um das Ganze noch schmackhafter zu gestalten, kochen die Chefs persönlich. Die Präsentationen reichen dabei vom neuen KI-Tool bis hin zur Luftgitarre für Anfänger. Hauptsache Horizont erweitern. Die Themenvorschläge kommen von den Mitarbeiter:innen selbst – auf diese Weise nutzen wir unsere Schwarmintelligenz und stellen sicher, dass der Fisch nicht irgendwann vom Kopf her stinkt. Innovation als Mini Grassroots Movement (SDG Nr. 4).

So lange Mitarbeiter:innen bei uns arbeiten, spenden wir in ihrem Namen monatlich zehn Euro für ökologisch nachhaltige Projekte. Auch hier kommt der Zinseszinseffekt zum Tragen: Über die Jahre können diese kleinen Beträge etwas bewirken. Wir bringen damit als Agentur eine Haltung zum Ausdruck und spenden im Namen derer, die zum Erfolg des Unternehmens beitragen (SDG Nr. 14 und Nr. 15).

Jeden Tag für das Gute kämpfen, um das Morgen besser zu machen. Das ist unsere Vision, und die hört nicht bei Design- und Kommunikationsprojekten auf.

DR. BIRGIT PFEIFFER

Vorsitzende des Dekanatssynodalvorstandes und der Dekanatssynode des Evangelischen Dekanats Mainz

Welche Netzwerke waren für Sie und Ihre berufliche Entwicklung relevant?

Von Beruf bin ich Ärztin, habe lange im Bereich Medizincontrolling an einer Universitätsklinik gearbeitet und bin dort inzwischen Gleichstellungsbeauftragte für den wissenschaftlichen Bereich. Meine Tätigkeit in der evangelischen Kirche ist ein Ehrenamt, und die Wurzeln dazu liegen bereits in meiner Jugend. Mit 14 Jahren machte ich eine Ausbildung zur Jugendleiterin und nach dem Abitur ein Freiwilliges Soziales Jahr, bevor ich mein Medizinstudium antrat. Die Kirche bot mir als ehrenamtlicher Führungskraft die Teilnahme an vielen Schulungen und Coachings zu Führen und Leiten, Projektmanagement, Kommunikation und auch theologischen Themen. Die Zusammenarbeit mit Hauptamtlichen erfolgt auf Augenhöhe und die Verantwortung meines Amtes ist groß.

Welche Mentorin/welcher Mentor hat Sie beeindruckt?

In der Kirche treffe ich interessante Menschen mit sehr unterschiedlichen Kenntnissen und Erfahrungen und immer mit großem Engagement. Besonders beeindruckt hat mich der Präses der Kirchensynode,

Dr. Ulrich Oelschläger, der seit vielen Jahren als Ehrenamtlicher im Präsidium der Kirchensynode wirkt und seit zwei Amtszeiten ihr Vorsitzender ist. Er leitet das oberste Parlament der Landeskirche sehr souverän und hat in den vielen Jahren große Kompetenz erworben, den Diskurs der vielfältigen Mitglieder der Synode wertschätzend und zielorientiert zu leiten.

Was würden Sie als Mentorin an die nächste Generation weitergeben?
Die evangelische Kirche ist basisdemokratisch aufgestellt und ermöglicht sehr unterschiedliche Formen von Engagement. Die Ehrenamtlichen tragen große Verantwortung und haben vielfältige Möglichkeiten der Mitgestaltung. Es lohnt sich, dort mitzuwirken und offen und mutig eigene Perspektiven einzubringen. Von der Kirche gehen immer auch Impulse in die Gesellschaft aus, die wichtig sind und relevante Fragen betreffen.

Wie sieht für Sie eine zukunftsfähige belastbare Unternehmenskultur aus?
Unsere Welt und unsere Gesellschaft sind in vielen Veränderungsprozessen, und wir stehen vor vielen Herausforderungen. Wie wollen wir in Zukunft leben, wie lösen wir Konflikte, wie können wir miteinander kommunizieren, wie gehen wir verantwortungsvoll mit unseren Ressourcen um? Diese Fragen stellen sich auch in unserer eigenen Institution, dort können wir ganz klein und nah anfangen.

Wo sehen Sie die größten Herausforderungen dabei?
Die Kirche als Institution hat viele Strukturen, die sich nur mühsam und langsam ändern lassen. Obwohl die Bibel uns auffordert, mutig und hoffnungsvoll in die Zukunft zu schauen, tun wir uns schwer, vertraute Sicherheiten aufzugeben und neue Wege zu gehen.

Was würden Sie jungen Unternehmer:innen in diesem Zusammenhang mitgeben?
Eine Strophe aus dem Evangelischen Gesangbuch: „Vertraut den neuen Wegen, auf die der Herr uns weist, weil Leben heißt, sich regen, weil Leben wandern heißt."

NACHHALTIGE ENTWICKLUNG AUS KIRCHLICHER PERSPEKTIVE

Als ich im Vorfeld dieses Buchprojekts gefragt wurde, ob ich mich mit einem Beitrag aus dem Evangelischen Dekanat Mainz beteiligen könnte, war ich zunächst sehr überrascht. Ich bin keine Unternehmerin, und Kirche ist kein Unternehmen, erst recht kein mittelständisches. Aber die Frage der Nachhaltigkeit ist eine zutiefst christliche Frage, und die Wurzeln dazu finden sich in der Bibel. Und so will ich mich als Ehrenamtliche in leitender Funktion im Evangelischen Dekanat Mainz gerne der Frage widmen, wo und wie wir in der evangelischen Kirche in Mainz im Sinne der SDGs nachhaltig handeln können und sollen.

Keine Armut, kein Hunger, Gesundheit und Wohlergehen, weniger Ungleichheiten

Schon seit Anbeginn gehört es zum Auftrag der Christinnen und Christen, sich für die Armen und Schwachen einzusetzen, Kranke zu pflegen, sich für ihr Wohlergehen zu engagieren und gegen Ungleichheit einzutreten. Die ersten Christen wurden daran erkannt, wie sie füreinander sorgten und Gemeinschaft pflegten. Heute wird dieser diakonische Auftrag in großer Vielfalt gelebt, von den Profis in den diakonischen Einrichtungen wie Altenheimen, Krankenhäusern und Behinderteneinrichtungen, aber auch in den Kirchengemeinden durch viele Ehrenamtliche. In der Mainzer Diakoniekonferenz arbeiten die Kirchengemeinden mit den diakonischen Einrichtungen zusammen. Sie kümmern sich um geflüchtete Menschen, Behinderte, Wohnsitzlose, um Jugendliche aus belasteten Familien, um Suchtkranke, Schwangere und alte Menschen und andere mehr. Das regionale Diakonische Werk und die Evangelische Psychologische Beratungsstelle bieten eine Vielzahl von kostenlosen Beratungsleistungen an, die von allen in Anspruch genommen werden können. Die Einrichtungen sind im Sinn der Subsidiarität in einigen Bereichen von der öffentlichen Hand mitfinanziert, aber vieles wird auch aus den Kirchensteuern der Kirchenmitglieder bestritten. Dem Auftrag der Sorge für andere wird in jedem Gottesdienst entsprochen, indem am Ende eine Kollekte eingesammelt und einem bestimmten Zweck zugeführt wird. Aus diesen Kollekten werden viele diakonische Einrichtungen unterstützt, es wird aber auch einzelnen Menschen aus den Kirchengemeinden damit geholfen.

Hochwertige Bildung

Mit ihren Kindertagesstätten schafft die evangelische Kirche in Mainz ein wichtiges Bildungsangebot, das sich in der Begleitung der Kinder und Jugendlichen fortsetzt. Ohne Unterschiede nach Herkunft, Geschlecht, Sprache und Lebenssituation sind die Kinder in den kirchlichen Gruppen und Einrichtungen willkommen. Mit Ferienfreizeiten und schulbegleitenden Angeboten machen das Stadtjugendpfarramt und die Kirchengemeinden ein breites Angebot, um Kinder und Jugendliche in ihrer Entwicklung zu fördern und ihnen Gemeinschaft und nicht-formale Bildung zu vermitteln. Die Kindertagesstätten unterstützen Familien nicht nur in der Betreuung der Kinder, sondern begleiten sie in ihren Erziehungsaufgaben und bieten ihnen eine ganzheitliche Entwicklungsperspektive.

Geschlechtergleichheit

In der Bibel sind Mann und Frau beide Geschöpfe und Abbilder Gottes, Gottes Liebe gilt allen Menschen gleich. Die Bibel ist voll interessanter Frauenfiguren, von der hebräischen Bibel mit Prophetinnen und mächtigen Königinnen bis hin zu den beiden Frauen, die Zeuginnen der Auferstehung Jesu wurden. Die erste Christin in Europa war nach dem biblischen Bericht die Händlerin Lydia aus Thyatira, die in der Apostelgeschichte beschrieben wird und für den Apostel Paulus eine sehr wichtige Unterstützerin war. Heute sind Frauen in der evangelischen Kirche vollkommen gleichberechtigt und gleichgestellt, es gibt Pfarrerinnen, Dekaninnen und Bischöfinnen. Ihre Anzahl in kirchlichen Leitungsämtern wächst, im Pfarramt sowieso. Die feministische Theologie hat viel dazu beigetragen, das Christentum nicht ausschließlich aus einer männlichen Perspektive zu sehen. Die Bibel wurde in geschlechtergerechte Sprache übersetzt und es wurden damit neue Blickwinkel aufgetan. Im Hinblick auf die Vielfalt der Geschlechter spricht die evangelische Kirche allen Paaren Gottes Segen zu, seien sie nun gleichgeschlechtlich oder verschiedengeschlechtlich.

Die Bewahrung der Schöpfung

Nach christlichem Verständnis ist die Erde mit allen Lebewesen darauf eine Schöpfung Gottes und von uns Menschen zu pflegen und zu bewahren. Das gilt für die gesamte Natur, wir sind zu einem schonenden und sorgsamen Umgang mit den Ressourcen aufgerufen. Für die Gebäude der Kirchengemeinden gibt es mit dem Programm „Grüner Hahn" eine Beratung zu ökologischem Bauen und Sanieren, zu ressourcenschonender Bewirtschaftung und zur Nutzung regenerativer Energien. Die Evangelische Kirche in Hessen und Nassau beschafft für alle Gemeinden und Einrichtungen zentral Ökostrom und investiert mit ihren Vermögensanlagen in Photovoltaikanlagen und Windstromanlagen. Für die Finanzanlagen gilt ein strenger ethischer Kodex, der Investitionen in fossile Energien ausschließt. Mit unseren Kollekten an Brot für die Welt und andere Institutionen setzen wir uns für sauberes Wasser und saubere Energie weltweit ein.

Menschenwürdige Arbeit und Wirtschaftswachstum

Die Evangelische Kirche in Hessen und Nassau hat mit ihrem in Mainz ansässigen Zentrum „Gesellschaftliche Verantwortung" ein Handlungsfeld besetzt, in dem neben dem Thema Umwelt und Nachhaltigkeit besonders auch die Arbeitswelt in den Blick genommen wird. Im Evangelischen Dekanat Mainz hält eine Referentin Kontakt zu den Betriebsräten. Der Schutz des Sonntags als Ruhetag für alle Arbeitenden und wichtige Zeit der Gemeinschaft in den Familien ist der Kirche ein wichtiges Anliegen, auch ohne sonntägliche Gottesdienstpflicht wie in der katholischen Kirche. In der Schöpfungsgeschichte wird bereits darauf hingewiesen, auch dort ruhte Gott am siebten Tag. Aktuelle physiologische Untersuchungen bestätigen, wie wichtig für die Gesundheit der Menschen ein solcher Ruhetag ist.

Industrie, Innovation und Infrastruktur

Nicht selten findet man in der evangelischen Kirche ein Arbeitsethos, das viel von Fleiß und Verantwortung geprägt ist. Die von Luther erwähnte

Freiheit eines Christenmenschen ermutigt zu Engagement und Übernahme von Verantwortung in vielfacher Weise. Gerade jetzt in der Zeit der Pandemie kann staunend beobachtet werden, zu welchen Innovationen Haupt- und Ehrenamtliche fähig sind. Es zeigt sich geradezu eine Explosion digitaler Angebote, und auch wenn Kirchenräume geschlossen bleiben, findet Kirche statt. In Zeiten des Lockdowns haben sich viele neue Kommunikations- und Begegnungsformen entwickelt, die auch nach der Pandemie bestehen bleiben werden. Durch zurückgehende Mitgliederzahlen ist auch die evangelische Kirche stark herausgefordert, wie und wohin sie sich weiterentwickeln soll.

Nachhaltiger Konsum und Produktion

Wir sind stolz, im Evangelischen Dekanat Mainz mit der Einrichtung eines Repair-Cafés wesentliche Impulse zu nachhaltigem Konsum und nachhaltiger Produktion gesetzt zu haben. Im Repair-Café engagieren sich viele Ehrenamtliche und bringen ihre Fachkenntnisse ein, um Geräte und Dinge zu reparieren, die ansonsten im Müll gelandet wären. Das Angebot ist zudem ein wichtiger Baustein beim Kampf gegen Armut, denn viele Menschen können sich gar nicht so viele Neuanschaffungen leisten. Die Leiterin des Repair-Cafés bietet darüber hinaus zahlreiche Informationsveranstaltungen an, die sich mit weltweiten Produktionsbedingungen beschäftigen und zu bewusstem und nachhaltigem Konsum sensibilisieren sollen. Für die Beschaffung von Sach- und Lebensmitteln gibt es für Kirchengemeinden und Einrichtungen eigene ökofaire Kataloge und Bezugsquellen.

Frieden, Gerechtigkeit und starke Institutionen

Es ist nach christlichem Verständnis Zeichen des Kommens des Reiches Gottes, wenn Frieden und Gerechtigkeit auf Erden sich ausbreiten, nicht nur in einer fernen Zukunft oder im Jenseits, sondern schon jetzt. Im Jahr 1980 wurde erstmals in beiden deutschen Staaten eine ökumenische Friedensdekade ausgerufen, seit 1983 steht sie unter dem Motto „Schwerter zu Pflugscharen". Jedes Jahr im November vor dem Buß- und Bettag gibt es dazu ein gemeinsames biblisch orientiertes Thema und Veranstaltungen in den verschiedenen lokalen und regionalen Initiativen. 2013 wurde nach der Konferenz des Ökumenischen Rates der Kirchen in Busan der „Pilgerweg der Gerechtigkeit und des Friedens" begonnen mit dem Ziel, sich in allen Kirchen für eine ökologisch nachhaltige, gerechte und friedliche Welt einzusetzen. Dafür werden Projekte mit diesem Ziel durch Zuschüsse von der Landeskirche unterstützt.

Partnerschaften zur Erreichung der Ziele

Christinnen und Christen sind nicht allein unterwegs, sondern leben gemeinsam auf Gottes wunderbarer Erde. Die Evangelische Kirche in Hessen und Nassau, zu der das Evangelische Dekanat Mainz gehört, gestaltet dies in weltweiter Verbundenheit im Rahmen internationaler Partnerschaften mit regionalen Kirchen in Afrika, Asien und Nordamerika. Das Evangelische Dekanat Mainz beteiligt sich an einer Partnerschaft mit der Evangelischen Partnerkirche Minahasa (GMIM) in Indonesien. Jährliche gegenseitige Besuche und Kontakte über die neuen Medien lassen Anteil nehmen an dem, was die anderen bewegt, und die eigene Situation und Arbeit aus neuem Blickwinkel sehen. Dabei werden die Ziele der Nachhaltigkeit sehr konkret gemeinsam in den Blick genommen und befragt, inwieweit sie näher gerückt sind.

Nach christlichem Verständnis hat uns Gott seine Erde mit allen Lebewesen anvertraut, dass wir sorgsam mit ihr umgehen und sie bewahren, in Frieden und mit Gerechtigkeit. Wir können gar nicht anders, als die Ziele der nachhaltigen Entwicklung anzustreben, wenn wir Gottes Auftrag ernst nehmen. Wir sehen uns als Kirche dabei keineswegs angekommen, aber auf einem guten Weg.

MONIKA RÜHL

*Vorstand von FidAR
Frauen in die
Aufsichtsräte e.V.*

BETTINA LAURICK

*Regionalvorstand Rhein-
Main von FidAR
Frauen in die
Aufsichtsräte e.V.*

Was würden Sie als Mentorinnen an die nächste Generation weitergeben?

Die berufliche Weiterentwicklung von Frauen ist leider auch heute noch kein Selbstläufer – egal, wie gut jemand qualifiziert ist. Auch für jüngere Frauen gibt es den „Glass Ceiling". Deshalb sind auch sehr junge Frauen gut beraten, wenn sie sich mit anderen vernetzen (z. B. bei FidAR) und auch an den Erfahrungen ihrer Vorgängergenerationen interessiert sind.

Wie sieht für Sie eine zukunftsfähige belastbare Unternehmenskultur aus?

Diese ist offen, inklusiv, fehlertolerant, vertrauensvoll, tolerant, weltoffen, wertschätzend für Diversität.

Wie setzen Sie Nachhaltigkeit im eigenen Unternehmen um?

In dem Unternehmen, in dem ich (M. Rühl) fast 30 Jahre lang gearbeitet habe, wurden Nachhaltigkeitsthemen schon sehr früh angegangen – etwa Mitte/Ende der 90er-Jahre. In den Dimensionen Ökonomie, Ökologie, Soziales, Corporate Citizenship und Compliance/Corporate Governance werden – angelehnt an die Unternehmensstrategie – eine Fülle von Maßnahmen umgesetzt. Dabei sind sowohl lokale als auch globale Aktivitäten im Fokus. Bezogen auf FidAR haben wir uns auf den Schwerpunkt „Geschlechtergerechtigkeit" konzentriert. Die Welt wird besser, wenn Frauen sie maßgeblich mitgestalten.

Wo sehen Sie die größten Herausforderungen dabei?

Wir Frauen argumentieren eher mit Verstand statt den attribuierten Emotionen. Zu viele Männer wollen keine Veränderung und agieren in diesem Kontext eher emotional, auch wenn das mit Argumenten unterlegt wird. Die Herausforderung für uns Frauen lautet, Männer noch besser „lesen" zu lernen.

Was würden Sie jungen Unternehmer:innen in diesem Zusammenhang mitgeben?

Egal, was man tut, es muss glaubwürdig sein und zum Geschäft des Unternehmens passen.

DAS FIDAR-ENGAGEMENT FÜR NACHHALTIGEN WANDEL MIT DEM ZIEL DER PARITÄT

Die Ziele von FidAR

FidAR ist 2006 von engagierten Frauen aus der Wirtschaft, der Wissenschaft und der Politik gegründet worden und hat heute ca. 1.000 Mitglieder. Das Hauptziel besteht darin, den Anteil von Frauen in den Aufsichtsräten und Führungsgremien deutscher Unternehmen durch Einflussnahme auf die politischen und gesellschaftlichen Rahmenbedingungen signifikant und nachhaltig zu erhöhen.

Kommunikation auf nationaler und internationaler Basis wie auch der Dialog mit Unternehmen, Institutionen und Verbänden tragen zur Zielerreichung bei. FidAR engagiert sich politisch nicht nur als eigene Organisation, sondern hat sich mit insgesamt 16 anderen zum Netzwerk „Berliner Erklärung" zusammengeschlossen.

FidAR publiziert jedes Jahr den „Women on Board"-Index (WoB-Index) für 160 börsennotierte und alle der Quote unterliegenden Unternehmen und den Public WoB-Index für die 262 größten öffentlichen Bundes- und Landesunternehmen. Seit 2009 findet jährlich ein FidAR-Forum statt, 2021 erstmals virtuell mit ca. 1.800 Teilnehmenden.

Neben dem politischen Engagement mit dem grundsätzlichen Ziel der Parität gehört zu den Stärken von FidAR die Entwicklung und Pflege einer ausgeprägten Netzwerkkultur, sowohl auf regionaler als auch auf überregionaler Ebene. Diese finden auch in FidAR-Foren und Diskussionsrunden auf Bundes-, Landes- und Regionalebene bei Veranstaltungen und #FidARonWebinar (virtuelle Veranstaltungsreihe) statt.

Auch wenn es FidAR in den vergangenen 15 Jahren bereits gelungen ist, maßgeblich dazu beizutragen, dass verbindliche Regulierungen Erfolge gebracht haben – so z. B. ein größerer Anteil von Frauen in Aufsichtsräten der 105 Unternehmen, die der „Quote" unterliegen –, so liegt noch ein langer Weg vor uns. Solange es Unternehmen gibt, die sich keine

Entwicklungsziele geben, und es noch „frauenfreie" Führungs- und Aufsichtsgremien gibt, ist das Ziel noch fern. Deshalb ist unsere Forderung an die Politik für 2021: Erweiterung der festen Frauenquote in Aufsichtsräten; Erweiterung der festen Aufsichtsratsquote von 30 % für alle börsennotierten oder mitbestimmten ca. 2.100 Unternehmen bei Neubesetzungen; Erhöhung der festen Aufsichtsratsquote auf 40 % für alle 105 börsennotierten und voll mitbestimmten Unternehmen bei Neubesetzungen; Einführung eines Transparenzregisters für öffentliche Unternehmen; verpflichtende Angabe zum Umsetzungsstand für sämtliche der Quote und den Zielvorgaben unterliegenden öffentlichen Unternehmen auf Bundes-, Landes- und kommunaler Ebene.

ZUSAMMENHANG VON CHANCENGLEICHHEIT UND NACHHALTIGKEIT

Der Begriff „Chancengleichheit" wird in diesen Ausführungen sinnverwandt mit Chancengerechtigkeit, Chancenfairness, Geschlechtergerechtigkeit u. a. verwendet.

Verbindliche und empfohlene Vorgaben, die Entitäten einhalten müssen
Chancengleichheit ist keine Kann-, sondern eine Muss-Bestimmung, die die gleichberechtigte Behandlung von Frauen und Männern erfordert. Auch aus ethischen und ökonomischen Gründen sind Gender-Themen kein „Add on", sondern integraler Bestandteil für jedes gelingende Miteinander – sei es auf staatlicher, privater oder professioneller Basis.

Fokussiert auf die Zeit seit dem Neustart nach dem Zweiten Weltkrieg, formulierte die UNO 1948 eine verbindliche Vorgabe mit einem 30 Punkte umfassenden Kanon der universalen Menschenrechte, die die Gleichheit vor dem Gesetz und die Entgeltgleichheit enthält.

1949 hat sich die Bundesrepublik Deutschland eine Verfassung gegeben und in Artikel 3 die Gleichberechtigung von Frauen und Männern sowie ein Diskriminierungsverbot kodifiziert. 1994 wurden in Absatz 2 die „tatsächliche Durchsetzung der Gleichberechtigung durch den Staat und die Beseitigung bestehender Nachteile" ergänzt.

Im Jahr 1976 hat die OECD Leitsätze für multinationale Unternehmen verabschiedet, die einen Verhaltenskodex für weltweit verantwortliches Handeln bilden. Diese beinhalten genauso ein Verbot der Diskriminierung wie die 1998 von der Internationalen Arbeitsorganisation (ILO) verabschiedeten Kernarbeitsnormen. Diese sehen in Übereinkommen 100 die Entgeltgleichheit vor, in Übereinkommen 111 das Diskriminierungsverbot in Beschäftigung und Beruf.

Beim Weltwirtschaftsforum in Davos im Jahre 1999 hat UN-Generalsekretär Kofi Annan den UN Global Compact initiiert, der sich direkt an global agierende Unternehmen wendet. Diese haben sich mit Schreiben durch ihren CEO zum weltweiten Einhalten der zehn Prinzipien verpflichtet. Prinzip 6 erfordert die Beseitigung von Diskriminierung in Beruf und Beschäftigung. Ebenfalls durch die UNO sind durch ihren Menschenrechtsrat die „Guiding Principles" formuliert worden, die 2014 in Deutschland in einen Nationalen Aktionsplan umgesetzt wurden, an dem sich mittlere und große Unternehmen, vor allem diejenigen, die global agieren, orientieren sollen.

2015 sind dann die Sustainable Development Goals verabschiedet worden mit 17 Zielen und ebenso vielen Unterzielen. Ziel 5 definiert die Geschlechtergerechtigkeit. 2017 trat das CSR-Richtlinien-Umsetzungsgesetz in Kraft, das eine Berichtspflicht für nicht-finanzielle Aspekte – darunter auch zu Frauen in Führungspositionen – im Lagebericht von börsennotierten Unternehmen mit mehr als 500 Mitarbeitern und Mitarbeiterinnen verlangt. Darüber hinaus haben die EU und der deutsche Staat eine Fülle weiterer Richtlinien und Gesetze zur Geschlechtergerechtigkeit erlassen – u. a. FüPoG I und II (Gesetz zur Ergänzung und Änderung der Regelungen für die gleichberechtigte Teilhaben von Frauen an Führungspositionen in der Privatwirtschaft und im öffentlichen Dienst).

Warum geht es in Deutschland dennoch kaum voran? Hilft vielleicht der Druck vom „Markt"?

Externer Druck auf Wirtschaftsunternehmen durch Fonds, Indizes, Investoren

Sind Ethik und Moral stärkere Treiber für Veränderungen zu mehr Chancengleichheit als Geld? Betrachtet man die Entwicklungen der letzten

75 Jahre mit ihren vornehmlich regulativen Ansätzen, sind Zweifel daran durchaus berechtigt.

Mit der Berichtspflicht gem. FüPoG von 2015 wurde die Möglichkeit eröffnet, als Zielgröße auch eine Null anzugeben. Das ist leider noch immer möglich. Bei Produkten und Dienstleistungen jedoch wird es kaum ein Unternehmen wagen, eine Null-Entwicklung zu planen.

Inzwischen haben sich nachhaltig investierende Fonds, Nachhaltigkeit überprüfende Indizes und stimmrechtbündelnde Beratungen gebildet, die nach ESG-Kriterien (Ecology, Social, Governance) die Sinnhaftigkeit oder Empfehlbarkeit von Investitionen prüfen. Besonders Pensionsfonds sind um Risikominimierung bemüht. Entsprechende Anfragen werden von den jeweiligen zu prüfenden Unternehmen sehr ernst genommen. Seien es internationale Indizes wie z.B. DJSI oder FTSE4Good, Stimmrechtsberater wie der ISS (International Shareholder Services) oder andere Organisationen, die über große Investitionsvolumina entscheiden. Die Unternehmen sollen die Antworten auf einen umfangreichen Fragebogen mit Nachweisen belegen. Alle Bögen fragen nach Status, weiterer Planung und Maßnahmen u.a. zu Chancengleichheit. Teilweise gibt es im positiven Fall Zertifizierungen oder Ähnliches, die den Anleger:innen Orientierung über die Qualität verschaffen.

WELCHE MASSNAHMEN ERGREIFT FIDAR?

Wir von FidAR warten nicht auf Chancengleichheit, sondern wir gestalten diese aktiv und nachhaltig und haben dazu konkrete Maßnahmen seit dem Bestehen von FidAR definiert.

- **Unser WoB-Index und Public WoB-Index – wesentliche Grundlagen unserer Arbeit**
Weil gilt, „what gets measured gets done", untersuchen wir seit nunmehr zehn Jahren alljährlich die 160 im DAX-, MDAX, SDAX- und TecDAX sowie und die 28 im regulierten Markt gelisteten börsennotierten und voll mitbestimmten Unternehmen und erstellen den WoB-Index bzw. für

die 262 größten öffentlichen Unternehmen in Deutschland den Public WoB-Index. Mit diesen Studien – Status und Bedarf – hat FidAR ein einzigartiges und nachhaltiges Instrument geschaffen, das den Stand der Entwicklung in Sachen gleichberechtigte Führungskultur in den Unternehmen der Privatwirtschaft und jenen im Besitz der öffentlichen Hand analysiert und transparent macht.

Dazu ein Beispiel: Die Analyse der Zahlen des Jahres 2020 zeigt,

- die Quote macht weiterhin den Unterschied, da bei Unternehmen, die nicht der Quote unterliegen, die Entwicklung der gleichberechtigten Teilhabe auf niedrigem Niveau stagniert,
- 115 der 188 Unternehmen haben keine Frau im Vorstand,
- davon planen wiederum 75 Unternehmen weiterhin die Zielgröße 0 für den Anteil von Frauen im Vorstand.

Die der Quote unterliegenden Unternehmen setzen die Zielgrößen für den Frauenanteil also um. Bei Unternehmen, die nicht der Quote unterliegen, stagniert die Entwicklung der gleichberechtigten Teilhabe. Letztendlich sprechen die Zahlen im Wettbewerb um die besten Köpfe für sich.

• **Unser Engagement in der Politik**
Wir stehen mit der Politik in intensivem Austausch und begleiten die politische Diskussion u. a. auf Bundesebene durch unsere Präsidentin. Dieser Austausch ist Lobbyarbeit für gleiche Teilhabe und damit nachhaltigen Erfolg im Rahmen globaler Herausforderungen. Im Vorfeld von Wahlen auf Landes- und Bundesebene erstellen wir Synopsen der Wahlprogramme der in den Parlamenten vertretenen Parteien zum Thema Gleichberechtigung und zeigen auf, welche Forderungen die Parteien in den für uns zentralen Bereichen aufstellen.

• **Unsere Öffentlichkeitsarbeit inklusive Veranstaltungen**
In den Regionen zeichnet sich FidAR durch intensive Netzwerkarbeit aus sowie durch die Nähe zu unseren Mitgliedern und unserem Motto „Ready to Board". Dabei setzen wir mit unseren regelmäßig in den Regionen stattfindenden Veranstaltungen Impulse und schaffen neben der

Vermittlung von entsprechendem Fachwissen auch den Raum für den persönlichen Austausch. Einige Veranstaltungen verfolgen das Ziel, unseren Mitgliedern auf ihrem Weg in den Aufsichtsrat das entsprechende „Handwerkszeug" zu vermitteln und Orientierung zu geben. In Präsenz und auch im Virtuellen bringen wir mit Nachhaltigkeit den eingeleiteten und weiterhin notwendigen Wandel voran.

Mit all diesen Maßnahmen schaffen wir Öffentlichkeit, Transparenz und Netzwerkkultur auf regionaler, nationaler und europäischer Ebene, in Kooperation mit Medien und im Dialog mit der Politik, den Unternehmen, Institutionen und Verbänden.

DR. SANDRA VON MÖLLER

*Geschäftsführerin der
BÄRO GmbH & Co. KG*

**Welche Netzwerke waren für Sie und Ihre
berufliche Entwicklung relevant?**

Mein heutiges Netzwerk verdanke ich zu einem großen Teil meinem ehrenamtlichen Engagement. So war ich Mitglied des Rates der Stadt Köln und Vize-Präsidentin der IHK Köln. Dort habe ich auch viele Jahre den damals neu gegründeten Arbeitskreis Diversity geleitet und war Vorsitzende des Rechtsausschusses. Außerdem habe ich den Frauen-Business-Tag unter dem Motto „Frauen. Macht.Karriere!" organisiert, der sich zu einem Netzwerktreffen der Frauen aus Wirtschaft, Politik und Verwaltung etabliert hat. Hinzu kommt die Vernetzung über Verbände wie den Rat für Formgebung oder Rotary. Ich halte Netzwerke für sehr wichtig, auch wenn sie keine unmittelbare Auswirkung auf meine berufliche Entwicklung hatten. Die Hauptfunktion sehe ich für mich im vielfältigen Austausch mit anderen Persönlichkeiten.

Was würden Sie als Mentorin an die nächste Generation weitergeben?
Seit 2019 bin ich Mentorin bei IWiL – Initiative Women into Leadership, eine Aufgabe, die mir große Freude bereitet. Ziel der Initiative ist es, Spitzenpersönlichkeiten aus Wirtschaft, Wissenschaft und Gesellschaft als Mit-

glieder zu gewinnen, die als persönliche Mentoren hochqualifizierte und erfolgreiche Frauen im Rahmen eines Mentoring-Programms auf ihrem Weg an die Spitze begleiten. Außerdem habe ich die Schirmherrschaft eines regionalen Cross-Mentoring-Programms zur Förderung des Führungsnachwuchses in Köln übernommen. Dabei ist es mir wichtig, den jungen Frauen zu vermitteln, dass es letztlich immer darum geht, sich selbst treu zu bleiben und mit Mut den eigenen Weg zu verfolgen. Außerdem sollte keine Frau für die Karriere auf Kinder verzichten – oder umgekehrt.

Wie sieht für Sie eine zukunftsfähige belastbare Unternehmenskultur aus?
Mein Ziel in der eigenen Unternehmung ist eine Kultur der Offenheit und Vielfalt. Ich bin für eine offene und klare Kommunikation, lasse möglichst große Freiräume und vertraue auf das Engagement eines jeden Einzelnen. Nur so bleiben wir als Mittelständler innovativ und können Change-Prozesse erfolgreich meistern. Diversität halte ich für einen weiteren wichtigen Erfolgsfaktor, den wir auch seit Jahren bei uns im Unternehmen leben. Ebenso bin ich von der sozialen Verantwortung jedes Einzelnen und der Unternehmen selbst überzeugt.

Wie setzen Sie Nachhaltigkeit im eigenen Unternehmen um?
Entscheidend ist ein ganzheitlicher Ansatz. Als Hersteller von licht- und elektrotechnischen Geräten ist für uns die Energieeffizienz der Produkte ebenso wichtig wie die nachhaltige Optimierung der Produktionsprozesse. Betriebliche Ausbildung ist ebenso ein Aspekt von Nachhaltigkeit wie die Vielfalt der Teams hinsichtlich Alter, Geschlecht oder Herkunft. Ein weiterer Baustein ist das persönliche soziale Engagement als Unternehmerin, in meinem Fall u. a. mit KIDsmiling e.V. Den gemeinnützigen Verein habe ich 2003 gegründet und leite ihn seitdem ehrenamtlich, um sozial benachteiligte Kinder und Jugendliche zu fördern und ihnen Perspektiven für ihre Zukunft aufzuzeigen.

Was würden Sie jungen Unternehmer:innen in diesem Zusammenhang mitgeben?
Nachhaltigkeit muss von der Unternehmensführung ernsthaft gewollt sein, nur dann wird der Funke der Begeisterung dafür auf die Belegschaft überspringen. Das bedeutet zugleich, Nachhaltigkeit bei jeder Innovation, Neuentwicklung oder Geschäftsidee von vornherein mitzudenken.

EINE NACHHALTIGKEITSKASKADE – AUS LICHT UND LUFT

Licht und Luft, die Grundlagen von Leben und Wachstum auf unserem Planeten – wäre es nicht großartig, ein Unternehmen auf diesen zwei Elementen zu begründen? Mit der BÄRO GmbH & Co. KG, die ich zusammen mit meinem Mann J. Manuel von Möller als geschäftsführende Gesellschafter leite, sind wir tatsächlich in dieser glücklichen Lage. Gutes Licht, in Form von Beleuchtungstechnik mit dem Fokus auf Retail Lighting – insbesondere auf den Lebensmitteleinzelhandel – ist seit der Gründung vor über 50 Jahren das erste Standbein unserer Unternehmung. Saubere Luft, in Form von Clean Air Technologies, genauer: Systemen zur Entkeimung der Luft mit UV-C-Technologie sowie zur Reinigung der Küchenabluft mit Plasma-Technologie, ist seit mehr als 25 Jahren das zweite. Auf diesen Feldern ist BÄRO ein international agierendes, äußerst innovatives und dennoch bodenständiges mittelständisches Technologieunternehmen. BÄRO ist eines der klassischen Familienunternehmen, die unsere deutsche Wirtschaft maßgeblich prägen. Unsere Produkte sind „Hightech Made in Germany", in Deutschland entwickelt und im Wesentlichen auch hier produziert. Was wir bisher auf dem Weg in Richtung nachhaltiges Wirtschaften erreicht haben, kann daher sicher viele vergleichbar strukturierte Unternehmen in ihrem eigenen Handeln bestärken und inspirieren – damit aus der Vielzahl der Impulse eine breite, dynamische Kaskade der Nachhaltigkeit hervorgeht.

Was kennzeichnet die Persönlichkeit als Unternehmerin oder Unternehmer? Für mich ist es der Drang, Träume und Ideen verwirklichen zu wollen, auch wenn sie die Kapazität eines Einzelnen übersteigen. Das geht nur im Team, mit menschlichen Mitstreitern, mit agilen und flexiblen Partnern und natürlich mithilfe von Kapital und einer gesunden Organisationsstruktur, kurz: als Unternehmen. Es dient als „Hebel" zur Umsetzung, als Mittel zur Gestaltung. Aus der Kraft dieses Hebels erwächst zugleich eine Verantwortung gegenüber Umwelt und Gesellschaft, die ungleich höher ist als z. B. die eines einzelnen Verbrauchers. Natürlich ist Wettbewerb ein großer Ansporn, aber mit der Erfahrung wächst die Erkenntnis, dass ein Streben nach Win-win-Situationen, vor allem nach

Kooperationen zum allseitigen Nutzen zu dauerhaftem und vor allem nachhaltigem Erfolg führt. Es ist wichtig, als Unternehmer operativ nachhaltig zu handeln. Ein zusätzlicher Hebeleffekt tritt ein, sobald man darüber hinaus anderen hilft, nachhaltig zu handeln. Auf diese Weise können Unternehmen ein Netz aus nachhaltigen Beziehungen, Lieferketten und Kreisläufen aufbauen – ganz im Sinne des 17. und vielleicht wichtigsten SDGs der Vereinten Nationen: Partnerschaften zur Erreichung der Ziele.

Viele der Nachhaltigkeitsaspekte, die die Vereinten Nationen in der Agenda 2030 als SDG formulierten, waren schon längst in der DNA von BÄRO verankert. Die Energieeffizienz unserer Produkte im Geschäftsbereich Retail Lighting war z. B. traditionell ein wesentliches Merkmal und ein Anreiz für die Einzelhändler, die den Vorteil durch niedrige Energiekosten sofort begriffen. Aber auch die Bedeutung von Diversität hinsichtlich Herkunft, Altersgruppen oder Geschlecht deckt sich mit den positiven Erfahrungen bei BÄRO mit möglichst vielfältig besetzten Teams. Die duale Ausbildung, die in Deutschland zu 80 % vom Mittelstand getragen wird, hat seit Jahrzehnten ihren festen Platz auch in unserem Unternehmen. Viele Auszubildende werden übernommen, der erste Mitarbeiter, der als „Azubi" bei uns anfing und bis in die Geschäftsleitung aufgestiegen ist, wurde kürzlich 62 Jahre alt und hält BÄRO bis heute die Treue.

Es war daher nur folgerichtig, dass wir bereits 2009 Partner des ZNU (Zentrum für nachhaltige Unternehmensführung) an der Universität Witten/Herdecke wurden, wo sich Experten aus der Wissenschaft und Praktiker aus Unternehmen austauschen. Das half uns, an vielen Punkten des operativen Geschäfts noch nachhaltiger zu werden, z. B. durch weiter optimierte Lieferketten mit möglichst kurzen Wegen oder Ressourceneinsparungen in der Produktion. Aber gerade als Hersteller elektrotechnischer Geräte wie Leuchten und Luftreinigungsanlagen muss uns bewusst sein: Der Löwenanteil von Umweltbelastungen entsteht nicht in der Produktion, sondern im Betrieb unserer Produkte durch deren Energieverbrauch über die Jahre oder sogar Jahrzehnte ihrer Lebensdauer.

Im Geschäftsfeld Retail Lighting war und ist es deshalb unser Ziel, unseren Kunden im Einzelhandel Lösungen mit herausragender Lichtqualität bei minimalem Energieverbrauch zu bieten. Dank der LED hat die Beleuchtungstechnik im letzten Jahrzehnt einen gewaltigen Effizienzsprung gemacht. Davon profitieren Handelsunternehmen wie z. B. die Supermarkt- und SB-Restaurantkette Ametller Origen aus Barcelona, die sich innerhalb von wenigen Jahren zur führenden Biomarkt-Kette in Katalonien entwickelt hat. Mit Beleuchtung von BÄRO werden die Läden und Restaurants attraktiver und wirtschaftlicher zugleich – die Umsätze steigen, während Energieverbrauch und Betriebskosten sinken. Damit wird die Zusammenarbeit mit BÄRO zu einem positiven Faktor im nachhaltigen Geschäftsmodell von Ametller Origen, das wiederum den Verbrauchern einer ganzen Region ermöglicht, jeden Tag nachhaltige Konsumentscheidungen zu treffen: eine Kaskade der Nachhaltigkeit.

Unser zweiter Geschäftsbereich Clean Air Technologies spielte sich viele Jahre lang eher „hinter den Kulissen" ab: Plasma-Technologie vernichtet Gerüche in der Abluft von Restaurant- und Großküchen, unsere UV-C-Luftentkeimungstechnologie wurde vor allem in die Lüftungsanlagen von Handwerks- und Industriebetrieben der Lebensmittelproduktion integriert, um die Haltbarkeit der Produkte zu gewährleisten und zu verlängern – und damit parallel das viel zu große Volumen der Lebensmittelabfälle zu verringern. Obwohl schon 2003 Studien[1] der Universität Montreal nachgewiesen hat, dass der Einsatz von UV-C-Technologie in Bürogebäuden die Erkrankung von Mitarbeitern, insbesondere in Großraumbüros, wesentlich reduzieren kann, wurden entsprechende Investitionen meist gescheut. Doch mit der Covid-19-Pandemie rückte das Thema Lufthygiene schlagartig ins Rampenlicht. Kurzwelliges UV-C-Licht ist ein seit Jahrzehnten bewährtes Mittel, um nachweislich luftgetragene Krankheitserreger, also Viren, Bakterien oder Sporen, effektiv zu vernichten – und eben auch SARS-CoV-2. Im vergangenen Jahr haben wir innerhalb kürzester Zeit neue Geräte entwickelt, die nicht nur in Raumluftanlagen integriert, sondern auch mobil betrieben oder ähnlich wie Leuchten an der Decke installiert werden können. Diese UV-C-Geräte von BÄRO haben den großen Vorteil, die erfasste Luft ozonfrei, ohne chemische Zusätze und ohne Gefahr für den Menschen zu 99,9 % zu entkeimen. Im Gegensatz zu Feinfilteranlagen fällt dabei auch kein belasteter Filtermüll an – eine rundum nachhaltige Lösung.

Als Unternehmen war uns klar, dass unsere Technologie bei der Pande-
miebekämpfung eine wichtige Rolle spielen kann. Mit entkeimter Luft
lassen sich Krankenhäuser, Arbeitsstätten und Bildungseinrichtungen
sicher betreiben. Aber auch für die stark getroffen und für die Lebensqualität so entscheidenden Branchen wie Einzelhandel oder Gastrono-
mie stellt wirksame Lufthygiene eine große Hoffnung dar. Kurz, Lufthygiene mit UV-C ist aus unserer Sicht ein wichtiger Beitrag zum SDG
Nummer 3, „Gesundheit und Wohlergehen" – und für viele Akteure und
Institutionen ein Schlüssel, um auch unter den Bedingungen der Pandemie ihrerseits weiter nachhaltig wirken zu können.

Vor dem Hintergrund solcher Erfahrungen aus der Unternehmerpraxis
bin ich fest davon überzeugt, dass in der Vernetzung und gegenseitigen
Verstärkung der SDGs das große Potenzial für mehr Nachhaltigkeit liegt.
Obwohl die Agenda 2030 sehr ambitioniert antritt, legt sie die Schwelle,
nachhaltiger zu handeln, durch die Breite der Handlungsfelder niedrig –
unter den 17 SDGs sollte jedes Unternehmen seinen Ansatz finden, um
mit anzupacken. Das Engagement von BÄRO für Diversity im Unternehmen als Unterzeichner der „Charta für Vielfalt", das soziale Engagement
von BÄRO und mein persönlicher Einsatz für Chancengerechtigkeit bei
„KIDsmiling e.V.", die genannten Beispiele für Produkte, die Nachhaltig-
keitskaskaden auslösen können: All das wirkt zusammen, stärkt Effekte
und Glaubwürdigkeit, bietet vielfältige Anknüpfungspunkte für Partnerschaften und lässt uns mit Hoffnung in eine nachhaltige Zukunft blicken.

Quelle
1   The Lancet, Vol. 362, S. 1785–1791, 29. 11. 2003. Und: National Institute of Occupational Health, PB 8149 Dep, 785–791,
     29. 11. 2003. N-0033 Oslo, Norway.

PROF. DR. JUTTA RUMP

Direktorin des Instituts für Beschäftigung und Employability

Welche Netzwerke waren für Sie und Ihre berufliche Entwicklung relevant?

Ich bin in vielen Netzwerken. Für meinen beruflichen Erfolg waren und sind vor allem gemischte Netzwerke verantwortlich.

Welche Mentorin/welcher Mentor hat Sie beeindruckt?

Ein wichtiger Mentor war Thomas Sattelberger, der mich mal mehr und mal weniger seit 25 Jahren begleitet.

Was würden Sie als Mentorin an die nächste Generation weitergeben?

Mein Motto: In Bewegung bleiben, ohne die Balance zu verlieren.

Wie sieht für Sie eine zukunftsfähige belastbare Unternehmenskultur aus?

Eine zukunftsfähige Unternehmenskultur stellt die Schwarmintelligenz bzw. die kollektive Intelligenz des Teams in den Fokus, die mit einem partizipativen Mindset und mit einer gegenseitigen Wertschätzung verbunden ist.

Wie setzen Sie Nachhaltigkeit im eigenen Unternehmen um?

Nachhaltigkeit wird mit individueller und organisationaler Resilienz verbunden. Damit stehen Employability und Empowerment ebenso im Fokus wie eine stärkenorientierte, partizipativ ausgerichtete Arbeitsorganisation.

Wo sehen Sie die größten Herausforderungen dabei?

Eine partizipativ ausgerichtete Arbeitsorganisation schafft viele Freiräume für die Beschäftigten und geht mit einer Demokratisierung einher. Dies entspricht nicht immer der Unternehmenskultur und der Unternehmenshistorie. Die größte Herausforderung ist, dieses Mindset jeden Tag zu leben und danach zu handeln.

Was würden Sie jungen Unternehmer:innen in diesem Zusammenhang mitgeben?

Nachhaltigkeit in ALLEN Facetten ist ein zentraler Wettbewerbsfaktor. Sie wird damit zu einem MUSS in der Strategie des Unternehmens. Es stellt sich also nicht mehr die Frage des OB, sondern ausschließlich des WIE.

DIE NEUE NORMALITÄT IN DER ARBEITSORGANISATION

Das Institut für Beschäftigung und Employability IBE der Hochschule für Wirtschaft und Gesellschaft Ludwigshafen wurde 2002 mit dem Ziel gegründet, die Zukunft der Arbeitswelt zu denken, entsprechende Strategien zu entwickeln und dann auch im Institut im Team auszuprobieren. Die Philosophie und das Mindset des IBE ist es, ein Experimentierraum und „Versuchskaninchen" zu sein. Diese ganzheitliche Sicht und Arbeitsweise stellen eine Facette von nachhaltigem Denken und Handeln dar.

Im Zusammenhang mit Nachhaltigkeit wird der Fokus vielfach hauptsächlich auf Klima- und Umweltschutz gelegt. In der Arbeitswelt bedeutet Nachhaltigkeit jedoch mehr. Sie ist verknüpft mit Resilienz. Es geht um das Schaffen von individueller und organisationaler Widerstandsfähigkeit. Employability mit den Dimensionen Kompetenzen, Gesundheit und Identifikation/Motivation gehört ebenso dazu wie eine stärkenorientierte, partizipativ ausgerichtete Arbeitsorganisation. Während die Employability als Aspekt der Nachhaltigkeit akzeptiert ist, ist der Fokus auf Organisation im Kontext von Nachhaltigkeit noch neu.

Einige Beispiele aus der Arbeitsorganisation des Instituts sollen Impulse für diese Perspektive geben.

Agiles Arbeiten

Agilität im organisationalen Kontext bedeutet Selbstbestimmtheit, Selbstorganisation, Vernetzung, Dezentralisierung und mehr oder weniger Hierarchiefreiheit mit dem Ziel, Innovationen zu generieren, Verbesserungen in den Fokus zu nehmen und Optimierungen anzustreben. Es gilt, die Schwarmintelligenz bzw. die kollektive Intelligenz zu heben und zu nutzen. Es reicht nicht mehr, Entscheidungen zur Weiterentwicklung des Unternehmens nur im kleinen Kreis zu treffen. Das Know-how, die Erfahrung und die Ideen aller werden benötigt. Im Rahmen der umfassenden digitalen, ökonomischen und ökologischen Transformation und der damit verbundenen Herausforderungen ist dies eine Notwendigkeit.

Es gibt verschiedene Möglichkeiten, „agiler" zu werden – vom Bruch mit bestehenden Strukturen bis hin zu vereinzelten sukzessiven Maßnahmen. Agilität lässt sich sowohl auf die Primärorganisation (oberste organisationale Ebene, sichtbar im Organigramm) als auch auf die Sekundärorganisation (Arbeitsorganisation) übertragen.

- Eine agile Primärorganisation bildet den Kontrast zum hierarchischen Organisationssystem und bedeutet, dass sowohl die Aufbaustruktur und der Ablauf als auch die Arbeitsmethoden durch die Prinzipien der Agilität bestimmt werden. Unter Berücksichtigung von Selbstorganisation, Selbstbestimmtheit, Vernetzung, Dezentralisierung und (mehr oder weniger) Hierarchiefreiheit gibt es damit keine klassische Linienorganisation mehr. Das IBE hat das Experiment gewagt, Hierarchie abzuschaffen Die Führungsaufgaben, die bisher immer in einer Rolle gebündelt waren, sind nun auf mehrere Rollen aufgeteilt. Diese Rollen werden kompetenzorientiert und temporär besetzt. Das hat zur Folge, dass jede:r grundsätzlich Führungsaufgaben übernehmen kann, jedoch auch in der Lage sein muss, diese wieder loszulassen.
- Eine agile Sekundärorganisation beschreibt den Einsatz von agilen Arbeitsformen und -methoden. Dies wird auch als Alltagsagilität bezeichnet. Design Thinking, Kanban, World Café, Zukunftskonferenz, aber auch Brainstorming werden im IBE seit Jahren angewendet. Es gilt, diejenigen agilen Elemente zu suchen und zu nutzen, die sinnvoll in den Projekten integriert werden können.

Mobiles Arbeiten

Im IBE gilt seit der Gründung 2002: Die Mitarbeitenden bestimmen selbst, wann und wo sie arbeiten. Wir leben also seit fast 20 Jahren mobile Arbeit in jeder Art und Weise. Mit dieser Erfahrung und dem „Lehrgeld", welches wir gezahlt haben, lassen sich zahlreiche Voraussetzungen und Bedingungen identifizieren, die zum Erfolg beitragen. Die folgende Abbildung gibt einen Überblick.

Technische Voraussetzungen	Organisatorische Voraussetzungen
• Der Arbeitsort muss „beweglich" sein. • Die technische Ausstattung muss gegeben sein. • Bandbreite muss ausreichend vorhanden sein. • Der Datenschutz muss eingehalten werden. • Arbeitsschutzgesetze und -regelungen, Gesundheitsschutz und Ergonomie müssen eingehalten werden.	• Aufgaben müssen für mobile Arbeit geeignet sein. • Produktivität muss dieselbe bleiben bzw. sein. • Erreichbarkeit muss gewährleistet sein, und es brauchts Zeit-Sslots für die Verfügbarkeit, die allen bekannt sind. • Leistung muss „controllbar" sein. • Es braucht Regeln für die Arbeitszeitgestaltung und Arbeitszeiterfassung. • Es braucht auch weiterhin stationäre Räume. • Es braucht Räume des Zusammenkommens (stationär und virtuell).
Personelle Voraussetzungen	Kulturelle Voraussetzungen
• Die Mitarbeitenden müssen geeignet sein (Einstellung, Verhaltensmuster …). • Die Mitarbeitenden müssen in der Lage sein, in mobilen Arbeitsmodellen tätig zu sein (fachliche und überfachliche Kompetenzen).	• Es bedarf einer Erreichbarkeitskultur. • Die/der Mitarbeitende muss ebenso wie die Führungskraft der mobilen Arbeit zustimmen (doppelte Freiwilligkeit).
• Die Führungskräfte müssen in der Lage sein, auf Distanz zu führen. Dazu braucht es entsprechende Führungskompetenzen und Führungsinstrumente. Es bedarf eines Werkzeugkastens zur Führung auf Distanz.	• Es darf keine „Söldnermentalität" entstehen, kein Einzelkämpfertum – der Teamgedanke darf nicht verlorengehen.

Voraussetzungen der mobilen Arbeit

Zum einen gilt die Klarheit in den Arbeitsaufgaben, Zielen und Ergebniserwartungen als wichtiger Schlüsselfaktor. Die Organisation muss ermöglichen, den im Mobile Office Arbeitenden Freiraum zu geben, eigenständig zu entscheiden, wie sie ein bestimmtes Ergebnis erreichen. Auch eine faire Bewertung der mobilen Arbeitsleistung ist enorm wichtig.

Zum anderen gewinnt Beziehungsmanagement in einer Kultur des Vertrauens eine neue Dimension, weil persönliche Bindungen zunehmend über digitale Medien aufgebaut werden. Im Zusammenhang mit mobiler Arbeit bedarf es somit einer modernen Kommunikationspolitik – auch um soziale Isolation zu verhindern. Gleichzeitig ersetzen digitale Lösungen nicht regelmäßige Face-to-Face-Treffen. Nichtsdestotrotz erfordert mobile Arbeit eine hohe mediale Kommunikationskompetenz, denn der Aufwand für den Austausch von Informationen ist bei Homeoffice ungleich höher als in Teams, die täglich ihre festen Besetzungen an einem Ort zur gleichen Zeit haben. Zum dritten braucht es Regeln in der Familie bzw. Hausgemeinschaft. Zuhause zu sein bedeutet nämlich, dann auch zu arbeiten und nicht vollumfänglich Zeit mit der Familie/ Hausgemeinschaft zu verbringen. Nicht zuletzt bedarf es auch Regeln im Umgang mit sich selbst. Dazu zählen Leitlinien zur Selbstmotivation, zum Zeitmanagement, zur Selbstorganisation, aber auch zur Vorbeugung vor Selbstausbeutung.

Flexibles Arbeiten

Flexible Arbeitsmodelle dienen im IBE zur besseren Vereinbarkeit von Beruf und Privatleben. Angesichts der Zunahme an Beschleunigung, des Komplexitätszuwachses im Berufs- und Privatleben, von Real Time, von Veränderungen als Normalzustand etc. haben die Mitarbeitenden zunehmend den Wunsch und das Bedürfnis, in Balance zu bleiben bzw. wieder in Balance zu kommen. Nur so ist eine Verlängerung der Lebensarbeitszeit unter dynamischen wirtschaftlichen und gesellschaftlichen Rahmenbedingungen erfolgreich zu bewältigen. Viele Arbeitgeber erkennen diese Entwicklung und bieten den Beschäftigten flexible Arbeitsmodelle und -formen an. Und sie können aus dem Vollen schöpfen, denn sie haben seit Jahren insbesondere in flexible Arbeitszeitmodelle investiert, um die Vereinbarkeit von Beruf und Privatleben zu ermöglichen und als attraktiver Arbeitgeber zu gelten.

An dieser Stelle sei auf einen möglichen Zielkonflikt zwischen Agilität und Flexibilität als organisationalen Prinzipien hingewiesen: Während Agilität stark verknüpft ist mit Selbstorganisation und Hierarchiefreiheit mit dem Ziel, u. a. schnell Innovationen zu generieren, ist Flexibilität im organisationalen Kontext nicht selten verbunden mit der Vereinbarkeit von Unternehmens- und Beschäftigtenzielen sowie -interessen. Zugespitzt formuliert: Wenn ein agil organisiertes Team im Flow ist, sich also an einem erfolgskritischen Zeitpunkt des Innovationsprozesses befindet, ist es kontraproduktiv, wenn ein Teammitglied oder mehrere Teammitglieder auf die Uhr schauen und feststellen, dass sie jetzt gehen müssen, um die Kinder von der Kinderbetreuung abzuholen oder den geplanten Sportaktivitäten nachzugehen. Die Vereinbarkeit von Beruf und Privatleben scheint nur bedingt mit der agilen Organisation kompatibel zu sein. Agilität und Flexibilität folgen NICHT der gleichen Logik und haben NICHT das gleiche Ziel.

DR. ALEXANDRA KOHLMANN

Geschäftsführerin der ROWE Holding GmbH, ROWE MINERALÖLWERK GmbH

Wie sieht für Sie eine zukunftsfähige belastbare Unternehmenskultur aus?

Das Thema New Work ist schon seit einigen Jahren präsent – doch spätestens seit der Corona-Pandemie erhielt das Thema Digitalisierung erneut einen Schub mit weitreichenden Folgen. Nicht nur die zunehmende Digitalisierung, Vernetzung und Automatisierung von Maschinen und der Einsatz künstlicher Intelligenz werden Organisationen und deren Arbeitsumfeld stark verändern. Unternehmen sollten hierbei aufpassen, den Menschen nicht aus den Augen zu verlieren. Die neue Arbeitswelt wird geprägt sein von agiler Führung, Kooperation und Austausch in Netzwerken, Co-Creation, Interdisziplinarität und wachsender Komplexität. Die Arbeitsplatzgestaltung passt sich hierbei an die individuellen Bedürfnisse und Prozesse der Organisation an und wird den Anforderungen jüngerer Generationen gerecht: Homeoffice, Flexibilität, Remote Work, Auflösung von Arbeitszeit- und ort, weg von der Präsenz- hin zur Ergebniskultur. Das Verhältnis von Mensch und Maschine wird die Gesellschaft nachhaltig prägen. Wer Daten analysieren und bewerten, diese in den richtigen Kontext setzen und Maßnahmen daraus ableiten kann, wird in der

Berufswelt von morgen bestehen. Was am Ende jedoch die Automatisierung nicht ersetzen kann, ist die Kreativität. Hier kann der Mensch seine Fähigkeiten unter Beweis stellen. Überhaupt werden Selbstverwirklichung, Erfüllung und Autonomie sowie die eigene Entfaltung für den Menschen eine entscheidende Rolle spielen. Dies bringt vor allem auch Herausforderungen für gute Führungskräfte mit sich: Durch Orientierung und Sinngebung schaffen es die Leader der Zukunft, motivierte und eigenständige Mitarbeiter:innen zu inspirieren, sie zu befähigen und gemeinsam die Vision des Unternehmens zu verwirklichen. Weg vom Boss, für den die bloße Anwesenheit auf der Arbeit schon als Bewertungsmaßstab genügte, hin zum Coach und Befähiger, im interdisziplinären Team gemeinsam am Ergebnis zu arbeiten.

Was würden Sie jungen Unternehmer:innen in diesem Zusammenhang mitgeben?

Eine solche Unternehmenskultur kann schon ganz zu Beginn eines Unternehmens essenziell sein, um fähige Mitarbeiter:innen zu rekrutieren, diese aber auch zu halten. Nichts ist wichtiger als Transparenz, Kommunikation und Authentizität. Dies beginnt damit, das Team bezüglich des Geschäftszwecks, der Zukunftsplanung und Vision abzuholen. Wichtig ist auch, Meilensteine messbar und einsehbar zu machen. Wenn alle wissen, wo das Business aktuell steht, kann jede:r an Maßnahmen mitwirken, damit die Vision bzw. das Ziel erreicht wird. Die Herausforderung gerade für junge Unternehmer:innen besteht darin, rechtzeitig von der Experten- in die Führungsrolle zu wechseln bzw. in beiden Rollen souverän parallel zu agieren.

Was würden Sie als Mentorin an die nächste Generation weitergeben?

Setzen Sie auf Diversität. Vorgenannte Anforderungen gedeihen am besten in einer diversen Umgebung. Dies bedeutet, verschiedene Kulturen, berufliche Werdegänge, Geschlechter und Alter in Teams zu mischen. Hier mögen Entscheidungsprozesse länger dauern, aber der demokratische Weg berücksichtigt verschiedene Aspekte des Themas, fördert die Akzeptanz der Entscheidung und erzielt ein nachhaltiges Endergebnis. Schulen Sie Ihre Kommunikationsfähigkeiten. In der agilen und stark vernetzten Arbeitswelt von morgen ist es essenziell, Informationen schnell und richtig zu adressieren, um komplexe Sachverhalte abzubilden.

MIT OMA IN DIE ZUKUNFT

Wie auch Unternehmen der „Old Economy" ein Vorbild für mehr Nachhaltigkeit sein können

Mit der zunehmenden Globalisierung und der damit einhergehenden Vernetzung von Volkswirtschaften steigt die globale Komplexität. Wir leben in einer „Epoche der Unübersichtlichkeit", der Systemvolatilität und der Interdependenzen.[1] Neben den ökonomischen Folgen dieser vernetzten Welt erleben wir zudem eine Reihe von ökologischen und sozialen Implikationen: Dies reicht von der Eindämmung des voranschreitenden klimatischen Wandels über neue technologische Anforderungen an Organisationen und veränderte geopolitische Voraussetzungen bis hin zu globalen sozialen Ungleichheiten und Verwerfungen. Aus diesem Grund gewinnen die Sustainable Development Goals (SDGs), welche die Vereinten Nationen in der Agenda 2030 festhielten, stetig an Bedeutung. Im Protokoll der Generalversammlung vom 25. September 2015 proklamieren die Länder eine gemeinsame Kraftanstrengung für eine „Transformation der Welt". Dabei wissen die staatlichen Institutionen der Mitgliedsländer, dass eine Umsetzung dieser Vielzahl von Zielen ohne verantwortlich handelnde Unternehmen und andere nichtstaatliche Akteure unmöglich ist.

Jede:r Unternehmer:in trägt dementsprechend die besondere Verantwortung, einen Beitrag zur Erfüllung dieser Ziele zu leisten. Darin könnte auch eine Chance liegen, um mit dem beschädigten Image des „kapitalismusorientierten Unternehmers" aufzuräumen und mit integren Werten sowie Überzeugungen in Bezug auf gute Governance, Menschenführung und nachhaltige Unternehmenspraxis die Zukunft aktiv besser zu gestalten. Denn es braucht glaubwürdige Unternehmenslenker:innen, die im angestoßenen Reformprozess eine verantwortungsvolle Rolle einnehmen wollen, um die oben genannte Agenda zu erreichen.

Schmierstoffe im Fokus der Nachhaltigkeit

Seit 2016 bin ich Nachfolgerin in einem Familienunternehmen der Schmierstoffbranche. 1995 gegründet, hat sich das Unternehmen in den letzten Jahren rasant entwickelt und ein dynamisches Wachstum verzeichnet. Ungewöhnlich ist ROWE vielleicht, weil mit der zweiten Generation eine Frau in einer eher männlich dominierten Branche Einzug ins Unternehmen hielt. Zum anderen, weil im Zuge der Diskussion rund um Klimawandel, Elektromobilität und Verkehrswende auch unsere Branche verstärkt in den Fokus energie- und verkehrspolitischer Debatten rückte. Es gilt also, die richtigen Weichen für die Zukunft zu stellen.

Schmierstoffe spielen per se eine sehr wichtige Rolle bei der Langlebigkeit von Produkten: So zählt die Reibungsminderung zwischen Bauteilen und somit die Verschleißminderung zu den inhärenten Eigenschaften von Fetten und Ölen. Aus vielen industriellen Herstellungsprozessen zur Metallbearbeitung sind Schmierstoffe nicht wegzudenken, da sie für die Energiereduzierung, Kühlung sowie den Korrosions- und Verschleißschutz maßgeblich sind. Durch den Einsatz von Schmierstoffen kann somit eine längere Produktlebensdauer einer Maschine oder eines Bauteils erreicht werden, wodurch der Bedarf für die Herstellung neuer Teile und Arbeitskosten sinkt – Primärenergie und Material werden nachhaltig eingespart. Dies ermöglicht eine intensivere Nutzung der Materialen, bevor sie ersetzt werden müssen.[2] Zudem können wir die Zusammensetzung der Schmierstoffe oder den Herstellungsprozess als solchen nachhaltig beeinflussen und gestalten. Daher entwickelt ROWE schon lange auf natürlichen Stoffen basierende, native Schmierstoffe zum Einsatz in Motoren oder hydraulischen Anwendungen.

Das „OMA-Prinzip" als Handlungsmaxime

Das Thema Nachhaltigkeit ist in den vergangenen Jahren zu einem unserer unternehmerischen Leitgedanken geworden. Ein Vorbild zu sein ist uns in vielerlei Hinsicht wichtig. Die gesamte ROWE-Gruppe verfolgt den Ansatz, dass Nachhaltigkeit im Kopf entsteht und hierfür ein Mindset aus *Offenheit* für Veränderung, *Mut* zu neuem Denken und *Ausdauer* bei der Umsetzung von neuen Ideen erforderlich ist. Offenheit, Mut, Ausdauer – kurz: OMA – das sind unternehmerische Grundtugenden, die gerade im Kontext von abstrakten SDGs eine Handlungsmaxime für alle Anstrengungen zu nachhaltigem Wirtschaften bieten. Aus dieser Denkhaltung entstehen dann ganz konkrete Projekte in der Praxis.

Als Mit-Initiator der „Nachhaltigkeitsinitiative Schmierstoffindustrie" entwickelten wir gemeinsam mit anderen Kooperationspartnern und Marktbegleitern sogenannte Sustainability Key Performance Indicators, mit denen branchenspezifische Vergleichsstandards gesetzt werden. Wir begreifen den Komplex aber nicht nur aus ökologischer Sicht, ebenfalls spielen ökonomische und soziale Faktoren bei allen unternehmerischen Entscheidungen eine wichtige Rolle. Als Familienunternehmen denken wir langfristig und vorausschauend. Ein verlässlicher Arbeitgeber in der Region zu sein sowie die langfristige Sicherung unseres Kapitals sind wichtiger als kurzfristige Renditen.

Ziel 12: Nachhaltige Konsum- und Produktionsmuster sicherstellen
In unserer neu errichten Produktionsstätte in Worms setzen wir auf ca. 40.000 m^2 innovative und nachhaltige Leitplanken, wie Schmierstoffe produziert werden können und dabei Energie- und Umweltauswirkungen möglichst gering gehalten werden. Dazu zählt das Prinzip der „dedicated lines", mit dem wir entsorgungsintensive Mengen an Spülöl bei der Herstellung von Schmierstoffen vermeiden. Dies schont nicht nur die Umwelt, sondern gleichzeitig auch Ressourcen. Die Energiegewinnung und Abwärmenutzung erfolgen durch ein eigenes Blockheizkraftwerk, zudem tragen wir zur regenerativen Stromerzeugung mit einer über 4.000 m^2 großen Photovoltaikanlage auf unseren Dächern bei. Die Abwärme, die im Mischbereich und an der Fettanlage in der Produktion entsteht, wird an anderer Stelle im Werk wieder genutzt.

In erster Linie widmen wir uns der Energievermeidung und -einsparung. Seit 2017 sind wir das erste Unternehmen der deutschen Schmierstoffbranche mit einer vollständig CO_2-kompensierten Produktion. Unsere klimafreundliche Produktpalette ist an der entsprechenden Prägung auf jedem Gebinde erkennbar. Mit einer eigenen Inhouse-Produktion von Leergebinden an jeweils beiden Produktionsstandorten reduzieren wir CO_2-belastende Lkw-Transporte von leeren Gebinden. Zudem setzen wir als erster Schmierstoffhersteller im Kleingebindesegment 20 % Rezyklat aus Post-Consumer-Abfällen ein.

Die Zertifizierung nach DIN ISO 14001 (Umweltmanagement) und DIN ISO 50001 (Energiemanagement) ist logische Konsequenz unseres Engagements. Die Erstellung einer CO_2-Bilanz ermöglicht es uns außerdem, wichtige Handlungsfelder der Zukunft zu identifizieren und Stellhebel für weitere Emissionsreduzierungen zu finden. Hierzu wurde ein interdisziplinäres Team gegründet, welches sich organisationsweit um Initiativen und Impulse zum Thema Umwelt und Energie kümmert.

Ziel 5: Geschlechtergleichstellung erreichen und alle Frauen und Mädchen zur Selbstbestimmung befähigen

Als weibliche Führungskraft ist es mir wichtig, mehr Frauen auch im Kontext einer industriellen Branche in Führungspositionen zu fördern und Möglichkeiten für Männer und Frauen zu schaffen, wie sich familiäre Anforderungen mit dem Arbeitsumfeld vereinen lassen. Hierzu zählen flexible und innovative Arbeits- und Führungsmodelle wie Jobsharing, Teilzeitangebote und Kinderbetreuungsangebote. Männer mit dem Wunsch nach Elternzeit dürfen nicht mit Vorurteilen stigmatisiert werden, weil sie damit ihrer Partnerin früher den Weg zurück in den Beruf ermöglichen. Durch spezielle, berufsorientierende Angebote für junge Frauen und Mädchen möchten wir zudem auch Schulabgängerinnen und Studentinnen ermöglichen, das technische, chemische oder ingenieurwissenschaftliche Berufsumfeld näher kennenzulernen und sie zu einem Einstieg in die verarbeitende Industrie begeistern. Eine offene und vertrauensvolle Führungskultur sorgt für einen Rahmen, in dem Gleichberechtigung bei Beförderungen und Gehaltsverhandlungen auch wirklich gelebt wird.

Ziel 6: Verfügbarkeit und nachhaltige Bewirtschaftung von Wasser und Sanitärversorgung für alle gewährleisten

Teil unserer Firmengruppe ist ein Unternehmen, welches sich auf den Bau von Abwasseraufbereitungsanlagen spezialisiert hat. Hiermit können nicht nur stark verschmutze Industrieabwässer (z.B. textile Abwässer) von Verunreinigungen befreit werden, sondern es kann auch aus Brunnen- oder Oberflächenwasser sauberes Trinkwasser zur autarken Versorgung gewonnen werden. Ebenfalls ist es möglich, kommunale Abwässer zu reinigen und wieder dem Kreislauf zuzuführen.

Diesen Ansatz der Materialschonung und Kreislaufwirtschaft verfolgen wir in weiteren Forschungsprojekten, wie beispielsweise der Aufbereitung wassermischbarer Kühlschmierstoffe. Die Aufspaltung von hochbelasteten Emulsionen war in der Vergangenheit äußerst energieintensiv, die nicht mehr verwendbare Flüssigkeit gilt als Sonderabfall. In Zukunft könnte die Flüssigkeit in ihre Einzelbestandteile zerlegt werden und dem Kreislauf wieder zugeführt werden – ganz im Sinne einer nachhaltigen und ressourcenschonenden Nutzung.

Fazit

Durch Innovationen in Forschung und Entwicklung, Schaffung einer kreativen und werteorientierten Arbeitsatmosphäre und unternehmerische Grundtugenden nach dem „OMA-Prinzip" gelingt es Organisationen, den ökologischen Impact bei gleichzeitiger Sicherung des Fortbestands des Unternehmens und finanziellem Erfolg im Blick zu behalten. Wir dürfen hierbei nicht nur die sozialen Faktoren einer vernetzten Welt berücksichtigen, sondern müssen auch die ökologischen Folgen unseres Fußabdrucks identifizieren, minimieren und am Ende hierfür Verantwortung tragen.

Mit Blick auf die vernetzte Welt sollte die Gesellschaft lernen, stärker gesamtheitlich zu denken, denn wenn in Deutschland ein Umbau auf eine grüne(re) Wirtschaft erfolgt, darf dies nicht auf Kosten anderer Länder geschehen, in denen Umwelt- oder Sozialstandards nicht die gleiche Bedeutung haben. Damit wäre dem globalen Ansatz der SDGs nicht geholfen, sondern das Problem lediglich aus Deutschland heraus verlagert. Wir haben nur eine Erde, die wir uns erhalten müssen. Und wir haben nur eine Gesellschaft, die gemeinsam solche Herausforderungen schaffen kann, damit auch nachfolgende Generationen diesen Planeten als lebenswert erachten. Lasst uns diese Transformation der Zukunft gemeinsam angehen – jetzt.

Quellen
1   Herles, B. (2021), Get it!, in: Hohe Luft Kompakt, Sonderausgabe 01/2021, S. 75–79.
2   Woydt, M./Hosenfeldt, T./Luther, R./Scholz, C./Bäse, M./Wincierz, C./Schulz, J. (2021), Tribologie in Deutschland, Verschleißschutz und Nachhaltigkeit als Querschnittsherausforderungen, Eine Expertenstudie der Gesellschaft für Tribologie e.V. 2021, S. 7.

NATASCHA HOFFNER

Gründerin herCAREER

Welche Netzwerke waren für Sie und Ihre berufliche Entwicklung relevant?

Obwohl ich in meinem Job als Messemacherin ständig in Kontakt mit spannenden Menschen war, dachte ich lange, dass ich zum Netzwerken keine Zeit habe. Das änderte sich schlagartig, als ich meine eigene Messegesellschaft gründete. Mein kleines, aber feines Netzwerk war für mich damals sehr wertvoll. Als Gründerin war ich zwei- bis dreimal pro Woche auf Events, um mein persönliches Netzwerk und die Community von herCAREER auszubauen. Inzwischen bin ich in ein paar ausgewählten Frauen- und Themennetzwerken Mitglied. Um auch anderen Menschen einen leichten Zugang zum Netzwerken zu verschaffen, arbeite ich aktuell an einer digitalen Plattform für interessenbasiertes Networking rund um die weibliche Karriereplanung.

Welche Mentorin/welcher Mentor hat Sie beeindruckt?

Schon als Berufseinsteigerin in einem jungen Messeunternehmen trug ich sofort Verantwortung – ich wollte und durfte etwas bewegen. So entwickelte ich mich in nur sieben Jahren vom Azubi zur Geschäftsführerin. Ich erlebte eine Unternehmenskultur des Vertrauens und Machens – geprägt durch den

Gründer. Er wurde zu meinem Mentor, auch wenn keiner von uns das jemals so bezeichnet hat. An ihm hat mich beeindruckt, dass er immer offen war, über Hierarchien hinweg in den Austausch zu gehen. Wir haben beide viel voneinander gelernt – etwa Neues auszuprobieren, Ideen loszulassen, wenn sie nicht funktionieren, und nach Niederlagen einen neuen Anlauf zu wagen.

Was würden Sie als Mentorin an die nächste Generation weitergeben?
Wartet nicht darauf, dass ihr entdeckt werdet. Wer beruflich etwas errei- chen möchte, braucht ein Umfeld, das fordert und fördert, und vor allem Sponsor:innen. Damit meine ich nicht Geldgeber im klassischen Sinne, son- dern Menschen, die für andere Türen öffnen und ihnen den Rücken stärken. Es geht nicht immer nur um höher, schneller, weiter, auch wenn aktuell die Arbeitswelt noch sehr darauf ausgerichtet ist. Ich erlebe viele junge Men- schen mit einem enormen Gestaltungswillen. Es kann gelingen, ein System zu schaffen, das Männern und Frauen die gleichen Chancen in der Arbeits- welt eröffnet – und dafür möchte ich alles mir Mögliche getan haben.

Wie sieht für Sie eine zukunftsfähige belastbare Unternehmenskultur aus?
Sie setzt auf Inklusion und empathisches Führungsverhalten. Das heißt für mich, dass Führungskräfte Anderssein in allen Dimensionen akzep- tieren und für das Unternehmen nutzen. Es ist menschlich und einfacher, das eigene Mini-Me zu reproduzieren. Deshalb sollten Führungskräfte das große Ganze sehen: dass es um eine gerechte und nachhaltige Zukunft geht, in der alle Menschen ihre Potenziale entfalten können. Dazu braucht es eine Kultur der ständigen Veränderung, um der Digi- talisierung und der Dynamik der Wirtschaft zu begegnen. Es gilt, agil reagieren zu können, mit Kopf, Herz und Hand.

Wo sehen Sie die größten Herausforderungen dabei?
Vor allem in alten Glaubenssätzen und den sogenannten Unconscious Bia- ses. Menschen entscheiden in Bruchteilen von Sekunden, wie sie jemanden einschätzen. Alt oder jung, männlich oder weiblich, schwarz oder weiß, dick oder dünn – wir haben alle unsere Schubladen. Deshalb kommt es darauf an, klassische Rollenbilder bewusst zu machen und an die Oberfläche zu bringen. Ständige Kommunikation und teils auch schmerzhafte Debatten sind gefragt, um zu begreifen: Vielfalt geht alle etwas an.

IDEEN FÜR MEHR GESCHLECHTERGERECHTIGKEIT

Diversität kann zu qualitativ hochwertigerer Arbeit, besserer Entscheidungsfindung und größerer Teamzufriedenheit führen. Die Gleichstellung von Männern und Frauen spielt dabei eine entscheidende Rolle. Aber sie ist vor allem aus einem anderen Grund wichtig: Es ist schlicht eine Frage der Gerechtigkeit, dass Frauen, die die Hälfte der Bevölkerung ausmachen, auch in eben solchem Maße in der Wirtschaft und Arbeitswelt in allen Hierarchieebenen vertreten sind.

Viele Frauen befürworten inzwischen Quotenregelungen, weil sich durch Freiwilligkeit zu wenig bewegt. Quoten sind ein gutes Übergangsinstrument, um das System Arbeit nach neuen Regeln zu spielen. Die Quote bei Aufsichtsräten hat Wirkung gezeigt. Das „Totschlagargument", dass Quoten dazu führen, dass Menschen nur nach Geschlecht und nicht mehr nach Leistung und Qualifikation befördert werden, ist zweifelhaft. Es gibt genügend qualifizierte Frauen. Forscher der London School of Economics and Political Science zeigten sogar, dass Quoten für wesentlich höhere Kompetenzlevel in den Führungsetagen sorgen. In einer Studie[1] hatten sie die Folgen der strikten 50-Prozent-Quote analysiert, die die schwedischen Sozialdemokraten bereits 1993 für ihre kommunalen Wahllisten eingeführt hatten. Die Quote steigerte das Kompetenzniveau insgesamt – vor allem, weil es die Zahl gering begabter Männer reduzierte, die nur mittelmäßige Anhänger als Nachfolger auswählten.

Dennoch: Quoten allein reichen nicht. Um mehr Geschlechtergerechtigkeit zu erreichen, brauchen wir viele Stellhebel, an denen wir gleichzeitig ansetzen. Dabei sind auch Kreativität und Mut zu Experimenten gefragt.

Frauen das Wort erteilen

Soziologen an der Universität Princeton zeigten: Je größer eine Gruppe, desto größer ist die Wahrscheinlichkeit, dass Männer das Wort ergreifen. Wenn es mehr Männer als Frauen in einer Gruppe gibt, sinkt die durchschnittliche Redezeit einer Frau um ein Viertel bis zu einem Drittel. Eine

Studie der Universität Yale wies einen ähnlichen Effekt nach: Je mächtiger Männer sind, desto mehr und länger reden sie.[2]

Wenn Frauen nicht zu Wort kommen, finden sie in vielen Gremien wie dem Vorstand oder dem Aufsichtsrat nicht statt. Macht und Redezeit sind zwei Seiten derselben Medaille: Wer viel redet, hat in den Augen anderer einen gewissen Status. Wer Macht hat, redet noch mehr. Deshalb sollten Unternehmen die Redezeit in wichtigen Sitzungen kontrollieren, indem sie diese begrenzen und auch tatsächlich messen.

Expertinnen zeigen

Neun von zehn Menschen haben Vorurteile gegenüber Frauen, so das Ergebnis einer United-Nations-Studie.[3] „Unconscious Biases" haben also auch Frauen gegenüber Frauen. Die Mehrheit der Befragten gab an, dass eine Hochschulausbildung für Männer wichtiger sei. Solche Vorteile beeinflussen nicht nur die Besetzung von Führungspositionen, sondern auch die Bedingungen für Gründertum: Laut dem Female Founders Monitor 2020, einer Studie des Start-up-Bundesverbandes und von Google for Start-ups, sammeln von Gründern geführte Start-ups in Deutschland im Schnitt 10,6 Mio. Euro ein. Gründerinnen erhalten laut BCG mit durchschnittlich 3,5 Mio. Euro knapp ein Drittel.[4]

Wie bei anderen Formen der Diskriminierung auch, bauen wir Vorurteile gegenüber Frauen vor allem dann effektiv ab, wenn Menschen durch ihr Verhalten, ihr Wissen oder ihren Job uns eines Besseren belehren. Deshalb brauchen wir Parität der Geschlechter – auf Events oder in Medien. „Wir kultivieren das Bild eines Experten, der männlich zu sein hat. Die Abwesenheit der Frauen wiederum unterstellt, dass wir ihnen weniger zutrauen", kritisiert Prof. Elizabeth Prommer, Medienforscherin an der Universität Rostock.[5] Frauen zeige man vor allem als Betroffene: Sie berichten etwa, wie sie Kinderbetreuung und Homeoffice unter einen Hut bringen. Dass es auch anders geht, beweist die BBC mit ihrem Projekt „50:50": Vor und hinter Kameras und Mikrofonen sollen Frauen gemäß ihrem Bevölkerungsanteil eine größere Rolle spielen.[6]

Impostor-Syndrom überwinden

Das Impostor-Syndrom ist unabhängig vom Geschlecht, tritt aber besonders häufig bei hochbegabten Frauen auf: Sie haben starke Zweifel an den eigenen Fähigkeiten und das Gefühl, ihren Erfolg nicht verdient zu haben oder gar eine Betrügerin zu sein. Bei Männern lassen Gefühle des Zweifels in der Regel mit dem Erfolg nach. Der Grund: Das Arbeitsumfeld bestätigt sie in ihrem Job. Sie folgen Vorbildern ihres eigenen Geschlechts, und selten stellt jemand sie grundsätzlich infrage. Frauen, die wichtige Führungspositionen innehaben, können es hingegen kaum jemand recht machen – sie sind zu emotional oder zu hart, zu still oder zu laut, zu ehrgeizig oder zu zurückhaltend.

Unternehmen doktern häufig an Frauen herum, statt sich dem Thema vom System her zu nähern. Gegen das Impostor-Phänomen helfen nur Vorbilder von anderen Frauen und Solidarität von und mit Frauen. Wer eine Unternehmenskultur fördern möchte, in der das möglich ist, erhält von Verhaltensökonom Dennie van Dolder von der Freien Universität Amsterdam aufschlussreiche Erkenntnisse: Frauen schrecken häufig davor zurück, bei Bewerbungen in den direkten Wettbewerb mit Männern zu treten – sie bewerben sich erst gar nicht. Gleichzeitig belegen ökonomische Experimente, dass Frauen genauso wie Männer dazu neigen, sich selbst zu verbessern und somit mit eigenen früheren Leistungen in den Wettbewerb zu treten. Potenzialentfaltung statt Konkurrenzdenken – das könnte die Wachstumswünsche von Frauen viel besser kanalisieren.[7]

Glück ebenso schätzen wie Leistung

Chengwei Liu, Professor für Strategie- und Verhaltensforschung an der ESMT Berlin, untersucht den Einfluss von Zufällen auf die Karriere. Er ist der Meinung, dass der Faktor Glück gerade in Top-Positionen eine wichtige Rolle spielt. Wer beruflich erfolgreich ist, muss nach landläufiger Meinung doch etwas geleistet haben. Aber manche dieser Menschen seien einfach nur Glückpilze.[8] Die Ökonomin Jennifer Brown hat die Ergebnisse von Golfturnieren zwischen 1999 und 2006 ausgewertet. Das Ergebnis: Die Leistung der Spieler sank jedes Mal messbar, wenn auch Tiger Woods an einem Wettbewerb teilnahm. Für die Mitspieler fühlten sich die Niederlagen sicherlich verdient an, sie waren es an der Leistung gemessen auch. Doch vermutlich nur, weil sie geblendet vom Erfolg eines Wettbewerbers waren.[9]

Was können wir daraus für Geschlechtergerechtigkeit lernen? Wir sollten Leistung nicht überschätzen. Die NZZ wagte in einem Artikel ein spannendes Gedankenexperiment[10]: Wäre die Wirtschaft besser dran, wenn Führungskräfte per Losentscheid ausgewählt würden? Autor Thomas Fuster führt die Ökonomin Margit Osterloh und ihre Forscherkollegen an, die vorschlagen, Recruiting von Führungskräften dem Prinzip Zufall folgen zu lassen. Wer per Los gewählt wird, sei weniger anfällig in die Selbstüberschätzungsfalle zu tappen. Verlierer könnten ihr Gesicht wahren und auch Menschen, die den Wettbewerb sonst meiden – wie etwa Frauen – hätten realistische Chancen auf die Chefsessel. Einen Versuch wäre es wert.

Recruiting neu denken

Im Recruiting gezielt mehr Frauen ansprechen, wäre das nicht Diskriminierung? Arbeitgeber sollen doch Männer und Frauen in allen Belangen gleichbehandeln. Das Problem dabei: Zwar sind viele Stellenanzeigen vermeintlich geschlechtsneutral formuliert, sprechen jedoch eher eine männliche Sprache – häufig ganz unbewusst. Sabine Sczesny, Professorin für Sozialpsychologie an der Uni Bern, hat beobachtet, dass Frauen in geringerem Maße dazu neigen, sich auf eine Anzeige zu bewerben, wenn nur männliche Berufsbezeichnungen genannt sind. Sie fühlen sich durch weiblich assoziierte Eigenschaften angesprochen. Diese schrecken Männer in der Regel nicht ab, zumindest, wenn dies nicht explizit frauendominierte Berufe wie Erzieher betrifft.[11]

Stellenanzeigen zu formulieren, die Männer und Frauen in gleichem Maße ansprechen, ist dennoch ein Drahtseilakt. Da kann die Digitalisierung helfen. Inzwischen gibt es viele Matchingtools und Plattformen, bei denen Bewerber einmalig ein Profil anlegen und dann mit passenden Arbeitgebern gematcht werden. Laut Isabell Welpe, Professorin für Strategie und Organisation an der TU München[12], steht es außer Frage, dass Arbeitgeber künstliche Intelligenz bei der Bewerberauswahl einsetzen werden. Die Frage ist nur, wie. Für Frauen haben Matching-Algorithmen nicht nur den Vorteil, dass sie sich nicht aktiv bewerben müssen, sondern auch, dass unbewusste Vorurteile der Recruiter außen vor bleiben.

Echte Inklusion schaffen: weg vom Fokus nur auf Frauen

Der Transformationsberater Robert Franken spricht etwas aus, was Frauen nicht gerne hören: „Wir richten den Fokus zu sehr auf Frauen."[13] Auch der Schweizer Markus Theunert, Geschäftsleiter von männer.ch, sieht bei Männern wichtige Hebel für Gleichstellung. Viele Männer wünschten sich mehr Teilzeitarbeit und zeitliche Flexibilität.[14] Vor allem wenn es um Elternschaft geht, befinden sie sich jedoch oft im toten Winkel von Unternehmen. Sie würden gern mehr Zeit mit ihren Kindern verbringen, sind aber in ihrer Rolle als Alleinernährer gefangen. Mit der Corona-Pandemie hat sich die klassische Rollenverteilung verstärkt: Im Lockdown verdoppelte sich laut einer Studie des Deutschen Instituts für Wirtschaftsforschung der Anteil von Frauen, die sich in ihrer Familie allein um die Kinder kümmern.[15]

Für die Neuverteilung von Care-Arbeit brauchen wir neue politische Rahmenbedingungen, etwa eine Individualbesteuerung anstelle von Ehegattensplitting. Noch wichtiger aber ist es, Männer nicht anzuklagen. „Die digitale Kultur hat eine Epidemie des Narzissmus geschaffen und die politische Polarisierung verschärft, die die Menschen eher spaltet als vereint", sagt Dr. Roman Krznaric, australischer Philosoph und Autor.[16] Er fordert mehr Empathie und trifft damit ins Schwarze. Wir brauchen Einfühlungsvermögen, also die Fähigkeit, die Perspektiven, Gefühle und Erfahrungen anderer zu verstehen. Denn Geschlechtergerechtigkeit geht nur zusammen.

Quellen

1   https://blogs.lse.ac.uk/europpblog/2017/04/05/gender-quotas-and-the-crisis-of-the-mediocre-man/
2   https://www.sueddeutsche.de/karriere/job-meeting-diskussion-frauen-coaching-1.4301125
3   https://www.zeit.de/gesellschaft/2020-03/gleichberechtigung-sexismus-vorurteile-frauen-maenner-patriarchat
4   https://www.handelsblatt.com/karriere/kein-geld-fuer-gruenderinnen-frauen-haben-es-in-der-start-up-welt-immer-noch-schwer/25967820.html?
5   https://www.spiegel.de/kultur/tv/tv-talkshows-nur-ein-drittel-der-gaeste-sind-frauen-warum-eigentlic h-a-00000000-0002-0001-0000-000170923537
6   https://www.sueddeutsche.de/medien/bbc-50-prozent-frauen-quote-1.4449251
7   https://hbr.org/2021/02/stop-telling-women-they-have-imposter-syndrome?utm_medium=email&utm_source=newsletter_ monthly&utm_campaign=womenatwork_not_activesubs&movetile=womenatwork&deliveryName=DM123235
8   https://app.handelsblatt.com/arts_und_style/literatur/buchtipp-luck-glueck-ist-ein-unterschaetzter-erfolgsfaktor-vor-allem-an-der-unternehmensspitze/25543498.html?social=fb-hb_ka-li-ne-or-
9   https://www.faz.net/aktuell/sport/mehr-sport/motivation-der-superstar-effekt-in-der-oekonomie-1547519.html
10 https://www.nzz.ch/wirtschaft/chef-aus-zufall-waere-die-wirtschaft-besser-dran-wenn-die-fuehrungskraefte-per-losentscheid-ausgewaehlt-wuerden-ld.1586764
11 https://sz.de/1.5099525
12 https://www.spiegel.de/start/kuenstliche-intelligenz-bei-der-bewerbung-wie-tinder-fuer-jobs-a-3f314053-ecad-45ff-bbb7-5b23701d7ccf?
13 https://www.linkedin.com/pulse/unpopular-opinion-theres-too-much-focus-women-robert-franken/
14 SZ Familie Newsletter 09.10.2020
15 https://www.sueddeutsche.de/wirtschaft/kinderbetreuung-homeoffice-homeschooling-diw-1.5222437
16 https://www.nytimes.com/2020/10/04/smarter-living/5-people-who-can-help-you-strengthen-your-empathy-muscle.html

DR.- ING. BARBARA HAUSMANN

Inhaberin und Geschäftsführerin der Hausmann Consulting GmbH

Welche Netzwerke waren für Sie und Ihre berufliche Entwicklung relevant?
Kontakte, die ganz einfach durch die tägliche Arbeit entstehen. Vorgesetzte, Geschäftspartner, Kollegen.

Welche Mentorin/welcher Mentor hat Sie beeindruckt?
Der Mentor meiner Dissertation, Dr. Frank Werner, seine Aufrichtigkeit, Gewissenhaftigkeit und Fachkompetenz.

Was würden Sie als Mentorin an die nächste Generation weitergeben?
Gestalte dein Leben in Eigenverantwortung. Suche dir einen Beruf und einen Ort, an dem du Wurzeln schlagen kannst. Gehe eine Partnerschaft ein, die dich beflügelt und sich gegenseitig trägt.

Wie sieht für Sie eine zukunftsfähige belastbare Unternehmenskultur aus?

Führung im Vertrauen, durch das Gewähren und Übernehmen von Verantwortung sowie die Förderung der Gemeinschaft durch gemeinsame, regelmäßige Erlebnisse im Jahresverlauf.

Wie setzen Sie Nachhaltigkeit im eigenen Unternehmen um?

Nachhaltigkeit/Sustainable Development ist Kern und Selbstverständnis meiner Dienstleistung als Unternehmensberaterin. Dazu gehören energieoptimierte Geschäftsprozesse, flexible Arbeitszeitmodelle sowie eine nachhaltige Geschäftsimmobilie, bei deren Renovierung das komplette Abbruchmaterial der Verwertung und dem Recycling zugeführt wurde.

DER HERAUSFORDERUNG NACHHALTIGE ENTWICKLUNG BEGEGNEN

Lösungen von Hausmann Consulting GmbH für die unternehmerische Praxis

Nachhaltige Entwicklung (engl. „sustainable development") als Konzept hat eine erstaunliche Karriere gemacht. Nachhaltige Entwicklung als gesellschaftliches Ziel und regulatives Rahmenwerk ist aus der aktuellen Strategieentwicklung in Wirtschaft und Politik nicht mehr wegzudenken. So haben z. B. im Lichte der Ziele des Pariser Klimaabkommens viele Geschäftsmodelle keine Zukunft mehr; unternehmerische Ideen, die z. B. die Klimaherausforderung nicht integrieren, sind zum Scheitern verurteilt. Genauso wichtig ist aber, zukunftsfähige Lösungen der Herausforderung „nachhaltige Entwicklung" wirtschaftlich verträglich und sozial akzeptabel zu gestalten. Die globalen Ziele für nachhaltige Entwicklung (SDGs, UN Sustainable Development Goals) richten sich an alle: die Regierungen weltweit, die Zivilgesellschaft, die Privatwirtschaft und die Wissenschaft.[1] Als Standard nachhaltiger Anlagen haben sich die ESG-Faktoren (Environment Social Governance, dt. Umwelt, Soziales und Unternehmensführung) etabliert.[2]

Nachhaltige Entwicklung muss als „moving target" verstanden werden. Diesem Ziel gerecht zu werden, erfordert immer aufs Neue das Austarieren der gesellschaftlichen Ansprüche. Viele dieser gerade umweltbezogenen Ansprüche an nachhaltige Entwicklung können ingenieurtechnisch verankert und wissenschaftlich belegt, aber nicht immer absolut gefasst werden. Für Unternehmen oder Institutionen, die sich eine Nachhaltigkeitsstrategie zu eigen machen wollen, stellt diese Tatsache oft eine erste Hürde dar. Unterstützen können diese Zielfindung die SDGs, ESG oder der Anspruch der GRI (Global Reporting Initiative). Obwohl es sich hier nicht um einen Berichtsstandard handelt, kann es für einige Unternehmen nützlich sein, zu zeigen, wie die Nachhaltigkeitsziele für sie relevant sind.

Mit meiner 2015 gegründeten Unternehmensberatung biete ich Lösungen für Unternehmen, Institutionen, Immobilienportfolios oder Investitionen an, um Ergebnisse zu erzielen, die dem Anspruch an das „moving target" nachhaltige Entwicklung begegnen (www.hsdc.ch).

Zur gewünschten Frauenperspektive: Ich habe einen Wunsch. Ich wünsche mir Gleichwürdigkeit.[3] Gleichwürdigkeit als Grundlage menschlichen Umgangs. Gleichwürdigkeit bedeutet, eine Perspektive einzunehmen, die alle Menschen (jeden Alters) als von gleichem Wert ansieht, die die persönliche Würde und Integrität respektiert. Themen wie die Vielfalt im Vorstand und die Gleichbehandlung sind ein Schlüsselelement vieler ESG-Bewertungen. Doch um eine wirklich inklusive Wirtschaft und Gesellschaft zu schaffen, ist noch viel zu tun. Frauen in Mitteleuropa, die jetzt in der Mitte des Lebens und der Gesellschaft stehen und dieser Forderung nach „Frauen in Führungspositionen, Frauen in MINT-Berufen, Frauen auf Vorstandsebenen ..." nachkommen sollen, sind in einem Zeitgeist aufgewachsen, in dem eine geschlechtsneutrale Auffassung einer Leistung oder Motivation respektive Unterstützung zu wünschen übrig ließ.

Die mit der fehlenden Gleichwürdigkeit einhergehende Wahrnehmungsverschiebung führt zu gesellschaftlichen Problemen. Ein „Fuchzgerl" hat man in den 80er-Jahren bekommen, um sich sonntags ein Eis zu kaufen. Scheine habe ich dazumal für meine Arbeiten selten gesehen, das ist durchaus in Ordnung. Allerdings: meine Cousins dagegen schon. Sie verdienten Scheine. Sie konnten nach dem Rasenmähen das Landstück abschreiten, die Quadratmeterzahl ausrechnen, dafür gab's dann immer einen oder mehrere Scheine als Lohn für die verrichtete Dienstleistung. Mädchen sollten mit anpacken oder die kleineren Cousins beaufsichtigen, ohne finanziellen Ausgleich. Das haben wir auch gerne gemacht. Wir wären niemals auf die Idee gekommen, dass das ein Job ist, kleine Kinder zu unterhalten. Trotzdem bewunderte ich meine Cousins und ihre Freunde sehr dafür, dass sie „richtig" arbeiten konnten und Geld verdienten. Das war (und ist es heute noch) allerdings niemals Neid auf finanzielle Möglichkeiten. Es war einfach die Begeisterung dafür, eine respektierte, honorierte Tätigkeit zu beherrschen. Später, um das Jahr 2000, hat die Medienwelt den „Manager von morgen" beschrieben. Diese/r sollte sein: weiblich, ein Ingenieur oder Umweltwissenschaftler, mehrere Sprachen sprechend, mit internationaler Erfahrung, Konzern-erfahrung sowie Erfahrung in einer Unternehmensberatung. Ein gro-ßer Schritt also, den der um das Jahr 2000 geltende Zeitgeist von der Zukunft seiner Töchter fordert.

Wieder zurück zum theoretischen Überbau nachhaltiger Entwicklung als gesellschaftliches Ziel und regulatives Rahmenwerk: In dieser Form ist nachhaltige Entwicklung aus der aktuellen Strategieentwicklung in Wirtschaft und Politik nicht mehr wegzudenken, was sich z. B. im Green Deal als prioritärer Strategie der Europäischen Kommission manifes-tiert. Der gesellschaftliche Druck steigt, sich im Rahmen dieses Umfel-des zu positionieren, was sich auf Regulierung, Standardisierung und unternehmerische Verantwortung auswirkt. Zu diesem Druck kommt die legislative Seite auf EU-Ebene und deren regionale Umsetzung, die unter vielem mehr die Förderung der Kreislaufwirtschaft vorsieht. Als beschreibende Instrumente auf dem Weg, sich anzunähern, können SDGs und ESG-Kriterien herangezogen werden. Dies gilt auch für die Finanzwirtschaft oder Immobilien als direkte/indirekte Investition. Nicht zuletzt ist die Sustainable Finance Disclosure Regulation (SFDR)[4] in Kraft getreten. Sie stellt Fondsmanager vor Herausforderungen. Kreditneh-mern und Finanzgebern wird nahe gelegt, ihre Projekte hinsichtlich der SDGs zu hinterfragen, um Vertrauen zu schaffen. Sowohl am Kapital-markt als auch beim Impact Investment sind Nachhaltigkeitsstrategien gefragt für direkte/indirekte Immobilieninvestitionen (Fonds oder REITs). Portfolien wollen analysiert werden, um der Herausforderung zu begeg-nen, bis 2050 einen CO_2-neutralen Gebäudepark aufzustellen. Ebenso sollen traditionelle Produkte nachhaltige Alternativen vergleichen, um der Sorgfaltspflicht gegenüber Versicherten nachzukommen.

Nachhaltige Entwicklung als Ziel kann im Bereich der Ressourceneffizi-enz und Umweltwirkung über technisch-wissenschaftliche Daten, Zahlen und Fakten dargestellt werden, lässt aber den ökonomischen und sozi-alen Anspruch nicht außen vor. Oft helfen technisch-wissenschaftlich basierte Entscheidungsgrundlagen dabei, auf einfachen Weg Strategien aufzustellen. Diese bieten sich auch für Immobilienunternehmen oder mittelständische Unternehmen an. Dabei ist es besonders wichtig, eine dynamische Lösung zu generieren, die über einen längeren Zeitraum funktioniert und angepasst werden kann. Um wertsteigernd zu wirtschaften, ist neben dem Anspruch an eine nachhaltige gesellschaftliche Entwicklung der Anspruch an Kreislaufführung in die strategische Ausrichtung zu integrieren. Hier bietet HSDC Hilfe. Meine Leistungen bewegen sich auf dem Gebiet von Risikomanagement, Qualitätsmanagement und Innovation. Die wissenschaftlich-technischen Fakten können einfach dargestellt und für Unternehmen nutzbar gemacht werden.

Als Unternehmensberatung spreche ich die Sprache von Bauwesen, Real Estate und Umweltwissenschaft. Mit meinen Klienten entwickle ich einen passenden Weg, um zu Ergebnissen zu kommen, die dem Anspruch an nachhaltige Entwicklung gerecht werden. Zu diesem Zweck werden Wege zur Reduzierung der Kohlenstoffemissionen eingeschlagen, die mit den Zielen des Pariser Abkommens übereinstimmen. Dies funktioniert u. a. durch die Erfassung der Ressourcen in Gebäuden und die Messung von Kreislaufführung. Im Rahmen meiner Beratertätigkeit bringe ich Kompetenzen und Erfahrung aus Baubetrieb, Ressourcenmanagement, Lebenszyklusmanagement und Umweltwissenschaften ein. Klienten sind führende Immobilienunternehmen, Investoren/institutionelle Investoren sowie politische Institutionen in Deutschland und der Schweiz. Hausmann Consulting übernimmt Verantwortung zur Weiterentwicklung der Themenbereiche nachhaltiges Immobilienportfolio, Sustainable Real Estate Investment sowie zur Entwicklung von Circular Economy für Real Estate, Bauwesen, Abbruch und Recycling.

Quellen
1   https://www.bundesregierung.de/breg-de/themen/nachhaltigkeitspolitik/nachhaltigkeitsziele-verstaendlich-erkla-ert-232174 (Aufruf am 31.03.2021).
2   https://wirtschaftslexikon.gabler.de/definition/esg-kriterien-120056 (Aufruf am 31.03.2021).
3   https://ratgeber.xtme.de/vier-werte-in-der-erziehung-nach-jesper-juul/#:~:text=Gleichw%C3%BCrdigkeit%20bedeu-tet%20vielmehr%2C%20dem%20Kind,verboten%20war%2C%20folgte%20eine%20Strafe (Aufruf am 19.03.2021)
4   https://eur-lex.europa.eu/eli/reg/2019/2088/oj (Aufruf am 29.03.2021).

ANNA SOPHIE HERKEN

Business Division Head der Allianz Asset Management GmbH sowie Mitglied des Aufsichtsrats von Allianz Life (USA) und der CPIC Fund Management Ltd. (China)

Welche Netzwerke waren für Sie und Ihre berufliche Entwicklung relevant?

Berufliche Netzwerke sind wichtig, aber am wichtigsten sind meine informellen Frauennetzwerke. Ich habe am Anfang meiner Karriere so einige Workshops zum Netzwerken besucht und gelernt, wie wichtig strategisches Network-Mapping usw. ist. Aber systematisches Netzwerken ist sehr zeit- und ressourcenintensiv, und mir war das immer unangenehm, mich mit Menschen nur des Netzwerkens willens zusammenzuschließen. Für mich gab es einen Punkt, an dem ich neben Vollzeitjob, internationalen Dienstreisen und Kindern dafür keine Zeit und Energie mehr aufbringen wollte. Dafür habe ich in den letzten Jahren ganz viele wunderbare, eher informellere Frauennetzwerke getroffen oder aufgebaut. Das sind ganz verschiedene Gruppen, Frauen aus dem Finanzbereich oder Frauen mit ganz unterschiedlichen Berufen, und wir haben alle gemeinsam, dass wir uns sehr vertrauen, uns mögen, offen miteinander sind, viel lachen, ehrlich über uns, unsere Sorgen, Scheitern, Pläne, Erfolge und Visionen reden und diese teilen – sowohl beruflich als auch privat. Diese Art von natürlich gewachsenen Netzwerken geben Energie und nehmen keine, und sie funktionieren auch beruflich sehr gut, weil wir uns alle aus vollster Überzeugung fördern und unterstützen. Daher kann ich nur empfehlen, auch beim Netzwerken dem Herzen zu folgen – ich möchte all meine wunderbaren Mitstreiterinnen nie mehr missen.

Welche Mentorin/welcher Mentor hat Sie beeindruckt?
Meine Großmutter hat mich beruflich beeindruckt und auch geprägt. Sie war schon als junge Frau, gegen alle damaligen Umstände, eine eigensinnige und mutige Unternehmerin, und gesellschaftliche Rollenmuster und Restriktionen haben sie nicht interessiert. Sie hat uns Kinder von Anfang an ermutigt, allem Neuen mit Freude und Neugier zu begegnen und keine Angst vorm Scheitern zu haben. Immer wieder hat sie uns darauf hingewiesen, das Leben „von hinten" zu denken und uns daran erinnert, dass wir am Ende das bereuen werden, was wir nicht versucht haben.

Was würden Sie als Mentorin an die nächste Generation weitergeben?
Traut euch – probiert viel aus und bringt euch ein. Widersprecht und hinterfragt. Stellt das Bestehende infrage und hört nie auf, die Gesellschaft und das, wofür ihr euch begeistert, zu verbessern. Habt keine Angst vorm Scheitern, steht auf und macht mit offenem Geist und Freude weiter. Lasst euch von Neugier treiben.

WIRKUNGSVOLL INVESTIEREN

Wie man mit nachhaltigen Investitionen einen positiven Beitrag zu Klimaschutz und einer nachhaltigen Entwicklung leisten kann

Im Pariser Klimaabkommen aus dem Jahr 2015 hat sich die Staatengemeinschaft auf wichtige und notwendige Ziele und Maßnahmen zur Bekämpfung der Ursachen und Folgen des Klimawandels verständigt.[1] Bis zum Jahr 2050 soll der Anstieg der globalen Durchschnittstemperatur auf deutlich unter 2 Grad Celsius gegenüber dem vorindustriellen Niveau begrenzt und ein maximaler Anstieg um 1,5 Grad Celsius angestrebt werden. Klimaexpert:innen sind sich einig, dass wir die Folgen des Klimawandels für Mensch und Umwelt nur in den Griff bekommen, wenn die Temperatur dieses Limit nicht übersteigt. Wir müssen jetzt zügig handeln, denn etwa ein Grad des verkraftbaren Anstiegs haben wir in den vergangenen Jahrzehnten schon erreicht.[2]

Ab 2050 soll weltweit ein Zustand der Klimaneutralität erreicht werden. Die menschengemachten Treibhausgase müssen bis dahin so weit gedrosselt werden, dass sie durch natürliche oder technische Senken wieder vollständig ausgeglichen werden – beispielsweise Wälder oder die Filterung von CO_2.[3]

Dies setzt eine umfassende Transformation der Wirtschaft voraus, die mit erheblichen Investitionen verbunden ist. Die EU-Kommission schätzt, dass allein in der EU jährlich rund 180 Mrd. Euro zusätzlich investiert werden müssen, um die Klimaziele zu erreichen.[4] Die Umsetzung weiterer Nachhaltigkeitsziele, beispielsweise in den Bereichen Verkehr, Wasser und Abfallmanagement, erfordert weitere jährliche 270 Mrd. Euro.[5]

Für diese Investitionen will die EU-Kommission neben der öffentlichen Hand auch private und institutionelle Anleger gewinnen. Dazu hat sie mit dem EU-Aktionsplan zur Finanzierung nachhaltigen Wachstums ein umfangreiches Maßnahmenpaket auf den Weg gebracht, durch das nachhaltige Kapitalanlagen für Anleger:innen noch attraktiver werden sollen.[6] Unter anderem müssen ab 2023 alle Anleger:innen in Beratungsgesprächen aktiv gefragt werden, ob nachhaltigkeitsbezogene Aspekte bei ihrer Geldanlage berücksichtigt werden sollen.[7]

Die Maßnahmen zeigen erste Wirkungen: Immer mehr private und institutionelle Anleger:innen berücksichtigen neben klassischen Anlagekriterien wie Rendite, Risiko und Liquidität auch, wie es um die nachhaltigkeitsbezogene Qualität der Anlageprodukte bzw. der Emittenten von Aktien und Anleihen steht. Im Instrumentenkasten nachhaltiger Anleger:innen gibt es dazu vor allem drei Ansätze:

- Mit dem *Einsatz von Ausschlusskriterien* definieren Anleger:innen, welche Emittenten – also Unternehmen und Staaten – sie explizit nicht in ihrem Depot haben wollen. Solche Ausschlüsse können sich beispielsweise auf kontroverse Geschäftsfelder wie die Förderung von Kohle und die Herstellung geächteter Waffen beziehen.
- Über *Positivkriterien* definieren Anleger:innen, welche Anlageklassen, z. B. Green Bonds und erneuerbare Energien, oder Emittenten sie fördern möchten, weil sie einen besonders positiven Einfluss auf eine nachhaltige Entwicklung haben oder mit den damit verbundenen Risiken und Chancen besonders gut umgehen.
- Mit *Engagement-Strategien* nehmen Investor:innen Einfluss auf Unternehmen, etwa in direkten Gesprächen, über Investorennetzwerke oder auf den Hauptversammlungen der Unternehmen.

Umfragen zeigen, dass heute bereits rund 80 % der institutionellen Anleger in Deutschland mindestens eines dieser Instrumente bei ihrer Kapitalanlage einsetzen.[8] Ein Ziel – steigendes Interesse von Privatanleger:innen und professionellen Investor:innen an nachhaltigen Kapitalanlagen – ist damit bereits erreicht.

Für das zweite Ziel – mehr Geld in nachhaltige Kapitalanlagen zu lenken – müssen entsprechende Anlagemöglichkeiten geschaffen werden. Diese Aufgabe fällt den Anbietern nachhaltiger Kapitalanlagen zu, und die Allianz-Gruppe nimmt diese Verantwortung für den Klimaschutz und eine nachhaltige Entwicklung aktiv an. Dazu zwei Beispiele:

- Der Fonds „Allianz Green Bond" investiert ausschließlich in Green Bonds, also Anleihen, bei denen die Emissionserlöse in Projekte investiert werden, die den Klimaschutz bzw. die Anpassung an den Klimawandel unterstützen.[9] Dazu gehören beispielsweise der Ausbau der erneuerbaren Energien, die Modernisierung von Gebäuden durch eine verbesserte Wärmedämmung oder der Bau von Bewässerungsanlagen, die Regenwasser anstelle von Grundwasser nutzen und dieses gleichzeitig effizienter einsetzen. Über einen jährlichen Wirkungsbericht können die Anleger:innen transparent nachverfolgen, welche positiven Wirkungen ihre Anlage konkret hat.

- Der globale Aktienfonds „Allianz Positive Change" investiert in Unternehmen, die neben dem Klimawandel weitere umweltbezogene und soziale Themen im Blick haben, wie sie in den 17 Zielen der UN Sustainable Development Goals (SDG) definiert sind.[10] Die Fondsmanager:innen wählen dabei gezielt Unternehmen aus, die Produkte und Dienstleistungen beispielsweise in den Bereichen nachhaltige Landwirtschaft und Wasserversorgung, Bildung oder Gesundheit anbieten und so zur Erreichung der SDGs beitragen.[11] Bis zu 50 % des Fondsvermögens können dabei in Schwellenländern investiert werden, in denen der Investitionsbedarf zur Erreichung der SDGs besonders hoch ist.

Solche nachhaltigen Produkte in der Vermögensverwaltung ergänzen den umfassenden Nachhaltigkeitsansatz der Allianz-Gruppe. Bei der Anlage der Gelder der Versicherungskunden setzt die Allianz seit einigen Jahren verschiedene Instrumente ein, um die Kapitalanlage für ihre Kunden rentabel und klimafreundlich zu gestalten und das Kapital für die Finanzierung einer emissionsarmen Wirtschaft einzusetzen.

- 2018 hat die Allianz-Gruppe entschieden, die Gelder ihrer Versicherungskunden bis 2050 zusätzlich zu klassischen Kriterien mit Netto-Null-Emissionen anzulegen. Die Treibhausgasemissionen der investierten Unternehmen, Immobilien, Projekte und Anlagen werden dazu kontinuierlich analysiert und schrittweise im Portfolio angepasst. Ein erster Schritt ist die Reduzierung der Emissionen um 25 % (gegenüber 2019) in allen Aktien und Unternehmensanleihen des Portfolios. Ebenso werden alle Immobilien bis 2025 auf einen 1,5-Grad-Pfad gebracht.

- Im Rahmen ihrer Dialogstrategie nimmt die Allianz aktiv Einfluss auf die Realwirtschaft und fordert transformationsfähige Unternehmen auf, eine ambitionierte Klimastrategie zu entwickeln und umzusetzen, um bis 2050 treibhausgasneutral zu wirtschaften. Die Allianz schließt sich dazu unter anderem in Initiativen wie Climate Action 100+ mit anderen Investoren zusammen.[12]
- Die Allianz-Gruppe schließt in ihrem Portfolio der Kundengelder seit 2015 Aktien und Anleihen von Unternehmen aus, die in maßgeblichem Umfang Kohle fördern oder bei der Stromerzeugung einsetzen. Bis 2040 werden kohlebasierte Geschäftsmodelle vollständig auslaufen.
- Alle Unternehmen, in deren Aktien und Anleihen die Allianz potenziell investieren will, werden im Hinblick auf ihren Umgang mit ökologischen, sozialen und auf eine verantwortungsvolle Unternehmensführung bezogene Kriterien durchleuchtet. Zu den dabei analysierten 37 Themenfeldern gehört auch der Klimaschutz.
- Da eine klimafreundliche Energieversorgung ein zentraler Hebel für die globale Klimaneutralität ist, unterstützt die Allianz als großer Investor die globale Energiewende. Insgesamt hat sie bereits mehr als 7,2 Mrd. Euro in erneuerbare Energien und über 14,6 Mrd. Euro in grüne Immobilien mit höchsten Energiestandards investiert.

Durch diese und weitere Maßnahmen wird die Kapitalanlage der Allianz Gruppe bis 2050 Netto-Null-Emissionen erreicht haben. Um eine größere Hebelwirkung für globale Kapitalmärkte zu erreichen, hat sich die Allianz 2019 mit anderen großen Pensionsfonds und Versicherern zur UN-gestützten Net-Zero Asset Owner Alliance zusammengeschlossen, die sich verpflichtet haben, ihre Portfolien bis 2050 mit Netto-Null-Emissionen zu strukturieren.[13]

Fazit

Es bleibt nur noch gut eine Generation Zeit, um die Pariser Klimaziele zu erreichen. Der Kapitalmarkt ist ein wichtiger Treiber der Transformation hin zu einer klimaverträglichen und sozialverträglichen Wirtschaft. Die Allianz und ihre Vermögensverwalter leisten ihren Beitrag insbesondere durch das Angebot nachhaltiger Anlageprodukte, umfassende

Investitionen in die Energiewende und eine aktive Einflussnahme auf die Unternehmen, die Transformation ihrer Geschäftsmodelle energisch voranzutreiben.

Quellen

1 https://unfccc.int/sites/default/files/english_paris_agreement.pdf
2 IPCC (2018), Special Report Global warming of 1.5°C, S. 4 (https://report.ipcc.ch/sr15/pdf/sr15_spm_final.pdf)
3 https://ec.europa.eu/clima/policies/strategies/2050_en
4 https://ec.europa.eu/commission/presscorner/detail/de/IP_18_1404
5 EU Technical Expert Group on Sustainable Finance (2019): Taxonomy Technical report, S. 85 (https://ec.europa.eu/info/sites/info/files/business_economy_euro/banking_and_finance/documents/190618-sustainable-finance-teg-report-taxonomy_en.pdf)
6 EU-Kommission (2018), Aktionsplan: Finanzierung nachhaltigen Wachstums (https://eur-lex.europa.eu/legal-content/DE/TXT/PDF/?uri=CELEX:52018DC0097&from=DE)
7 https://www.forum-ng.org/de/aktuelles/aktivitaeten/aktivitaeten/1105-leitfadens-zur-abfrage-der-nachhaltigkeitspraeferenz-mifid-ii.html
8 Union Investment (2020), Ergebnisse der Markterhebung 2020 zum nachhaltigen Vermögensmanagement institutioneller Anleger in Deutschland (https://institutional.union-investment.de/startseite-de/Kompetenzen/Nachhaltige-Investments/Studien/Nachhaltigkeitsstudie-2020.html)
9 https://de.allianzgi.com/de-de/pro/unsere-fonds/allianz-green-bond
10 https://sdgs.un.org/goals
11 https://de.allianzgi.com/de-de/unsere-fonds/allianz-positive-change
12 https://www.climateaction100.org
13 https://www.allianz.com/de/nachhaltigkeit/kohlenstoffarme-wirtschaft/klimawandel/net-zero-asset-owner-alliance.html

**ALEXANDRA
MIHAILESCU
CICHON**

*Executive Vice President,
Sales & Marketing der
RepRisk AG*

**Wie sieht eine nachhaltige Unterneh-
menskultur aus?**

Für mich ist eine nachhaltige Unternehmenskultur eine, bei der es um Befähi-
gung geht, d.h. um die Befähigung der Mitarbeiter, indem man ihnen
die Freiheit und den Raum gibt, neue Ideen einzubringen, neue Projekte umzusetzen und Gehör zu finden. Es geht auch um die Vielfalt persönlicher Hintergründe und Meinungen, die wesentlich zum Erreichen
starker Ergebnisse sind. Zu den Werten bei RepRisk, die meiner Meinung nach unglaublich wichtig für eine gute Unternehmenskultur sind,
gehören intellektuelle Ehrlichkeit und Demut. Intellektuelle Ehrlichkeit
bedeutet, dass wirklich die beste Idee gewinnt. Bei RepRisk versuchen
wir, bei Ideen und mit unseren Meinungen ehrlich zueinander zu sein,
sodass Entscheidungen nicht von Hierarchie und Betriebszugehörigkeit
bestimmt werden, sondern von der Qualität der zugrunde liegenden
Idee. Das zweite ist Demut, denn es ist wichtig, sich an seine Wurzeln
zu erinnern und nie aus den Augen zu verlieren, woher man kommt. Wir
müssen demütig bleiben und vermeiden, selbstgefällig zu werden, damit
wir motiviert und „hungrig" für die nächsten Aufgaben bleiben.

Welche Mentorin/welcher Mentor hat Sie beeindruckt?

Mein Mentor ist der CEO von RepRisk, den ich schon seit über zehn Jahren kenne. Als ich ihn kennenlernte, hatte ich gerade mein MBA-Studium an der HSG in St. Gallen beendet und wollte in den Bereich Nachhaltigkeit im Finanzsektor einsteigen. Er gab mir eine erste Chance für diesen Einstieg, indem er mir ein Praktikum bei RepRisk anbot. Im Anschluss daran gab er mir eine Empfehlung mit, als ich mich für eine Stelle bei der Credit Suisse bewarb. Ich denke, am wichtigsten ist, dass er etwas in mir sah, was andere Leute zu diesem Zeitpunkt nicht sahen und das vielleicht nicht einmal ich selbst in mir sah. Über Jahre hinweg hat er mich in meiner beruflichen Entwicklung begleitet und mir Möglichkeiten gegeben, zu wachsen und das Selbstvertrauen aufzubauen, das mir half, der Profi zu werden, der ich heute bin. Wichtig ist, dass er immer für mich da war, sowohl beruflich als auch persönlich – durch alle Höhen und Tiefen des Lebens während des letzten Jahrzehnts.

Was würden Sie als Mentorin an die nächste Generation weitergeben?

Es klingt vermutlich wie ein Klischee, aber ich würde jungen Menschen raten, sich nicht von der paradoxen Fülle an Möglichkeiten und Chancen, die ihnen heute zur Verfügung stehen, überwältigen zu lassen. In der globalisierten, digitalisierten Welt, in der wir leben, können wir fast überallhin reisen und an fast jedem Ort studieren und arbeiten. Das ist sehr aufregend, kann einen aber auch lähmen, weil so viele Möglichkeiten zur Wahl stehen und wir alle nur eine begrenzte Zeit auf diesem Planeten haben. Mein Rat wäre, die Welt da draußen in Augenschein zu nehmen, aber dann den Blick *nach innen* zu richten. Denn so findet man heraus, was der eigene Weg ist und was mit den eigenen Werten und Stärken und mit den Bereichen übereinstimmt, in denen man sich weiterentwickeln möchte. Es ist wichtig, dann im weiteren Verlauf des Lebens immer wieder einmal innezuhalten und sich zu vergewissern, dass man noch immer auf dem richtigen Weg ist. Der Weg muss nicht geradlinig sein, das ist er oft auch nicht, und häufig gibt es Umwege und auch Kehrtwenden. Wichtig ist jedoch, dass es der *eigene Weg* ist und nicht der eines anderen.

WAS IST REPRISK?

RepRisk ist ein ESG-Data-Science- und Technologieunternehmen, das qualitative Forschung und quantitative Daten zu ESG-Risiken für über 400 Kunden und 20 Partner aus aller Welt bereitstellt. Alle Mitarbeiter unseres Unternehmens verfolgen das gemeinsame Ziel, Transparenz über ESG-Risiken zu schaffen und dazu beizutragen, positive Veränderungen zu bewirken. In unserem Unternehmen werden die ESG-Faktoren konsequent gelebt. Unser bedeutendster Beitrag zur Nachhaltigkeit liegt in unserem Kerngeschäft und in den Daten, die wir unseren Kunden bereitstellen.

Wie ist RepRisk entstanden?

RepRisk wurde 1998 von einem Kreditrisikomanagementteam einer globalen Bank ins Leben gerufen und entstand zunächst als Risikoberatung für den Finanzsektor. Im Jahr 2006 wurden wir von einem unserer Beratungskunden gebeten, eine Liste mit rund 100 Unternehmen mit hohen ökologischen und sozialen Risiken zu erstellen, die potenziell Compliance-, Reputations- und finanzielle Risiken darstellen könnten. Für diese Aufgabe haben wir ein systematisches Rahmenwerk entwickelt, um Unternehmen mit ESG-Risiken zu identifizieren und sie hinsichtlich dieser zu bewerten. Nach der Lieferung der Daten an unseren Kunden wurde uns klar, dass diese Informationen auch für viele weitere Unternehmen von Nutzen sein könnten. So entstand die RepRisk-ESG-Risikoplattform, die in erster Linie ein online durchsuchbares Due-Diligence- und Beobachtungs-Tool ist. Unsere Datenbank wurde in den letzten 15 Jahren kontinuierlich ausgebaut und ist heute der größte Datensatz seiner Art, mit Daten zu mehr als 170.000 Unternehmen und 40.000 Infrastrukturprojekten wie Minen, Pipelines und Fabriken sowie allen Wirtschaftszweigen und Ländern.

Ein einzigartiger Ansatz, der Daten nutzt, um ESG-Risiken zu managen

Risikomanagement gehört zu unserer DNA. RepRisk betrachtet ESG ausschließlich aus der Risikoperspektive, wie unser Name schon andeutet. Bei der Bewertung eines Unternehmens hinsichtlich der ESG-Risiken verfolgt RepRisk einen „Outside-in-Ansatz". Das bedeutet, wir untersuchen, wie ein Unternehmen in der Öffentlichkeit tatsächlich wahrgenommen wird, und nicht, wie es wahrgenommen werden möchte. Das Ziel von RepRisk ist es, einen „Realitätscheck" für die von Unternehmen zur Verfügung gestellten Informationen bereitzustellen, indem untersucht wird, ob sie „ihren Worten Taten folgen lassen".

Bei der Bewertung der ESG-Risiken aus dieser Outside-in-Perspektive berücksichtigen wir ein sehr breites Spektrum von Quellen und Stakeholdern. Jeden Tag überwacht RepRisk über 100.000 Quellen, darunter internationale und lokale Medien, NGOs, Regierungsstellen und -einrichtungen, Aufsichtsbehörden, Thinktanks, Twitter, Blogs und mehr. Dieses tägliche Screening wird in 23 Sprachen durchgeführt und deckt über 90 % des weltweiten Bruttoinlandsprodukts ab.

Bei RepRisk wird jedes Unternehmen oder Projekt, das ESG-Risiken ausgesetzt ist, erfasst. Der Schwerpunkt der Recherche von RepRisk liegt auf 28 ESG-Themenfeldern wie Menschenrechtsverletzungen, Klimawandel und Korruption. Daneben umfasst unsere Recherche weitere 70+ Themenpunkte, die detailliert auf thematisch aktuelle „ESG-Top-Themen" wie Konfliktmineralien, Palmöl und Menschenhandel eingehen.

Intelligenz und maschinelles Lernen: die Schlagwörter in ESG

Im Zusammenhang mit künstlicher Intelligenz (KI) und ESG gibt es Schlagwörter, die immer wieder diskutiert werden. KI ist die Fähigkeit einer Maschine, kognitive Aufgaben auszuführen. Maschinelles Lernen (ML), ein Teilbereich von KI, bezieht sich auf Algorithmen mit der Fähigkeit zu lernen, ohne explizit dafür programmiert zu werden. Es gibt zwei Formen von ML: unüberwachtes und überwachtes ML. Das unüberwachte ML basiert auf der eigenständigen Suche nach bestimmten Mustern, z. B. mittels einer Schlüsselwortsuche, bei der sehr schnell große Mengen an unbearbeiteten Daten anfallen. Das überwachte ML hingegen erfordert menschliche Intelligenz und Forschung. Daher nimmt es mehr Zeit in Anspruch, um kleine Mengen an verfeinerten Daten zu produzieren.

RepRisk hat einen einzigartigen Ansatz entwickelt, bei dem KI mit *überwachtem* ML kombiniert wird. Das bedeutet, dass der Algorithmus den von Menschen gekennzeichneten Datensatz von RepRisk als Orientierungshilfe für die Suche verwendet und somit von der langjährigen Erfahrung unserer menschlichen Analysten lernt, um noch präzisere und bessere Ergebnisse zu erzielen. Unsere Analysten lenken die Maschinen kontinuierlich in die gewünschte Richtung, analysieren und kuratieren die Daten und speisen sie wieder in den Algorithmus ein, wodurch die Ergebnisse fortlaufend optimiert werden. Es ist wie das Lernen mit der Hilfe eines Lehrers. Das heißt, wir nutzen die Vorteile beider Ansätze: KI und ML ermöglichen uns eine schnelle Bearbeitung von großen und umfangreichen Datensätzen. Unsere mehr als 110 menschlichen Analysten hingegen nehmen eine umfassende Analyse der erfassten Daten vor. Der letzte Schritt in diesem Prozess ist die Quantifizierung des Risikos. Diese erfolgt mithilfe von Data Science unter Verwendung unserer proprietären Risikometriken, die zur systematischen Identifizierung und Bewertung von ESG-Risiken entwickelt wurden.

RepRisk ist der einzige ESG-Research-Anbieter, der überwachtes ML zusammen mit einem Team von hochqualifizierten Analysten einsetzt. Diese Kombination ermöglicht es uns, die Informationsflut zu durchdringen und unseren Kunden zeitnah und umfassend täglich aktualisierte, umsetzbare Daten zu liefern. Seit 2007 liefern wir täglich aktualisierte Daten – dies ist der Bestwert in der Branche. Unsere Methodik ist unverändert geblieben, wodurch wir sicherstellen, dass unsere Daten im Zeitverlauf stabil sind.

Wer nutzt diese Daten?

Eine Vielzahl von Organisationen nutzt diese Art von ESG-Risikodaten. Unabhängig von der Branche vertrauen Kunden RepRisk, weil wir ihnen helfen, ESG-Risiken in ihrem Geschäftsumfeld systematisch zu identifizieren, zu bewerten und zu überwachen, sei es bei Investments, in Geschäftsbeziehungen (mit Kunden, Lieferanten, Partnern) oder im eigenen Geschäftsbetrieb. Eine Analogie für RepRisk ist ein Sicherheitsgurt – ein wesentlicher Bestandteil des Risikomanagements.

Zu unseren Kunden zählen über 80 der weltweit führenden Banken wie UBS, ING Bank und Standard Chartered. Sie nutzen RepRisk, um ESG-Due-Diligence-Prüfungen vor Finanzierungsgeschäften durchzuführen und ESG-Risikobewertungen in ihre Kunden-Onboarding- und Know-Your-Client(KYC)-Prozesse zu integrieren. Unsere Kunden aus der Versicherungsbranche wie Allianz, Generali und Swiss Re nutzen RepRisk, um ESG- und Verhaltensrisikobewertungen in die Underwriting-Prozesse zu integrieren und um Reputationsrisiken im Zusammenhang mit einzelnen Geschäftsvorgängen zu steuern.

Heute nutzen auch 17 der 25 größten globalen Vermögensverwalter RepRisk als ESG-Overlay für ihre Kapitalanlagen. Sie berücksichtigen ESG-Risiken in der Investmentanalyse über alle Anlageklassen hinweg, einschließlich Aktien, festverzinsliche Wertpapiere, Privatmärkte und Infrastrukturinvestitionen. Einige Kunden nehmen ein negatives und normenbasiertes Screening ihres Anlageuniversums oder ihres Portfolios vor, um die Einhaltung internationaler Standards wie United Nations Global Compact (UNGC), Sustainability Accounting Standards Board (SASB) und der SDGs sicherzustellen.

Die Abdeckung von nicht börsennotierten Unternehmen versetzt RepRisk in die einzigartige Lage, Privatunternehmen wie KKR, Pantheon und Permira optimal bei ihrer ESG-Integrationsarbeit zu unterstützen.

Die Auswirkungen des ESG-Risikos auf die Anlageperformance

Verschiedene Studien haben nachgewiesen, dass die ESG-Faktoren einen bedeutenden Einfluss auf die finanzielle Performance haben können. In zunehmendem Maße setzen Vermögensverwalter schnelllebige Risikosignale und Metriken ein, um Alpha zu generieren und Wertpapierkursrisiken zu erkennen. Im Jahr 2020 veröffentlichte die Bank of America Securities einen Bericht mit RepRisk-Daten, in dem untersucht wurde, ob ESG-bezogene Kontroversen ein wirksames Alpha-Signal für Investoren darstellen können. Die Studie untersuchte den Zeitraum von 2007 bis 2020 und fand Beweise dafür, dass in den USA, Europa und Asien Aktien mit niedrigen (weniger risikoreichen) RepRisk-Bewertungen während des untersuchten Zeitraums durchweg besser abschnitten als solche mit hohen (risikoreicheren) RepRisk-Bewertungen. Darüber hinaus bestand eine starke Korrelation zwischen den RepRisk-Daten und Aktien mit überdurchschnittlicher sowie geringerer Wertentwicklung. Dies galt für verschiedene Regionen, Sektoren, Unternehmensgrößen und Anlagestile.

Kontinuierliche Innovation ist entscheidend

ESG rückt zunehmend in den Vordergrund, und RepRisk freut sich darauf, eine entscheidende Rolle in dieser Entwicklung zu spielen. Wir entwickeln unsere Lösungen kontinuierlich weiter, um Branchentrends und Kundenbedürfnissen gerecht zu werden, z.B. durch das Hinzufügen neuer Sprachen und neuer ESG-Top-Themen. Am spannendsten sind die kürzlich erschienenen Datensätze, die für den Einsatz modernster Technologien entwickelt wurden. 2019 haben wir beispielsweise damit begonnen, Daten aus geografischen Informationssystemen (GIS) zu nutzen. Die georäumlichen ESG-Risikodaten dienen dazu, die Koordinaten der Infrastrukturprojekte in unserer Datenbank mit ihren jeweiligen GPS-Standorten zu verknüpfen. Dies ermöglicht es uns, die Koordinaten mit Informationen über Umweltgebiete zu überlagern, um beispielsweise zu sehen, ob sich eine Mine auf oder in der Nähe eines ausgewiesenen Schutzgebiets oder eines UNESCO-Weltkulturerbes befindet. Da wir sowohl über Daten zu Projekten als auch zu Unternehmen verfügen, können wir anschließend die Daten zu dieser Mine mit den Daten zu dem Unternehmen verknüpfen, das sie besitzt oder betreibt. Wir planen die Einführung von GIS und erforschen auch andere Datensätze wie die Fernerkundung, die zur Messung von Kohlenstoffemissionen oder von Wasserständen eingesetzt werden kann. Wir leben in spannenden Zeiten für die ESG-Branche und beabsichtigen, unsere Vorreiterrolle bei der Entwicklung neuer und innovativer Produkte weiter auszubauen.

ISABEL GRUPP M.A.

*Geschäftsleitung der
Plastro Mayer GmbH*

**Welche Mentorin/welcher Mentor hat Sie
beeindruckt?**

Aus meiner Sicht war es rückblickend
betrachtet sehr wichtig, gerade in den
Anfangsjahren meines Berufslebens, eine intensive Zeit mit meinem
Vater als Mentor in der Geschäftswelt zu erleben. Er lebt für mich als
vorbildlicher Unternehmer wertebasiertes Unternehmertum mit voller
Leidenschaft und Power vor. Inzwischen arbeiten wir seit zehn Jahren gemeinsam auf Augenhöhe und wir ergänzen uns hervorragend.
Durch seine erfahrene Sichtweise und Wissensbasis unterstützt mich
mein Vater in meinem Wirken und bestärkt mich bei meinen Ideen und
Impulsen für unser Familienunternehmen. Eine Synergie, die man nutzen
sollte, wenn man die Chance dazu bekommt. Seine Erfahrung gepaart
mit meinen Impulsen machen uns beide im Geschäftsalltag zu einem
optimal ergänzten Duo an der Spitze unseres Unternehmens. So arbeiten wir täglich konstruktiv und gemeinsam mit unseren treuen, loyalen
und sehr geschätzten Mitarbeiter:innen Seite an Seite, um unser Familienunternehmen zukunftsorientiert und generationengerecht aufzustellen.

Welche Netzwerke waren für Sie und Ihre berufliche Entwicklung relevant?

Mein intensivster Austausch – auch für meine berufliche Entwicklung – findet nach wie vor auf familiärer und freundschaftlicher Ebene statt. Das liegt eventuell auch daran, dass sich darin auch viele Unternehmer:innen tummeln. Meine Mutter ist für mich eine meiner wichtigsten Ansprechpartnerinnen.

Sehr bereichernd ist für mich aber auch der Austausch mit Nachfolger:innen in ähnlichen Situationen in Familienunternehmen. Das Netzwerk der „Jungen Unternehmer" ist in meinen Alltag integriert und ich engagiere mich dort intensiv. Auch in meiner Kernkompetenz „Marketing" halte ich mich im Marketing-Club stets auf dem neuesten Stand. Als jüngste Rotarierin in unserem Distrikt sehe ich in diesem Netzwerk einen gehaltvollen Input. Der rotarische Gedanke des „selbstlosen Dienens" für die Gesellschaft beeindruckt mich schon sehr.

Grundsätzlich sehe ich Netzwerke als einen sehr wichtigen Baustein. So bin ich auch in einem Female Empowerment Programm (Grace – Berlin) als Mentorin engagiert, um jungen Gründerinnen/Start-ups Impulse weiterzugeben, aber auch gleichermaßen für mich die Themen der Nachfolger:innen direkt aus erster Hand zu hören und zu erleben.

Was würden Sie als Mentorin an die nächste Generation weitergeben?

Es ist aus meiner Sicht wichtig zu wissen, was der innere Antrieb ist und welchen Zweck man in seinem eigenen Wirken sieht. Je nach persönlichem Ziel sollte man sich im Berufsleben entsprechend aufstellen. Für mich ist einer meiner Hauptantriebe in meinem Berufsleben, sinnstiftend ein familiäres, wertebasiertes Umfeld mit Wohlfühlcharakter im Unternehmen zu schaffen. Ich möchte unser Familienunternehmen nachhaltig, klimasensibel, innovativ, digital und mit voller Leidenschaft in die Zukunft führen, um auch unserer nächsten Generation einen sicheren Arbeitsplatz bieten zu können.

Ich vermisse leider zunehmend viele Werte in unserer Gesellschaft. Gerne würde ich einen wichtigen Appell vor allem an unsere nächste

Generation weitergeben, dass stabile Werte eine wichtige Säule in unserem Leben sind. Ebenso wichtig empfinde ich, dass man niemals aufhören sollte, an sich selbst zu arbeiten. Persönliche Weiterentwicklung und eine reflektierte Betrachtung des eigenen Wirkens sind für mich essenziell, sodass der Mensch und die Umwelt bei allen Zukunftsthemen im Fokus bleiben.

UNSER JETZT BESTIMMT UNSERE ZUKUNFT

Vor zehn Jahren entschied ich mich direkt nach meinem Master-Studium für den Einstieg bei uns ins Familienunternehmen Plastro Mayer. Mein Vater, Johannes Grupp, leitet unser 1957 gegründetes Unternehmen seit 1979 als alleiniger Inhaber und Geschäftsführer. Wir sind in der kunststoffverarbeitenden Industrie im Bereich Kunststoffteilefertigung, Gerätemontage, Kabelherstellung und Werkzeugbau angesiedelt. Für mich als damals junge BWLerin war es ein herausfordernder Einstieg in eine hochtechnologische Branche.

Als Nachfolgerin in dritter Generation arbeite ich gemeinsam mit unserem Team daran, unser Unternehmen innovativ, agil, nachhaltig und generationengerecht in die Zukunft zu führen.

Spannend in unserem Fall sind die ESG-Kriterien auf mehreren Ebenen. Zum einen sind wir mit unseren Kunststofferzeugnissen in einer Branche, in der umweltpolitische, energiepolitische sowie klimapolitische Themen sehr präsent sind. Zum anderen sehen wir bei uns im ländlichen Raum auf der Schwäbischen Alb zahlreiche gesellschaftspolitische Themen. Ebenso stehe ich als weibliche Nachfolgerin in einer eher männlichen Branche für sehr stark kontrovers diskutierte aktuelle Themen.

Wir setzen auf nachhaltiges Unternehmertum und generationengerechte Entscheidungen. Nicht zuletzt dafür sind wir als „Top Arbeitgeber des Mittelstands 2021"[1] sowie als „Top-Innovator 2021"[2] ausgezeichnet worden. Wir sehen in unserem Fall Nachhaltigkeit als Teil unserer Firmenphilosophie. Hierbei verstehen wir bei Plastro Mayer die ESG-Kriterien auf mehreren Ebenen:

Wertemanagement

Werte vorzuleben und auf unsere Mitarbeiter:innen zu übertragen, sodass ein verantwortungsvoller Umgang mit unseren zur Verfügung stehenden Ressourcen gewährleistet ist, sehe ich als eine sinnstiftende Aufgabe. Der Mensch steht bei uns im Mittelpunkt. Hier sind insbesondere

Werte im Fokus, die ein familiäres Umfeld im Arbeitsalltag sicherstellen. Dazu bedarf es u. a. Vertrauen, Zuverlässigkeit, Verbindlichkeit, aufrichtige Kommunikation sowie eine faire Fehlerkultur. Wir sind bestrebt, die bestmögliche Version unserer Mitarbeiter:innen hervorzurufen und das notwendige Umfeld zu bieten. Durch mehr als 60 Arbeitszeitmodelle passen wir uns flexibel unseren Mitarbeiter:innen an.

Wir stellen zu sportlichen Events Teams in Wettkämpfen wie Elfmeterschießen, Walken, Sportschießen oder Ähnliches. Auch Teamevents für unsere Führungskräfte sowie Ausbildungsevents stehen außerhalb von Pandemie-Jahren auf der Agenda.

Jährlich gibt es für Jubilar:innen und Rentner:innen Firmenfeiern im familiären Kreis und auch Feiern mit der gesamten Belegschaft.

Auch das Bike-Leasing findet bei uns großen Anklang. Von unseren aktuell 250 Mitarbeiter:innen haben 71 Personen Leasing-Fahrräder, was zur allgemeinen Motivation beiträgt und die Gesundheit und das Miteinander fördert. Kooperationen mit Fitnesseinrichtungen und Physio-Studios sind bei uns seit mehreren Jahren etabliert. Ein systematisches Betriebliches Eingliederungsmanagement (BEM) ist bei uns gelebte Praxis. Darin unterstützen wir gemeinsam mit unserer Betriebsärztin auch Themen außerhalb des betrieblichen Geschehens. Jährlich werden Grippeschutzimpfungen und perspektivisch Impfungen in Pandemiesituationen angeboten. Wir versuchen mit unseren Möglichkeiten für alle ein Umfeld zu schaffen, in welchem man sich wohl fühlen kann.

Gleiche Chancen für alle

Wer bei uns im Unternehmen mit Initiative, Leistung und Fachkenntnis überzeugt, erreicht seine Ziele. Wir unterstützen geschlechterneutral alle willigen Mitarbeiter:innen auch durch permanente Schulungen und Weiterentwicklungsangebote. Unsere Personalentwicklungsabteilung bietet Möglichkeiten zu Schulungen in allen Bereichen. Es wird bei uns jede:r unterstützt, wenn dies gewünscht ist.

Die Jugend ist unsere Zukunft, und daher bilden wir auch jährlich zahlreiche Auszubildende in mehreren Bereichen aus. Duale Student:innen, Werkstudent:innen und Praktikant:innen werden bei uns gefördert und ausgebildet. Kooperationen und Projekte mit regional ansässigen Schulen und Hochschulen sind bei uns an der Tagesordnung. So halten wir den Kontakt zur heranwachsenden Generation und freuen uns, wenn sich der ein oder andere im Berufseinstieg für uns entscheidet.

Nachhaltige Produktion – CO_2-Minimierung – Ressourcenschonung – Social Impact Investments

Mit unseren Erzeugnissen befinden wir uns im Bereich und Einsatz von langlebigen Produkten wie beispielsweise im Haushaltswarenbereich oder der Medizinbranche. Wir beliefern nahezu alle Branchen mit Produktzyklen von 5 bis 40 Jahren. Nicht zu verwechseln ist dies mit dem kritisch betrachteten Bereich des „Single-Use" (Einmalnutzung). Daher ist es für uns eine Herausforderung, uns in diesem Bereich klar vom sehr kritisch positionierten Kunststoffmüll bzw. umgangssprachlich Plastikmüll abzugrenzen, der die Debatten um den Klimawandel extrem anheizt. Auch bei unseren Erzeugnissen mit langlebigen Kunststoffen gibt es sehr viele Ansatzpunkte, nachhaltig orientiert zu wirken.

Wir lenken unser Unternehmen mit einem Nachhaltigkeitsgedanken und versuchen, sofern es uns die Kunden genehmigen, ressourcenschonend zu produzieren. Hierbei setzen wir in Absprache mit unseren Kunden auch Rezyklate ein. Wir versuchen, unsere Kunden davon zu überzeugen, dass recyceltes Material zumindest anteilig verwendet werden darf. Wir haben hierzu ganz aktuell eigene Kunststoffschneidmühlen angeschafft, die es uns ermöglichen, selbst Kunststoff an der Produktionslinie zu recyceln und direkt wieder in den Kreislauf zurückzuführen. CO_2-reduzierend haben wir zudem dadurch deutlich weniger Transportwege. Als reiner Zulieferer der Industrie sind wir aber auch den Bestimmungen der Kunden sowie deren Wünschen ausgesetzt. Des Weiteren befürworten wir den Einsatz von biobasierten Kunststoffen und stellen diese Möglichkeiten unseren Kunden vor. Der Einsatz von biobasierten Kunststoffen ist bei uns bereits seit mehr als vier Jahren Standard.

Durch unser seit 2014 zertifiziertes Energiemanagementsystem (Spa-EfV), unsere Energieeffizienz-Arbeitsgruppen sowie unsere geschulten Energie-Scouts behalten wir das Thema Energie und effizientes Ressourcenmanagement nachhaltig im Blick. Wir leben im stetigen Wandel und mit Technologieoffenheit unseren Arbeitsalltag. So nutzen wir ressourcenschonend die Abwärme unserer Kühlanlage zum Heizen der Betriebsgebäude und Produktionsflächen. Unsere ehemalige Ölheizung konnte durch diese Investition in Wärmerückgewinnung ersetzt werden. Anstelle einer Verdunstungskühlung haben wir auf eine Kreislaufkühlung in einem geschlossenen Kreislauf gesetzt und können hierdurch gegenüber der Verdunstungskühlung fünf Mio. Liter Frischwasser einsparen.

Der Strom unserer Photovoltaikanlage wird zu 90 % selbst genutzt. Die Umrüstung der kompletten Beleuchtung auf LED schont 67 % unserer dafür eingesetzten Stromressourcen. Auch die Umstellung von konventionellen auf frequenzgesteuerte Kompressoren führte zu einer Stromreduzierung von nahezu 80% in diesem Bereich.

Unsere Investitionen sind aktuell alle eigenfinanziert mit dem Ziel, ein gesundes und stabiles Wachstum zu erreichen. Wachstum ist hier nicht zwangsläufig auf mehr Umsatz und mehr Arbeitsplätze gerichtet, sondern vielmehr Wachstum in Stabilität und Sicherheit, um auch in eventuellen Krisenzeiten gut gerüstet und finanziell sicher aufgestellt zu sein.

Gesellschaftlicher Einfluss durch engagiertes und innovatives Unternehmertum im Mittelstand

Unser Engagement geht über unser Unternehmen hinaus. So sehen wir es als unsere gesellschaftliche Pflicht, uns auch ehrenamtlich in unseren angrenzenden Bereichen aufzustellen und Themen zu platzieren, die unsere Zukunft gestalten.

Ehrenämter bei den Jungen Unternehmern als Vorsitzende der Region[3], Vizepräsidentin im Marketing Club Neckar-Alb[4] sowie derzeit als jüngste Rotarierin unseres Distrikts runden mein persönliches Engagement ab.

Zudem unterstütze ich als Mentorin im Female Empowerment Programm „Grace"[5] (Berlin) junge und mutige Gründerinnen bei ihren Start-up-Plänen. Für mich ist es wichtig, einen Beitrag im Rahmen meiner Möglichkeiten und meiner Kenntnisse an die Gesellschaft zurückzugeben.

Kooperationen mit Hochschulen, Universitäten und Schulen werden permanent unterstützt. Wir wirken bei Studien-, Bachelor-, Master-, und Doktorarbeiten aktiv mit. Sämtliche Zukunftsprojekte sehen wir als Herausforderung. 2020 haben wir beispielweise bei der „Give a Breath-Challenge"[6] der Munich Re und der Fraunhofer Gesellschaft Innovationen, die Leben retten, unterstützt – ein Ideenwettbewerb, der die Entwicklung von Geräten zur dezentralen Behandlung von Covid-19-Patienten in besonders schwer betroffenen Regionen im Fokus hatte. In der Kategorie für nicht invasive Beatmungsgeräte waren wir im Gewinner-Team als Member von „Vivid Breath".[7]

Ebenso bin ich persönlich in der Öffentlichkeit engagiert und platziere regelmäßig in Podiumsdiskussionen, Podcasts, TV sowie sozialen Medien Anliegen aus der Sicht einer jungen Unternehmerin. Ein großes persönliches Anliegen ist für mich dabei, die digitale Souveränität unserer Gesellschaft – wertebasiert – sicherzustellen, sodass der Mensch bei allen Zukunftsthemen im Fokus bleibt.

Wir bei Plastro Mayer werden auch weiterhin alles daransetzen, unseren persönlichen Werten treu zu bleiben und damit nachhaltig, klimasensibel, innovativ, digital und generationengerecht in die Zukunft zu gehen.

Quellen
1   https://pdf.focus.de/mittelstand-2021.html
2   https://www.top100.de/the-top-100.html?L=1
3   https://www.junge-unternehmer.eu/regionalkreis-suedwuerttemberg/vorstand.html
4   http://www.mcna.de/der-club/vorstand.html
5   https://www.grace-accelerator.de/mentorsreader/isabel-grupp.html
6   https://www.munichre.com/de/unternehmen/media-relations/medieninformationen-und-unternehmensnachrichten/medieninformationen/2020/give-a-breath-challenge.html
7   https://www.munich-business-school.de/insights/en/2020/vividbreath-team-wins-give-a-breath-challenge/

**ANDREA
BELEGANTE**

*Hauptgeschäftsführerin
vom Bundesverband der
Systemgastronomie e.V.*

**Welche Netzwerke waren für Sie und Ihre
berufliche Entwicklung relevant?**

Ich pflege sowohl unternehmens- wie ver-
bandsübergreifende Netzwerke und halte
sie für unerlässlich für die berufliche Entwicklung. Letztlich ist es aber
völlig unerheblich, ob das Netzwerk einen Namen hat oder nicht, entscheidend ist, dass man seine Netzwerke lebendig hält und seine Kontakte pflegt.

Welche Mentorin/welcher Mentor hat Sie beeindruckt?

Meine Mentorin ist Valerie Holsboer, die ehemalige Hauptgeschäftsführerin des BdS und meine Vorgängerin. Schon als sie meine Vorgesetzte
war, habe ich ihre Integrität, Loyalität und Verlässlichkeit sehr geschätzt.
Von ihr habe ich bereits in jungen Jahren gelernt, was es bedeutet, Verantwortung zu übernehmen, Resilienz zu entwickeln und sich mit Leidenschaft für die Belange einer ganzen Branche einzusetzen.

Was würden Sie als Mentorin an die nächste Generation weitergeben?
Netzwerke sind wichtig, keine Frage, doch für mich ist und war es entscheidend, immer offen zu sein für neue Herausforderungen und sich zu trauen, diese anzunehmen, daran zu wachsen, sich weiterzuentwickeln und dabei nie die eigene Motivation zu verlieren, beständig über den Tellerrand zu blicken. Diese Eigenschaften formen das eigene Können, die eigene Kompetenz und Fähigkeit, und das sind die entscheidenden Faktoren für berufliche Karriere. Nichts anderes.

Wie sieht für Sie eine zukunftsfähige belastbare Unternehmenskultur aus?
Unverzichtbar ist für mich bei der Entwicklung einer zukunftsfähigen und belastbaren Unternehmenskultur die Herausforderung, einen eigenen USP zu schaffen, diesen aber trotzdem ständig zu hinterfragen und dabei weiterzuentwickeln. Das geht natürlich nicht als Einzelkämpfer, sondern nur in einem Team mit Top-Mitarbeitern, die nicht nach Schema F arbeiten. Als Führungspersönlichkeit lege ich Wert auf ein Team, bestehend aus einem Mix der Generationen und Geschlechter, das sich gegenseitig ergänzt, aber auch herausfordert. Darüber hinaus gilt es, die Stärken seiner einzelnen Mitarbeiterinnen und Mitarbeiter zu erkennen, zu fordern und zu fördern.

Wie setzen Sie Nachhaltigkeit im eigenen Unternehmen um?
Nachhaltigkeit ist eines der Kernthemen unserer Zeit. In einem Verband hat man vielfältige Möglichkeiten, dieses Thema zu fördern. Wir unterstützen unsere Mitglieder laufend durch die neuesten Informationen, die auch bei diesem Thema entscheidend sind, veröffentlichen die diversen CSR-Projekte der Mitglieder und geben ihnen damit eine Bühne, ihre Nachhaltigkeitsstrategien einem breiten Publikum zu unterbreiten. In der Geschäftsstelle haben wir in den letzten Jahren, vor allen Dingen aber auch aufgrund der zahlreichen neuen Herausforderungen, die die Corona-Krise mit sich gebracht hat, das Thema Digitalisierung noch weiter optimiert, um verbandsinterne Prozesse zu optimieren.

Wo sehen Sie die größten Herausforderungen dabei?
Es ist utopisch, dass ein einziges Unternehmen an allen Themenfeldern der Nachhaltigkeit gleichzeitig arbeiten kann. Es braucht eine klare Struk-

turierung der Ziele inklusive realistischer Zeitvorgabe zur Erreichung der jeweiligen Ziele. Und dann zählt jeder einzelne Schritt.

Was würden Sie jungen Unternehmer:innen in diesem Zusammenhang mitgeben?
Genau das: klare Struktur, realistische Ziele und Zielvorgaben.

MENSCHEN CHANCEN GEBEN – ALLTAG IN DER SYSTEMGASTRONOMIE

Warum ausgerechnet dieses Thema? Ganz einfach: das bin ich, das ist meine Leidenschaft und so sehe ich meine Verantwortung. Dass es allerdings so gekommen ist, war nicht mein Plan. Doch wie heißt es so schön: Erstens kommt es anders, und zweitens als man denkt. Was jedoch schnell klar war, ist, dass ich von den Chancen, die mir zuteilwurden, so viel wie möglich zurückgeben wollte.

Von Anfang an: Ich bringe so einiges mit, von dem es heißt: Das kann ja nichts werden! Ich bin eine kleine, zierliche und blonde Frau, mit osteuropäischem Migrationshintergrund, die in den 90er-Jahren ohne Sprachkenntnisse als Wirtschaftsflüchtling nach Deutschland kam und zudem aus einer Arbeiterfamilie stammt. Klischee pur. Die Zukunft in diesem neuen Land war ungewiss. Internet zum Recherchieren oder vergleichbare Rolemodels, von denen ich hätte lernen können, hatte ich als 13-Jährige nicht und somit auch keine Ahnung, was auf mich zukommen würde und welcher Platz für mich in diesem neuen Land bestimmt sein könnte.

Was mir aber geholfen hat, waren die Menschen, denen ich begegnet bin, die Chancen, die ich ergriffen habe, die neuen Möglichkeiten, die sich mir geöffnet hatten, und last, but not least: mein starker Wille, hier und jetzt etwas zu schaffen ...

Warum erzähle ich Ihnen das? Schließlich widmet sich dieses Buch viel höheren Zielen und hat nichts mit einer einzelnen Person zu tun. Wirklich nicht? Ich meine schon. Es hat in meinen Augen immer mit der einzelnen Person und deren Motivation zu tun, und wir sprechen letztendlich – in meinen Beitrag – von Ungleichheiten zwischen Männern und Frauen, von menschenwürdiger Arbeit und Chancengerechtigkeit im Beruf trotz Migrationshintergrund. Das alles sind Themen, die mich seit meiner Einwanderung begleiten, mit denen ich in meiner Tätigkeit für meinen Verband beschäftigt bin und die mir sehr am Herzen liegen.

Ich führe seit über vier Jahren als Hauptgeschäftsführerin den Bundesverband der Systemgastronomie e.V. (BdS), einen bundesweit agierenden Arbeitgeber- und Wirtschaftsverband und die umfassende Branchenvertretung der Systemgastronomie in Deutschland. Der Verband ist Dienstleister für seine rund 830 tarifgebundenen Mitgliedsunternehmen und vertritt die Branche gegenüber Politik, Medien, Öffentlichkeit, der Gewerkschaft, anderen Akteuren aus der Wirtschaft und sonstigen Entscheidern. Die Verbandsmitglieder beschäftigen an rund 3.000 Standorten mehr als 120.000 Mitarbeiterinnen und Mitarbeiter.

Gleichstellung von Männern und Frauen

Ich hatte das Glück, dass ich zwar streng, aber sehr fortschrittlich erzogen wurde, denn mir wurde vermittelt, dass ich im Leben alles erreichen könne, auch als Mädchen, vorausgesetzt: ich würde hart genug dafür arbeiten. In meinem Heimatland, das eine eher traditionelle Rollenverteilung von Männern und Frauen teils bis heute pflegt, war dies keine Selbstverständlichkeit. Auch in Deutschland arbeiten wir doch noch immer an der tatsächlichen, alltäglichen Gleichstellung, auch wenn die rechtliche Gleichstellung bereits vollzogen ist.

Meine Branche nimmt in diesem Punkt eine Vorreiterrolle in der Wirtschaft ein: Der Anteil der Frauen in Führungspositionen in der Systemgastronomie liegt bei 50 %. Zum Vergleich: In der Gesamtwirtschaft liegt dieser Anteil bei 25 %. Bei Betrachtung dieser Zahlen wird einmal mehr deutlich, dass die Systemgastronomie das Potenzial weiblicher (Führungs-)Kräfte erkannt hat und gewinnbringend für sich nutzt. Damit setzen wir ein klares Zeichen: Frauen sind schon lange Managerinnen, Chefinnen und Gestalterinnen und zeigen damit, dass sie in Führungspositionen einen hervorragenden Job leisten. Sie sind bei uns Schicht- und Restaurantleiterinnen, Geschäftsführerinnen, Franchisenehmerinnen und in meinem Fall: Hauptgeschäftsführerin eines Bundeverbandes.

Damit hört die Gleichstellung in der Systemgastronomie aber nicht auf. Sie spiegelt sich auch in gleicher Bezahlung wider. Ich bin Verhandlungsführerin für die bundesweiten Tarifverhandlungen. Die Verbandsmitglieder haben sich mit ihrem Verbandsbeitritt zur zwingenden Anwendung der bundesweit geltenden Tarifverträge verpflichtet. So unterscheiden die Tarifgruppen nicht nach Geschlechtern, sondern richten sich an der jeweiligen Tätigkeit aus. Hinzu kommt, dass flexible Arbeitszeitmodelle eine bessere Vereinbarkeit von Familie und Beruf ermöglichen.

Menschenwürdige Arbeit

Diverse Studien beschäftigen sich mit dem Thema Bildungschancen in Deutschland. Die Zahlen sind unterschiedlich – je nach Blickwinkel –, aber ein Fakt eint sie alle: Die Bildungschancen je nach Herkunft klaffen in Deutschland noch immer auseinander. Lediglich 8 % der Kinder aus Nicht-Akademiker-Familien haben einen Masterabschluss, im Gegensatz zu 45 % der Kinder, deren Eltern Akademiker sind.[1] Haben sie zudem einen Migrationshintergrund, zeigt sich, dass diese Studierenden anteilig dreimal so häufig wie ihre Mitstudierenden ohne Migrationshintergrund zur Bildungsherkunftsgruppe „niedrig" zählen.[2]

Auch auf mich treffen beide Studien zu: Ich stamme aus einer Arbeiterfamilie mit Migrationshintergrund, habe aber entgegen aller Statistiken mein Jurastudium erfolgreich absolviert. Diesen Geist will ich auch in meine Branche tragen: Weiterbildung ist das A und O. Als Verband haben wir uns das Thema Ausbildung groß auf die Fahnen geschrieben, und ich weiß, wie motivierend Erfolg in Schule und Ausbildung sein kann, um sein individuelles Ziel zu erreichen.

Qualifizierte Arbeits- und Fachkräfte werden nicht nur, aber insbesondere in der Systemgastronomie dringend benötigt. Wir sind ein klassisches People-Business. Durch unsere Mitgliederumfragen wissen wir, dass Personalgewinnung, -ausbildung und -qualifikation als *die* Herausforderungen für die Branche gesehen werden. Mein Verband hat hier einen ganzheitlichen Denk- und Handlungsansatz und setzt auf mehrere Ausbildungssäulen.

Bei unseren Mitgliedsunternehmen gibt es neben zwei Ausbildungsberufen (Fachkraft im Gastgewerbe in der Systemgastronomie, zweijährig, gewerblich, und Fachmann/-frau für Systemgastronomie, dreijährig, kaufmännisch) einen dualen Studiengang „Systemgastronomie-Management" und das „Fast FaSy-Konzept" zur Qualifikation derjenigen Mitarbeiterinnen und Mitarbeiter, die bereits viereinhalb Jahre im Unternehmen arbeiten, jedoch über keinen Berufsabschluss verfügen.

Ich bin davon überzeugt, dass wir durch unsere praxisrelevanten Formate und durch die notwendige Veränderungsbereitschaft die Zukunftsfähigkeit der Branche gewährleisten. Damit schaffen wir durch innovative Personalentwicklungs- und qualifizierungsmaßnahmen einen erheblichen Mehrwert sowohl für unsere Mitglieder als auch für die Branche. Ausbildung beschränkt sich meinem Verständnis nach nicht auf die „klassische Lehrzeit". Der Erfolg gibt uns Recht: Für unser umfassendes Ausbildungspaket „Herausforderung Arbeitsmarkt: Ausbildung und Qualifizierung als Verband neu gedacht – das ganzheitliche Konzept des BdS zur nachhaltigen Personalgewinnung, -ausbildung und -qualifikation" wurden wir im letzten Jahr von der Deutschen Gesellschaft für Verbandsmanagement e. V. als „Verband des Jahres 2020" ausgezeichnet.

Weniger Ungleichheit

Was ist Gleichheit? Für mich und auch aus meiner persönlichen Geschichte heraus bedeutet Gleichheit Gleichwertigkeit und nicht, dass jeder und jede gleich ist, denn das trifft nicht zu. Keiner gleicht dem anderen, jeder ist ein Individuum, aber jeder und jedem steht das Gleiche offen.

Und auch hier leistet die Systemgastronomie einen erheblichen Beitrag: Sie ist eine Branche voller Chancen, die sich mit Beschäftigten aus über 120 Nationen zu Recht als „Integrationsweltmeister" bezeichnet. Rund 40 % der Beschäftigten in meiner Branche sind Menschen mit ausländischen Wurzeln. Viele sind Angelernte, die nicht über einen formalen Schul- oder Berufsabschluss verfügen oder sonstige „Vermittlungshemmnisse" mitbringen. Doch genau diese enorme Sprach- und Kulturvielfalt und die vergleichsweise geringen Einstiegshürden erleichtern es, berufliche Perspektiven für Menschen mit Flucht- oder Asylhintergrund zu schaffen. In der Systemgastronomie bietet sich jeder und jedem die Chance, sich beruflich zu entwickeln und vielfältige Karrierechancen zu ergreifen. Karrieren vom Mitarbeiter im Restaurant zum Restaurantleiter oder gar zum Geschäftsführer und Franchisepartner sind keine Seltenheit.

Die Systemgastronomie ist ein stark wachsender Markt, der viele Arbeitsplätze zu vergeben hat und engagierte und lernbereite Mitarbeiterinnen und Mitarbeiter benötigt, die Freude am Umgang mit Gästen haben. 2015, als die Flüchtlinge zu Tausenden das Land erreichten, war es meine Branche, die die Chance erkannte, Menschen mit Fluchthintergrund in Arbeit zu bringen, und die so einen enormen Beitrag zur Integration dieser Menschen geleistet hat. Um dies jedoch rechtssicher für alle Beteiligten zu gestalten, war es die BdS-Rechtsabteilung unter meiner Führung, die in Rekordzeit einen Leitfaden zur „Beschäftigung und Ausbildung von Asylbewerbern und Geduldeten" erarbeitet und den Verbandsmitgliedern zur Verfügung gestellt hat. Allein unsere Mitglieder konnten damit über 5.000 Menschen mit Fluchthintergrund durch Arbeit und Beschäftigung integrieren, die heute ein unverzichtbarer Teil der Wertschöpfungskette in der Systemgastronomie sind.

Ziel meines Beitrags in diesem Buch ist es, deutlich zu machen, dass meine Branche, die selbst oftmals wenig Wertschätzung von außen erfährt, genau diese Wertschätzung ihrer wichtigsten Ressource, nämlich ihren Mitarbeiterinnen und Mitarbeitern vorbildlich entgegenbringt. Es ist an der Zeit, dies zu sehen und zu würdigen. Hundertausende Beschäftigte nutzen in der Systemgastronomie ihre Chance auf eine berufliche Zukunft, egal, woher sie kommen, welche Geschichte, Hautfarbe oder welches Geschlecht sie haben.

Quellen
1   https://www.hochschulbildungsreport2020.de/chancen-fuer-nichtakademikerkinder
2   http://www.sozialerhebung.de/download/21/Soz21_hauptbericht_barrierefrei.pdf

DR. SIMONE BUREL

CEO der LUB GmbH
(Linguistische
Unternehmensberatung)

**Welche Netzwerke waren für Sie und
Ihre berufliche Entwicklung relevant?**

Ich habe viele Netzwerke ausprobiert, leider kommen gerade bei Frauennetzwerken
die Themen Vertrieb und Geschäftsentwicklung häufig zu kurz. Deshalb
habe ich mir im Lauf der Zeit eigene Netzwerke geschaffen, vor allem in
der Metropol-Region Rhein-Neckar, z. B. über die Wirtschaftsförderung
Mannheim. Ich habe mich außerdem deutschlandweit mit Hochschulen
vernetzt und durch Medienarbeit viele Netzwerk-Kontakte aufgebaut.

Welche Mentorin/welcher Mentor hat Sie beeindruckt?

Generell beeindrucken mich Menschen, die ihre Interessen in einem
unkonventionellen beruflichen Werdegang gefunden haben. Auch
Unternehmer:innen, die sich trauen, zu gründen, obwohl sie nicht die besten Startvoraussetzungen haben – z. B. fehlendes Kapital, kein Bildungs-
abschluss, mentale Beeinträchtigungen –, inspirieren mich. Ich verfolge
u. a. den Aktivisten Raul Krauthausen bei seinem Einsatz für Inklusion.

Persönlich hatte ich eine Mentorin und einen Mentor, die mich vor allem bei konkreten Fragen unterstützt haben. Zum Beispiel: Welchen Preis setze ich für ein Projekt an? Wie komme ich auf ein Podium? Ich habe immer nach ihren eigenen Strategien gefragt und die dann selbst angewendet.

Was würden Sie als Mentorin an die nächste Generation weitergeben?
Ich möchte, dass sich auch die nächste Generation für ihre Ambitionen einsetzt. Denn Sprache schafft Realität. Besonders junge Frauen sollten den Mut haben, ihre Expertise zu zeigen, indem sie sich selbst als Expertin bezeichnen und auch Dinge in Angriff nehmen, wenn sie sich nicht zu 100% vorbereitet fühlen. Denn eigentlich fühlt sich nie jemand zu 100% vorbereitet.

Wie sieht für Sie eine zukunftsfähige belastbare Unternehmenskultur aus?
Wir brauchen einen stärkeren Fokus auf Werte wie Nachhaltigkeit, empathisches Leadership und eine diverse und inklusive Arbeitskultur. Dafür müssen wir unser Augenmerk auch auf unsere Sprache richten. Denn ich bin zutiefst davon überzeugt, dass durch die Änderung der Sprache auch eine Beziehungsänderung stattfindet, die zu viel größeren (gesellschaftlichen und wirtschaftlichen) Erfolgen führt als eine kurzfristige Maßnahme.

Wie setzen Sie Nachhaltigkeit im eigenen Unternehmen um?
Wir achten auf einen gleichberechtigten Umgang mit Mensch, Flora und Fauna, weshalb wir auto- und flugfrei agieren. Seit 2015 ist LUB ein papierloses Büro, d.h. unsere Kund:innen erhalten alle Unterlagen digital. Im Team stellen wir vegane Kost zur Verfügung. Wir spenden mindestens ein Prozent unseres Jahresgewinns an wissenschaftliche oder soziale Organisationen.

Wo sehen Sie die größten Herausforderungen dabei?
Eine Herausforderung sehe ich bei der Weiterentwicklung von Start-ups zu jungen Unternehmen. Wie kann man in einem wachsenden Team und mit der Standardisierung von Prozessen weiterhin auf Nachhaltigkeit achten? Kleine Start-ups haben freiere Möglichkeiten, Nachhaltigkeit umzusetzen, und müssen bei ihrer Weiterentwicklung im Blick behalten, dass das nicht verloren geht.

Was würden Sie jungen Unternehmer:innen in diesem Zusammenhang mitgeben?

Ich rate dazu, sich selbst weiterhin kritisch zu hinterfragen und auch andere Meinungen ernst zu nehmen. Nicht immer hat man selbst die perfekte Lösung. In der eigenen „Bubble" hat man nur einen eingeschränkten Blick.

100 FEMALE MINT-ROLEMODELS IN INDUSTRIE UND WISSENSCHAFT – FÜR HOCHWERTIGE BILDUNG UND GENDER EQUALITY

Als erste linguistische Unternehmensberatung Deutschlands verbinden wir bei der LUB GmbH und unserer Submarke dr.fem.FATALE Erkenntnisse der modernen Sprachforschung mit Anwendungsproblemen der Praxis. Wir optimieren die Prozesse unserer Kund:innen in den Bereichen Leadership, CSR, Gender & Diversity, Customer Care und Change. LUBs Mission ist es, Wissen freizulegen, um das gegenseitige Verstehen von Menschen in Organisationen nachhaltig zu verbessern.

In diesem Beitrag geht es zunächst um unsere allgemeine Ausrichtung als nachhaltig wirtschaftendes Unternehmen, das seine soziale Verantwortung ernst nimmt. Anschließend wird eine konkrete Maßnahme – die FATALE University – näher vorgestellt: Welches Ziel wir damit verfolgen, welchen Impact wir bisher damit erreicht haben und wohin die Reise in 2021 noch gehen wird.

Corporate Social Responsibility und Social Entrepreneurship bei LUB

Unsere Beratungsleistungen und unsere Unternehmenswerte orientieren sich an den Sustainable Development Goals (SDG) der Vereinten Nationen. Die SDGs bieten einen Handlungsrahmen, der es ermöglicht, dass die Nachhaltigkeitsbemühungen der Einzelnen gebündelt werden, indem sie die gleichen Ziele für das globale Gemeinwohl verfolgen. Mit unserer Arbeit wollen wir einen wesentlichen Beitrag zur Erreichung der SDGs leisten. Corporate Social Responsibility ist für uns nicht nur ein Aushängeschild, sondern wir stehen mit Überzeugung dahinter, auch wenn wir (noch) kein großer Konzern sind.

Wir sind seit 2015 ein papierloses Büro, d.h. unsere Kund:innen erhalten diverse Unterlagen, Briefe und Rechnungen ausschließlich digital. Bei Workshops oder anderen Terminen verzichten wir auf Handouts. Da für uns ein gleichberechtigter Umgang von Mensch, Flora und Fauna von großer Bedeutung ist, agieren wir außerdem auto- wie flugfrei und achten auf vegetarische oder vegane Verpflegung im Office. Gerade für eine Unternehmensberatung ist das nicht selbstverständlich. Unser Social-Impact-Commitment lautet zudem seit 2019: Wir spenden mindestens ein Prozent unseres Jahresgewinns an ausgewählte wissenschaftliche oder soziale Organisationen. Dazu zählen u.a. das Frauencafé Ludwigshafen, UN Women sowie die Studentische Tagung Sprachwissenschaft. Wir legen Wert darauf, lokale Organisationen ebenso zu unterstützen wie wissenschaftlichen Nachwuchs sowie Programme, die sich der Frauenförderung verschrieben haben.

Auf dem Weg zu mehr Chancengerechtigkeit in einer diversen, digitalen Arbeitswelt

Gleichberechtigung und Female Empowerment gehören zu unseren wichtigsten Werten. Wir legen großen Wert auf die Gleichstellung der Geschlechter und setzen uns für Frauen in der Arbeitswelt und für Diversität in Teams ein. Denn diverse Teams unserer Kund:innen wie auch bei uns sorgen nachweislich für mehr Innovationskraft, Erfolg und Zufriedenheit – und nur in diversen Teams wird unsere diverse Gesellschaft adäquat repräsentiert. Dafür haben wir 2017 die Submarke dr.fem.FATALE eingeführt, die sich an den folgenden ausgewählten SDGs ausrichtet:

- SDG 4: hochwertige Bildung
- SDG 5: Geschlechtergleichheit
- SDG 8: Menschenwürdige Arbeit und Wirtschaftswachstum
- SDG 10: Weniger Ungleichheiten

dr.fem.FATALE hilft Frauen, Männern und allen anderen, die sich mit ihrer Karriere in der Arbeitswelt 4.0 authentisch positionieren wollen. Durch jahrelange Arbeit in Forschung und Praxis hat unsere CEO Dr. Simone Burel mit dr.fem.FATALE genau die Sprach-, Denk- und Handlungsmuster identifiziert, die Menschen bei einer gleichberechtigten Karriere im Weg stehen. Dazu gehören u.a. genderungerechte Sprache und klassische Geschlechterrollen/Stereotype, die Teams daran hindern, erfolgreich zu agieren; zudem produzieren sie unnötige Mehrkosten und unzufriedene Arbeitnhmer:innen. dr.fem.FATALE unterstützt Organisationen daher mit

Trainings, digitalem Karrierecoaching und Gender Controlling, um diese Mindsets von gestern zu überwinden.

Corporate Learning auf Science-Niveau mit der FATALE University

Eine zentrale Maßnahme von dr.fem.FATALE ist die FATALE University. Die FATALE University ist ein digitales Empowerment-Programm für Frauen in MINT-Berufen und Science. Die FATALE University verbindet wissenschaftliche Untersuchungen zu den relevanten Themen in den Bereichen Gender Pay, Data und Citation. Eine Besonderheit ist, dass biografische Daten von über 3.000 Frauen aus Workshops und Erfahrungsberichten in die Arbeit einfließen und so zielgenaue und relevante Programme angeboten werden. Die teilnehmenden Unternehmen werden miteinander vernetzt und die Frauen finden einen besseren Zugang zu MINT-Berufen und verbleiben auch in den Organisationen.

Mit diesem ganzheitlichen Ansatz füllt die FATALE University die Lücke zwischen den vielfach auf dem Markt angebotenen Empowerment-Kursen und den trockenen technisch-universitären Weiterbildungen im MINT-Bereich. Ziel der FATALE University ist es, hochwertige Bildung zu bedienen und langfristig die Altersarmut insbesondere von Frauen zu reduzieren. Das gelingt, indem wir mit der FATALE University mehr Bewusstsein für die Thematik schaffen, konkrete Unterstützungsmaßnahmen anbieten und ein stabiles, lebenslanges Netzwerk der Teilnehmer:innen aufbauen. Gerade Frauen in MINT-Berufen neigen durch ihre Sozialisation noch zu Downgrading.

10 Lernmodule für 10 Pain Points im Female Lifecycle

Das Konzept der FATALE University kombiniert Online-Learning-Module mit Reflexion, Peer-Austausch und Networking für eine tiefgehende, persönliche Weiterentwicklung. Gehostet und gelernt wird auf der Lernplattform iversity des Wissenschaftsverlags Springer Nature. Genutzt wird das Programm von Unternehmen aus Tech und Industry, beispielsweise BASF, SAP oder Schweickert Gebäudetechnik, aber auch von vielen Hochschulen (Universität Konstanz, Universität Mainz, FH Trier, Duale Hochschule Baden-Württemberg u. a.).

Kick-off und Start des Programms war Juni 2020. Seitdem haben über 100 Frauen an der FATALE University teilgenommen. Durch ihre Teilnahme an dem Programm hat sich die Zufriedenheit der teilnehmenden Mitarbeiter:innen um mehr als 20% gesteigert. Nachweislich führte das Durchlaufen unserer Module zu 15% mehr Innovationsinitiativen in Teams. Im Arbeitsalltag wurde darüber hinaus ihre Resilienz und Leistungsfähigkeit gestärkt. Einzelne Teilnehmer:innen profitierten im Anschluss an die FATALE University von besseren Karriere- und Aufstiegsperspektiven, was ihnen eine Gehaltssteigerung bis zu 10% einbrachte. Auch ihre Chancen auf Mandate, Ämter oder Aufsichtsgremien erhöhten sich. Das erreichten sie nicht zuletzt, indem sie sich eine durch das Programm angeleitete stärkere individuelle Medienvisibilität schafften und dadurch frequentierte Anfragen für Vorträge, Beiräte etc. erhielten.

Impact of Diversity Award: „Eine Maßnahme, die wirklich wirkt"

Dass die FATALE University ein gut funktionierendes Programm ist, wurde uns Anfang März 2021 bestätigt.[1] Die FATALE University wurde mit dem Impact of Diversity Award des FKI (Frauen-Karriere-Index) in der Kategorie „Female MINT Performance Unternehmen" ausgezeichnet. Sowohl die Teilnehmer:innen des Public Voting als auch die Jury waren begeistert. Die Jury begründete:

„Wie gelingt es, mehr Frauen für MINT-Berufe zu begeistern und auch in diesem Feld zu halten? Dass Frauen sich nicht für MINT interessieren, muss nicht so sein. Allein schon ein Blick ins Ausland beweist: Mehr Frauen in MINT sind möglich. In der Jury herrschte große Einigkeit: Die FATALE University ist eines der wirklich funktionierenden digitalen Empowerment-Programme für Frauen in MINT-Berufen & Science, und damit eine Maßnahme, die wirklich wirkt."[2]

Next Steps 2021

Und die Reise ist noch nicht zu Ende. Diversity und Gender Equality sind aktuelle und damit auch dynamische Themen. Vor diesem Hintergrund – dem Credo des lebenslangen Lernens und der stetigen Weiterentwicklung in unserer modernen Wissensgesellschaft folgend – reflektieren und überarbeiten wir regelmäßig unsere eigenen Angebote. So entwickeln wir gerade die Marke dr.fem.FATALE weiter und die FATALE University wird mit einem neuen Look & Feel zur „Fempower Academy" werden. Die Marke wird künftig auch anderen Dimensionen von Diversity stärker gerecht werden. Mit Workshops, Trainings und Keynotes werden wir weiterhin dazu beitragen, hochwertige Bildung zu bieten und auf der Grundlage von Wissensweitergabe Ungleichheiten abzubauen. Das Ego des Alleinstellungsanspruchs hat hier nichts zu suchen. Daher bauen wir neben unserem Kernteam ein ganzes Netzwerk von diversen Speaker:innen auf, damit Bühnenplätze (Panels und Vorträge) nicht weiterhin mit der ewig gleichen Riege von Männern gleichen Alters, gleicher Bildung und gleicher Hautfarbe gefüllt werden – sondern die Gesellschaft in ihrer tatsächlichen Diversität abbilden.

Quelle
1   Impact of Diversity (2021): Impact of Diversity zeichnet die FATALE University in der Kategorie „Female MINT Performance Unternehmen" aus. https://www.impact-of-diversity.com/female-mint-performance-unternehmen-fatale-university/ (Zugriff: 26.03.2021)
2   Ebd.

NORMA DEMURO

*Geschäftsführerin der
keeunit GmbH*

**Welche Netzwerke waren für Sie und
Ihre berufliche Entwicklung relevant?**
Für mich sind insbesondere Unterneh-
mer:innennetzwerke relevant, bei denen ich
auf Unternehmer treffe, die gerne ihre Erfahrungen austauschen. Dabei finde
es sehr wertvoll, wenn nicht nur über Erfolge, sondern insbesondere über
Misserfolge oder Fehler berichtet wird. Davon profitieren dann alle.

Welche Mentorin/welcher Mentor hat Sie beeindruckt?
Michael Beck. Als Kapitän zur See und Unternehmer ist er mit seiner
40-jährigen beruflichen Erfahrung im Mittelstand und Kenntnissen von
Besonderheiten in der Zusammenarbeit mit Großunternehmen/-organi-
sationen eine für mich beeindruckende Unternehmerpersönlichkeit.

Was würden Sie als Mentorin an die nächste Generation weitergeben?
Wer aus einer guten Idee oder einer Leidenschaft ein Unternehmen aufbauen
möchte, braucht vor allem Durchhaltevermögen und muss sich immer wieder
fokussieren. Unternehmertum als „Wunschberuf" zu definieren sollten sich
viel mehr junge Menschen trauen. Alles, was du dazu brauchst, ist schon in dir.

NACHHALTIGE ENTWICKLUNG UND E-LEARNING – EINE PERFEKTE SYMBIOSE

Nachhaltigkeit steht bei vielen Unternehmen ganz oben auf der Agenda. Doch was hat langlebige, umweltfreundliche Unternehmenspolitik mit E-Learning zu tun? Und wie unterstützt E-Learning eine achtsam mit natürlichen Ressourcen umgehende Entwicklung?

Laut dem vielbeachteten Brundtland-Bericht bedeutet nachhaltige Entwicklung „... *eine Entwicklung, die die Bedürfnisse der Gegenwart befriedigt, ohne zu riskieren, dass künftige Generationen ihre eigenen Bedürfnisse nicht befriedigen können"*. Die Weltgemeinschaft hat darauf reagiert. Die Vereinten Nationen verabschiedeten die Sustainable Development Goals (SDGs): 17 globale Ziele für nachhaltige Entwicklung.

Menschenwürdige Lebensbedingungen, der Schutz und die Bewahrung der Natur sind die grundlegenden Ziele der Agenda 2030. Darüber hinaus sind in der Unternehmenswelt und insbesondere im Finanzwesen die Kriterien Environment Social Governance (ESG: Umweltschutz, soziale Verantwortung, Grundsätze guter Unternehmensführung) seit etlichen Jahren etabliert. Weltweit sind also alle – Politiker, Wirtschaftslenker, Privatpersonen – aufgefordert, sich ökologisch, ökonomisch und sozial verantwortungsbewusst zu verhalten.

Um die Nachhaltigkeitsziele zu erreichen, kommt E-Learning, digitale Wissensvermittlung, ins Spiel. Stellen Sie sich eine Lern-App zu Themen wie Datenschutz, Homeoffice, Qualitätsmanagement, Führungskräftetraining oder IT-Sicherheit vor. Diese App erfüllt einige der 17 Ziele für nachhaltige Entwicklung: Hochwertige Bildung (4), Geschlechtergleichheit (5), Nachhaltige/r Konsum und Produktion (12), Maßnahmen zum Klimaschutz (13). Im Beispiel Ziel 4 Hochwertige Bildung führt abwechslungsreiches E-Learning mit interaktiven Anwendungen (Videos, Quiz, Gamification, Break-out-Rooms) auf didaktisch kreative Weise zum Lernerfolg.

Als Geschäftsführerin der keeunit GmbH, ein Mainzer Unternehmen für digitale Lernlösungen, verknüpfen mein Team und ich Weiterbildung mit nachhaltigem Wirtschaften. Einen besonders innovativen und vor allem gesellschaftlich relevanten Fokus sehen wir speziell bei Frauen, die familienbedingt Auszeiten haben (Ziel 5 Geschlechtergleichheit). Durch den Einsatz unserer Lernlösung und mobiler Geräte wie Notebooks, Tablets und Smartphones ist es heute jederzeit möglich, Zugang zum Know-how des Unternehmens zu bekommen. Die Mitarbeiter:innen teilen Wissen und bleiben mit den Kollegen:innen in Kontakt. Mit solchen Maßnahmen steuern Firmen dem drohenden Karriereknick bei Frauen bzw. Erziehenden entgegen und nutzen wertvolle Potenziale, die sonst verloren gehen. Lebenslanges Lernen und die Partizipation von Mitarbeitenden zu verbinden stehen bei uns an erster Stelle. Die keelearning-App garantiert den Mitarbeitenden, mit Freude und Spaß zu lernen, und bietet Unternehmen einen Mehrwert – sei es, um die Fach- und Führungskräfte zu stärken und besser zu machen, ihrer Unternehmensverantwortung nachzukommen oder um ihre Arbeitgeberattraktivität zu erhöhen.

Für Personalverantwortliche sind intelligente und nachhaltige E-Learning-Apps für eine besondere Belegschaftsgruppe ideal: die Firstline Workers. Dies sind Mitarbeitende an „vorderster Front" wie Verkäufer:innen, Reinigungskräfte, in der Produktion Beschäftigte, Pflegepersonal. Die Firstline Workers verfügen oftmals nicht über einen eigenen Arbeitsplatz mit Desktop-PC, oder es existieren Sprachbarrieren. Intuitiv zu bedienende und leicht verständliche Lernprogramme ermöglichen ihnen daher die passende Weiterbildung. Und das ganz einfach mit dem eigenen Smartphone oder Tablet (oder ein Endgerät wird vom Unternehmen gestellt). Mobile E-Learning-Software überspringt auch die Hürde der heterogenen Arbeitszeiten (Schichtarbeit); Mitarbeiter:innen lernen, wann und wo sie möchten.

Nachhaltige Entwicklung wird auch im Recruiting und bei der Bindung der Mitarbeiter:innen immer bedeutsamer. Eine Befragung der Boston Consulting Group mit 200.000 Jobsuchenden in 189 Ländern ergab: Die drei wichtigsten Punkte für junge Bewerber:innen sind Wertschätzung ihrer Arbeit, gute Beziehungen zu Kollegen und Work-Life-Balance. Dieser Generation geht es um Kooperation, Partizipation, Interaktion, Teamarbeit und gute Kommunikation. Auch hier werden einige der 17

Sustainable Development Goals berücksichtigt. Und mithilfe unserer keelearning-App haben Mitarbeiter:innen nicht nur die Möglichkeit, Wissen für sich alleine zu trainieren, sondern können auch eigene Inhalte teilen und über die Kommentarfunktion mit Kollegen in den Austausch kommen.

Die Vorteile von E-Learning – ortsunabhängiges, digitalisiertes, spielerisch-natürliches Lernen – tragen zu diesen Zielen der Vereinten Nationen bei: Gesundheit und Wohlergehen (3), Hochwertige Bildung (4), Geschlechtergleichheit (5), Menschenwürdige Arbeit und Wirtschaftswachstum (8), Industrie, Innovation und Infrastruktur (9), Nachhaltige/r Konsum und Produktion (12) sowie Maßnahmen zum Klimaschutz (13). Nachhaltige Entwicklung und E-Learning: Wie wir sehen, passt das sehr gut zusammen.

Quellen
https://www.bmz.de/de/themen/2030_agenda/
https://econsense.de/app/uploads/2020/09/2020_econsense_Menschenrechtsindikatoren_Diskussionspapier.pdf
https://investrends.ch/aktuell/opinion/humankapital_wichtiger_wachstumstreiber-10116/
https://keeunit.de
http://media-publications.bcg.com/Global_Talent_Oct_2014.pdf
https://www.nachhaltigkeit.info/artikel/brundtland_report_563.htm
https://unric.org/de/17ziele/
(Alle Links wurden zuletzt am 17. März 2021 geprüft und waren aktiv.)

**Welche Netzwerke waren für Sie und Ihre
berufliche Entwicklung relevant?**

Für meine persönliche und professionelle
Entwicklung sind verschiedene interne und
externe Netzwerke relevant, z. B. Accenture Women Initiative, FidAR e.V.,
Social Business Women e.V. und der Bundesverband der Personalma-
nager.

Welche Mentorin/welcher Mentor hat Sie beeindruckt?

Für die vielen Persönlichkeiten, die mich auf meinem Weg begleitet und
geprägt haben, nenne ich stellvertretend meinen früheren Chef im Stra-
tegiebereich bei Accenture, Dr. Markus Klimmer, der mich immer wieder konstruktiv herausgefordert und mir viel zugetraut hat. Seine Viel-
seitigkeit, hohe Intellektualität und Persönlichkeit als Spitzenmanager
sind für mich bis heute Orientierungsmarken. Daneben ist meine frü-
here Geschäftsführungs- und Vorstandskollegin Gabriele Möhlke meine
bemerkenswerte Wegbegleiterin, die im kongenialen Zusammenwirken,
dem kreativ-mutigen Betreten von Neuland und dem furchtlosen

Umgang mit Hürden und Konflikten neue Maßstäbe gesetzt hat – stets mit einer positiven Haltung und einem ansteckenden Lachen.

Was würden Sie als Mentorin an die nächste Generation weitergeben?
„Macht den Mund auf! Nur was gesagt wird, kann auch gehört werden." Die eigene Meinung und den eigenen Standpunkt zu vertreten ist das eine. Ideen, Gedanken und konstruktive Kritik offen und proaktiv einzubringen ist das andere. Hier halten sich Frauen meiner Erfahrung nach häufiger unnötig zurück.

Wie sieht für Sie eine zukunftsfähige belastbare Unternehmenskultur aus?
Sie zeichnet sich durch konstruktiven, wertschätzenden Umgang mit sichtbarer und nicht-sichtbarer Unterschiedlichkeit der Menschen aus und baut auf diese Unterschiedlichkeit in der gemeinsamen Arbeit und Zielerreichung.

Wie setzen Sie Nachhaltigkeit im eigenen Unternehmen um?
Nachhaltigkeit ist bei Eckes-Granini seit jeher fest verankert. Es ist unser Anspruch, Nachhaltigkeits-Champion im Segment Säfte und fruchthaltige Getränke zu sein. Dies wollen wir auch als Wettbewerbsvorteil für unsere starken Marken einsetzen. Unsere Nachhaltigkeitsstrategie umfasst sechs Kernbereiche: Klimaschutz, Verpackung, nachhaltiger Saft, Ernährung, Mitarbeiter sowie soziale Verantwortung. Seit 2020 ist der Kernbereich „Mitarbeiter" mit dem Fokus auf „Safety, Health & Wellbeing" sowie „Mitarbeiterengagement" neu hinzugekommen und expliziter Teil der Strategie.

Was würden Sie jungen Unternehmer:innen in diesem Zusammenhang mitgeben?
Nachhaltigkeit sollte von Anfang an ein integraler Bestandteil des Selbstverständnisses und des wirtschaftlichen Handelns junger Unternehmer:innen sein. Das heißt für mich auch, darauf zu achten, Nachhaltigkeit im Führungsverhalten, in den Prozessen und der Berichterstattung zu verankern, also im Sinne der SDGs im Reporting und im Geschäftsbericht umfassend abzubilden.

WE CARE FOR PEOPLE

Soziale Nachhaltigkeit als Teil der Zukunftsstrategie der Eckes-Granini Gruppe

Die Nachhaltigkeitskriterien Umwelt, Soziales und Unternehmensführung (Environment, Social, Governance, kurz ESG-Kriterien) spielen in der Welt der Wirtschaft und Finanzen zunehmend eine wichtige Rolle. Hierbei wird bis dato der Schwerpunkt oftmals auf den Umweltaspekt gelegt. Die Reihenfolge der Buchstaben ESG sollte jedoch nicht als Rangfolge oder Gewichtung der Themen verstanden werden. Nachhaltiges Wirtschaften basiert nicht nur auf der Reduzierung von CO_2-Emissionen und der Vermeidung von Plastikmüll, sondern immer auch auf engagierten, loyalen und gut ausgebildeten Mitarbeiter:innen, auf verlässlichen Lieferketten sowie solider Unternehmenssteuerung und effektiver Unternehmenskommunikation. Nicht zuletzt hat auch die Corona-Krise mit dazu beigetragen, dass die Nachhaltigkeitskriterien „S" und „G" stärker in den Fokus unternehmerischen Handelns rücken. Genau diesen sozialen Fokus betonen wir in der Eckes-Granini-Gruppe im Rahmen unserer Nachhaltigkeitsstrategie.

Eckes-Granini ist ein internationaler Markenartikler und Hersteller von Säften und fruchthaltigen Getränken. Mit unseren regionalen Wurzeln im rheinhessischen Nieder-Olm und unserer über 160-jährigen Geschichte ist die Orientierung an Nachhaltigkeit nicht nur Teil unserer Historie, sondern auch elementarer Baustein unserer Zukunft als Familienunternehmen. Nachhaltiges Wirtschaften heißt für uns, dass wir uns nicht nur für die Gesundheit unserer Konsumenten und den Schutz der von uns verarbeiteten natürlichen Ressourcen einsetzen, sondern auch, dass wir uns für alle Menschen engagieren, die entlang unserer weltweiten Wertschöpfungskette arbeiten.

Konkret bedeutet das, dass wir unsere Nachhaltigkeitsstrategie in den zwei Dimensionen „Planet & Umwelt" sowie „Mensch & Gesellschaft" auf insgesamt sechs Kernbereiche ausgerichtet haben.

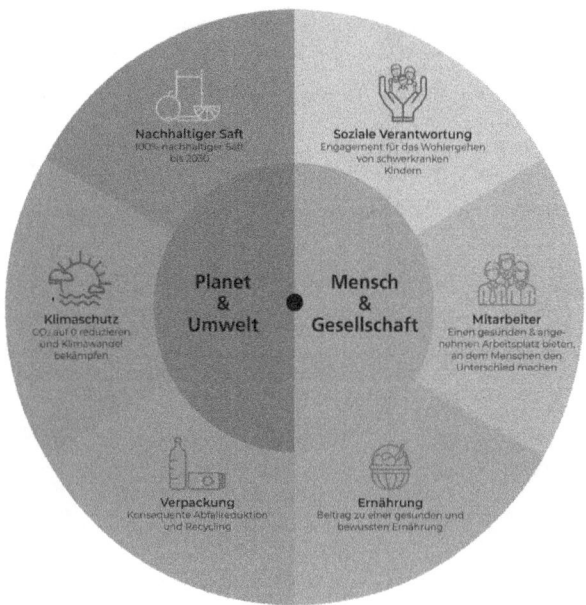

Nachhaltigkeitsstrategie in den zwei Dimensionen „Planet & Umwelt" sowie „Mensch & Gesellschaft"

Die folgenden Ausführungen geben einen kurzen Einblick in die Gestaltung und Entwicklung im Kernbereich „Mitarbeiter:innen". Aufgrund der englischen Firmensprache werden einzelne Begriffe hierbei nicht übersetzt.

Die Sustainable Development Goals (kurz SDG) der Agenda 2030 der Vereinten Nationen bilden einen wichtigen Orientierungsrahmen. Aus dem Portfolio 17 relevanter Nachhaltigkeitsziele fokussieren wir im Kernbereich „Mitarbeiter:innen" besonders auf die Ziele „Gesundheit & Wohlbefinden" (SDG 3) und „wirtschaftliches Wachstum" (SDG 8).

Kompetente und engagierte Mitarbeiter:innen sind entscheidend für ein profitables Wachstum. Die Arbeitsbedingungen, die Werteorientierung sowie die Art der Zusammenarbeit und der Führung sind entscheidend dafür, wie Menschen in Unternehmen ihre Kompetenzen, ihr Potenzial und ihr Engagement einbringen und gemeinsam die Zukunft mitgestalten. Ein wichtiges Bindeglied ist unserer Erfahrung nach der gemeinsame „Purpose" – oder auch „der Sinn, der Zweck, die Triebfeder" unseres Handelns.

Aus unserem „Purpose" „We bring the best of fruit for a healthy and enjoyable life", leitet sich die Vision für den Schwerpunkt „Mitarbeiter:innen" ab. Sicherheit, Gesundheit und Wohlbefinden der Mitarbeiter:innen sind das zentrale Thema:

„Wir, als Organisation, schaffen ein gesundes und angenehmes Arbeitsumfeld, in dem Menschen sich einbringen und ihr Bestes beitragen können.

Wir, als Kolleginnen und Kollegen, geben unser Bestes, um nachhaltig zu arbeiten und die Standards und Werte zu leben, die wir in diesem Unternehmen teilen."

Unser Verständnis von Sicherheit, Gesundheit und Wohlbefinden umfasst dabei
- sichere Arbeitsbedingungen zu schaffen (auch im Sinne der regulatorischen Anforderung),
- physische Sicherheit und Gesundheit zu fördern,
- psychologische Sicherheit und Gesundheit zu unterstützen,
- das Wohlbefinden der Mitarbeiter:innen im Arbeitsumfeld und die Arbeitszufriedenheit zu stärken.

Die Menschen in den Mittelpunkt zu stellen ist Teil unserer Unternehmens-DNA und gilt daher auch für die Ausrichtung der Nachhaltigkeitsstrategie. Die Einbeziehung und der aktive Beitrag der Mitarbeiter:innen sind maßgebend dafür, dass all unsere Nachhaltigkeitsbemühungen aktiv umgesetzt und gelebt werden. Unsere Frage lautete daher: Wie können wir die Entwicklungen positiv beeinflussen, um unsere Vision Schritt für Schritt Realität werden zu lassen, und welche Voraussetzungen sind hierfür wichtig?

In einem internen Dialogprozess mit Kolleginnen und Kollegen der verschiedenen Landesgesellschaften der Eckes-Granini-Gruppe wurden Bedarfe und Anforderungen identifiziert und relevante Handlungsfelder abgeleitet. Unser Ansatz umfasst dabei – kurzgefasst – folgende Eckpunkte:
- Bewusstsein für die Bedeutung des Themas physische und psychologische Sicherheit und Gesundheit zu erzeugen,

- Transparenz durch Zahlen, Daten und Fakten zu schaffen, um eine Standortbestimmung vornehmen zu können, auf deren sachlicher Grundlage Dialog und Weiterentwicklung stattfinden können,
- Verhaltensänderung durch pragmatische, handlungsorientierte Impulse („Nudging") und Vorleben zu fördern.

Hierfür wurden gruppenweite Indikatoren für physische Sicherheit und Gesundheit erhoben und vereinbart sowie eine Befragung zur psychologischen Sicherheit entwickelt, die sich an der Grundlagenforschung von Amy C. Edmondson, Novartis-Professor für Leadership und Management der Harvard Business School, orientiert. Veränderung basiert aber nicht nur auf Erkenntnis, sondern auf Handeln. Deshalb sind uns der Dialog zu und die Auseinandersetzung mit den Ergebnissen so wichtig. Sie bilden die Grundlage, um Zusammenhänge nicht nur besser zu verstehen, sondern Verbesserungen bzw. Weiterentwicklungen gezielt zu initiieren und zu verankern. Die Führung nimmt hier eine zentrale Rolle ein, Vorhaben tatkräftig und nachhaltig umzusetzen, Dialogkultur (weiter) zu entwickeln und vorzuleben. Um auf allen Ebenen in Teams und Ländern wirksam zu werden, sollten Führungskräfte und Mitarbeiter:innen im Kopf und im Herzen erreicht werden.

Hierin macht sich auch unser Verständnis von „Diversity & Inclusion" fest: der Umgang mit (sichtbarer und nicht-sichtbarer) Unterschiedlichkeit ist wesentlich dafür, „Anderssein" als Potenzial zu sehen und konstruktiv zu nutzen. Für uns fängt das in der Unterschiedlichkeit eines jeden Menschen und seiner Persönlichkeit an.

Gelungene Kooperation und konstruktives Miteinander im Tagesgeschäft sind ein wesentlicher Hebel für ein gesundes und angenehmes Arbeitsumfeld und entscheidend dafür, wie stark und engagiert Menschen sich einbringen. Wir sind davon überzeugt: Veränderung fängt bei jedem/jeder Einzelnen an und liegt in der Verantwortung aller. Unsere Antworten auf die Frage nach den Voraussetzungen lauten deshalb: Vertrauen, Offenheit, angstfreie Kommunikation, Wertschätzung und Respekt, der Umgang mit (sichtbarer und nicht-sichtbarer) Unterschiedlichkeit sowie das Gefühl der Zugehörigkeit. Sie sind maßgebend für

eine „gesunde" Unternehmenskultur und Nährboden für Innovationskraft, Zukunftsfähigkeit und wirtschaftliches Wachstum.

Da eine Strategie ohne die Menschen dahinter nicht zum Leben erweckt
werden kann, ist das Engagement der Mitarbeiter:innen ganz wesentlich für die Umsetzung und Erreichung unserer Nachhaltigkeitsziele.
Das soll auch außerhalb des Tagesgeschäfts deutlich werden und
gebührend Raum erhalten. Wir wollen Nachhaltigkeit zu einem Anliegen
aller machen und bieten deshalb eine gruppenweite Mitmach-Aktion
für unsere Mitarbeiter:innen in ihren jeweiligen Standorten an. Für den
geplanten „Sustainability Day", der ab 2021 jährlich stattfinden soll,
laden wir unsere Mitarbeiter:innen ein, sich einen Arbeitstag lang aktiv
in Projekten entlang unserer sechs Nachhaltigkeitsbereiche „Mitarbeiter", „Soziale Verantwortung", „Ernährung", „Verpackung", „Nachhaltiger
Saft" und „Klimaschutz" zu engagieren. Wir zählen dabei auf die Power
der vielen und die Gemeinschaft als ONE Eckes-Granini – so wollen wir
unsere Vision von Nachhaltigkeit Realität werden lassen.

Quellen
Edmondson, Amy C. (2019), The Fearless Organization: Creating Psychological Safety in the Workplace for Learning, Inno-
    vation, and Growth, Hoboken, John Wiley & Sons Inc.
Laloux, F. (2015), Reinventing Organizations: ein Leitfaden zur Gestaltung sinnstiftender Formen der Zusammenarbeit,
    München, Verlag Franz Vahlen.
McAteer, P. (2019), Sustainability is the new advantage – Leadership, change and the future of business, London-New
    York, Anthem Press.
Pink, D. (2017), Drive – Was Sie wirklich motiviert, Salzburg-München, Ecowin Verlag.
Schein, E./Schein, P. (2018): Humble Leadership, Oakland, Berrett-Koehler Publishers.
Schwuchow, K./Gutmann, J. (2020), HR-Trends 2021 – Strategie, Kultur, Big Data, Diversity, Freiburg-München-Stuttgart,
    Haufe Group.

RENATE SOMMER

*Geschäftsführerin und
Partnerin der SCRIPT
CORPORATE+PUBLIC
Communication GmbH*

**CAROLINE
HEPTNER**

*Senior Consultant,
Member of the Board of
Directors der SCRIPT
CORPORATE+PUBLIC
Communication GmbH,
Grameen Kosovo
Microcredit Fund*

Was würden Sie als Mentorin an die nächste Generation weitergeben?

RS: Bleibe neugierig, egal wie anstrengend es sein mag. Blicke immer einmal hinter die Dinge, interessiere dich für die Sichtweisen anderer und frage dich, warum etwas so ist, wie es ist – und wie es aus deiner Sicht vielleicht besser sein könnte. Mach dafür den Kopf auf, denke groß. Und frage dich dann erst, wie man das jetzt umsetzen könnte.

CH: Sei du selbst! Ein Lebenslauf darf Ecken und Kanten haben. Denn man entdeckt seine Talente nur durch das Sammeln unterschiedlicher Erfahrungen.

Was würden Sie jungen Unternehmer:innen in diesem Zusammenhang mitgeben?

RS: Setze auch in der Kommunikation auf Nachhaltigkeit. Denn auch in der Kommunikation ist es wichtig, Dinge zu durchdenken, sich einen

Rahmen zu geben und dann mit Konstanz und Durchhaltevermögen die eigene Position zu vertreten. Arbeite mutig auf ein Ziel hin, zeige Ausdauer und höre aufmerksam zu. Dann kann Kommunikation den unternehmerischen Erfolg stärken.

Welche Mentorin/welcher Mentor hat Sie beeindruckt?
CH: Professor Muhammad Yunus wegen seiner realistischen Visionen, Sahra Wagenknecht wegen ihres Non-Opportunismus, Stefan Aust wegen seines Widerspruchsgeists.

DURCH UNTERSCHIEDLICHE PERSPEKTIVEN ZU NACHHALTIGER ENTWICKLUNG

Die Welt ist im Wandel. Für Unternehmen wird Nachhaltigkeit daher immer mehr zu einem zentralen Inhalt ihrer Kommunikation. Das merken wir in unserem Arbeitsalltag. Jeden Tag arbeiten wir daran, in der Kommunikation für unsere Kunden verschiedene Perspektiven zu integrieren, Klarheit herzustellen und so Orientierung zu schaffen. Dabei starteten wir aus zwei entgegengesetzten Ecken des kommunikativen Raums – Journalismus und Unternehmenskommunikation. Uns vereint der Anspruch, hinter die Dinge zu blicken, Menschen für Themen zu begeistern und nachhaltige Entwicklung kommunikativ zu stärken.

Im Journalismus geht es darum, durch die Vermittlung von unterschiedlichen Sachverhalten gesellschaftliche Debatten anzustoßen und Defizite aufzuzeigen. In der Unternehmenskommunikation geht es dagegen darum, die Eigeninteressen des Unternehmens zu artikulieren. Bei beidem geht es jedoch um Inhalte und was dahinter steckt.

CH: „Ich bewarb ich mich nach meinem Studium der Kunstgeschichte und Germanistik um einen Platz an der Axel-Springer-Journalistenschule in Berlin. Mit dem Hinweis, dass sich die ‚Bild‘-Zeitung für mich interessiere, wurde ich zu einem Vorstellungsgespräch eingeladen. Dort saß ich dem einstigen Chefredakteur und Herausgeber Kai Diekmann gegenüber. Er sprach mich auf die Causa ‚Kachelmann‘ an, zu dieser Zeit ein viel diskutiertes Thema in den Medien: Dem bekannten Wettermoderator war vorgeworfen worden, eine Freundin vergewaltigt zu haben. Bestens ausgerüstet mit den Argumenten meiner Mutter, die den Strafprozess gegen Kachelmann für das Nachrichtenmagazin ‚Der Spiegel‘ beobachtete, diskutierten wir über eine mögliche Falschberichterstattung von ‚Bild‘. Es war eine muntere Debatte, und ich war verwundert, dass Diekmann gar nicht unbedingt Recht haben wollte. Stattdessen betrachtete er den Fall aus unterschiedlichen Perspektiven. Auch wenn sein Blatt hier klar eine Position einnahm, gewann ich den Eindruck, als ob auch er die Berichterstattung, vor allem die Kommentierung durch Alice Schwarzer, nicht immer treffend fand. Obwohl mir ‚Bild‘ damals aus verschiedenen Gründen nicht geheuer war, entschied ich mich nach diesem Gespräch für die Zeitung."

RS: „Medien und Kommunikationswissenschaft – was kann man mit so einem Studium später mal machen? Diese Frage habe ich häufig gehört. Als ich Ende 2014 bei ‚Script' anfing, haben wir einen Kunden bei seiner internen Kommunikation im Zuge einer Fusion begleitet. Eine Fusion heißt meist auch Restrukturierung und Stellenabbau. Das findet niemand gut. Ein Learning begleitet mich seit dieser Zeit: Kommunikation kann die Fakten nicht ändern. Und gute Kommunikation will das auch nicht. Eine schlechte Nachricht ist eine schlechte Nachricht. Je mehr ich als Absender versuche, das zu verstecken, desto schlechter wird meine Kommunikation. Wirklich fair mit Menschen umgehen heißt, die schlechte Nachricht als solche anzuerkennen und klar zu kommunizieren. Es ist das Recht des Empfängers, die schlechte Nachricht doof zu finden. Und es ist die Aufgabe des Absenders, das hinzunehmen und ihm trotzdem offen und klar gegenüberzutreten. Und wenn ich in schlechten Zeiten fair kommuniziere, dann macht eine gute Nachricht umso mehr Spaß.

Wenn wir uns also den Fakten verpflichten, verändert das den Blick auf Kommunikation und die Arbeit damit. Denn so kann sie nicht nur Veränderungen anstoßen, sondern zudem Orientierung geben und nachhaltige Entwicklung unterstützen. Das bedeutet auch, über Defizite und Potenziale zu sprechen. Ein Beispiel dafür ist die jährliche Verleihung des Friedensnobelpreises, durch den global auf Defizite hingewiesen und Lösungsvorschläge aufgezeigt werden."

CH: „Man kann es Fügung oder auch Zufall nennen, dass ich 2016 das Glück hatte, Professor Muhammad Yunus kennenzulernen. Der aus Bangladesch stammende Wirtschaftswissenschaftler erhielt 2006 mit der von ihm gegründeten Mikrokredite vergebenden Grameen Bank in Bangladesch zu gleichen Teilen den Friedensnobelpreis. Es war das erste Mal, dass eine Bank und ein Wirtschaftswissenschaftler den wichtigsten Friedenspreis der Welt erhielten. In der Begründung des Osloer Komitees hieß es: ‚Dauerhafter Frieden kann nur erreicht werden, wenn große Bevölkerungsgruppen Wege finden, um aus der Armut auszubrechen. Mikrokredite sind ein Mittel dazu.'

Professor Yunus hatte es geschafft, den Menschen eine andere Perspektive auf das Kreditwesen von Banken zu eröffnen. Mit der Gründung der Grameen Bank 1976 wurde deutlich, dass auch arme Menschen kreditwürdig sind – und dass die daraus entstehende Hilfe zur Selbsthilfe einen Teil zum Weltfrieden beitragen kann.

Als ich begann, mit Professor Yunus zu arbeiten, wurde in Deutschland gerade das Thema ‚unternehmerische Verantwortung' diskutiert. Professor Yunus lenkte mein Augenmerk auf die Rolle multinationaler Konzerne bei Fragen nach den Menschenrechten, der Versorgung mit Nahrung, Arbeit, Wohnung, Bildung und Gesundheit. Zudem traten Anfang 2016 die Sustainable Development Goals der Vereinten Nationen in Kraft, die es Konzernen ermöglichten, sich global für die Erreichung der 17 politischen Zielsetzungen der UN für eine nachhaltige Entwicklung auf ökonomischer, sozialer sowie ökologischer Ebene einzusetzen. Um derartige Veränderungen zu bewirken, braucht man Menschen, die die Frage nach Verantwortung neu stellen und vor allem neue Antworten darauf finden. Ich lernte bei Professor Yunus, wie gelungene Investitionen Wachstumsimpulse geben können und oft Hand in Hand gehen mit Technologie- und Wissenstransfer, sodass Standards für mehr Sicherheit und Umweltschutz festgelegt werden. Für die einheimische Bevölkerung entstehen dadurch qualifizierte Arbeitsplätze – kurz: Wenn Unternehmen ihre Mitarbeitenden ausbilden, erhöht sich im gesamten Umfeld dieser Unternehmen das Bildungsniveau. Damit wächst der Lebensstandard, die Armut nimmt ab. Allerdings greift eine solche Entwicklung nicht automatisch dort, wo die Not am größten ist. Diejenigen, die sich am unteren Ende der Wohlstandspyramide befinden, bleiben meist weiterhin vom Wirtschaftsleben und der gesellschaftlichen Weiterentwicklung ausgegrenzt. Hier setzt Vordenker Yunus an.

2017 bereitete z. B. die Stadt Paris den Wettbewerb um die Olympischen Spiele 2024 vor. Anne Hidalgo, die sozialistische Bürgermeisterin der französischen Metropole, spielte mit dem Gedanken, Professor Yunus in diese Vorbereitungen einzubinden. Ich fuhr nach Paris, eröffnete für Professor Yunus ein Büro, baute sein Netzwerk aus und überzeugte Anne Hidalgo und ihr Team, dass durch die von Professor Yunus initiierte

Wirtschaftsweise des Social Business die ersten inklusiven Olympischen Spiele der Geschichte veranstaltet werden könnten. Wir entwarfen also ein ökonomisch, ökologisch und sozial nachhaltiges Konzept. Im Juli 2017 war es so weit. Professor Yunus begleitete die französische Delegation nach Lausanne zum Internationalen Olympischen Komitee, um das Konzept zu präsentieren. Ein Riesenerfolg: Paris gewann die Ausschreibung."

Wenn Veränderungen kommunikativ begleitet werden, dann sind verschiedene Perspektiven zu integrieren. So geschah es bei den Verhandlungen mit der Stadt Paris. Was dort gelungen ist, beobachten wir auch immer mehr bei Unternehmen: Nachhaltigkeit wird nicht als Add-on gesehen, sondern wird im Geschäftsmodell fest verankert. Damit sind Kreislaufwirtschaft und gute Unternehmensführung nicht nur Themen, sondern Bestandteil der eigenen Identität – und damit zentraler Inhalt der Unternehmenskommunikation.

RS: „Wie überzeugt man Menschen davon, an einen zukünftigen Erfolg zu glauben, der ihrem aktuellen Erfahrungsschatz entgegensteht? Unternehmen, die Nachhaltigkeit fest in ihr Geschäftsmodell verankern, sind davon überzeugt, dass ihre nachhaltige Lösung für den Kunden besser ist als die des Wettbewerbs. Diese Haltung basiert auf dem Selbstverständnis, dass nachhaltiges Wirtschaften eine Leistung effektiver und effizienter macht. Bei ‚Script' haben wir aktuell drei Kunden, die Nachhaltigkeit ins Zentrum ihres Geschäfts gestellt haben. Wie jedes Unternehmen wollen auch diese wachsen und mit ihren Lösungen am Markt erfolgreich sein – und zwar erfolgreicher als die Konkurrenz. Damit das gelingt, müssen Mitarbeitende an diesen Erfolg glauben. Viele von ihnen jedoch kennen aus ihrem persönlichen Erfahrungsschatz vor allem die Praxis der Linearwirtschaft: Wir stecken vorne immer neue Ressourcen rein, machen alles gut, aber möglichst billig, und dann verkauft es sich hinten super – und dann ist es auch nicht mehr unser Ding. Noch zu oft assoziieren Menschen mit nachhaltigen Lösungen mehr Aufwand und höhere Kosten. Doch das ist längst nicht mehr der Fall. Die Herausforderung der Kommunikation ist es, diese Skepsis auszuräumen und die Mitarbeitenden hinter dem Ziel der Nachhaltigkeit zu vereinen. Das tun wir, indem wir die skeptische Perspektive integrieren und so eine klare Orientierung geben – und dem Unternehmen ein gemeinsames Ziel. Wir zeigen, wie Nachhaltigkeit die Qualität und die Leistung verbessert sowie Effizienz und Effektivität steigert. Mit Kommunikation machen wir nachhaltigen unternehmerischen Erfolg erlebbar. Wir machen das Unternehmen zu einer lernenden Organisation und vereinen die Menschen hinter dieser Idee. Damit verankern wir Nachhaltigkeit und regen zum Nachmachen an.

Als Kommunikatoren begleiten wir Organisationen bei umwälzenden und nachhaltigen Veränderungen. Egal, ob es dabei um digitale Transformation geht, um Automatisierung in der Wirtschaft oder um Nachhaltigkeit in der Gesellschaft. Damit Organisationen in diesem Umfeld erfolgreich sind, brauchen sie die Bereitschaft für andere Perspektiven. Diese gilt es in die eigene Position zu integrieren. So erzeugt Kommunikation Zuversicht: Menschen glauben daran, dass ein Vorhaben gelingt. Das macht Kommunikation zu einem starken Instrument für nachhaltige Entwicklung."

DR. KATHARINA REUTER

Geschäftsführerin vom Bundesverband Nachhaltige Wirtschaft e.V.

Was würden Sie als Mentorin an die nächste Generation weitergeben?

Ich würde gerne den Frauen etwas zum Thema Führungsaufgaben bzw. Gremienbesetzung weitergeben. Denn häufig, wenn es um Führungsaufgaben oder Gremien geht, reagieren Männer so: „Ich kenne mich zwar nicht in allen Themen aus und kann auch nicht an jeder Sitzung teilnehmen, aber ich übernehme die Aufgabe, her damit." Frauen hingegen überlegen erst einmal, ob sie fachlich gut genug sind, ob sie ausreichend Zeit haben und auch, was sie machen, wenn beispielsweise die Kinder krank sind. Das Ergebnis: Vorstände sind überwiegend männlich besetzt. Hier möchte ich den Frauen Mut machen und ihnen zurufen, dass 90 % von dem Verlangten reichen. Das ist mir ein ganz wichtiges Anliegen. Denn meine Erfahrung zeigt, dass divers zusammengesetzte Gremien einfach zu besseren Ergebnissen kommen.

Wie setzen Sie Nachhaltigkeit im eigenen Unternehmen um?

Wir haben unser Geschäftskonto bei der GLS Bank, beziehen echten Ökostrom von der EWS Schönau und unsere Büroausstattung von Giroflex (c2c Bürostühle), memo und Werkhaus. Geputzt wird mit umweltfreundlichen Reinigungsmitteln von Sodasan und Frosch. Wir verpflegen unsere Gäste und unsere Kaffeeküche mit Biolebensmitteln. Jährlich erstellen wir eine Klimabilanz (und kompensieren unseren CO_2-Fußabdruck). Mit unserer Gemeinwohlbilanzierung haben wir interne Prozesse unter die Lupe genommen und Verbesserungspotenziale identifiziert. Im Rahmen der Initiative Transparente Zivilgesellschaft hat sich der Bundesverband Nachhaltige Wirtschaft zu Transparenz verpflichtet und stellt die erforderlichen Informationen auf der Webseite zur Verfügung.

Die Arbeit des Bundesverbands Nachhaltige Wirtschaft wird maßgeblich durch den in der Satzung verankerten Vereinszweck sowie unsere Ziele zur Förderung des Umweltschutzes geleitet. Der Schwerpunkt liegt auf dem Ausbau und der Stärkung von ökologischem, sozialem und innovativem Wirtschaften. Dabei verfolgt der Verein ausschließlich und unmittelbar gemeinnützige Zwecke. Um die Arbeit glaubwürdig, vertrauens- und wirkungsvoll sowie dauerhaft fortführen zu können, ist Nachhaltigkeit auch in den internen Prozessen der Geschäftsstelle von besonderer Bedeutung.

Was würden Sie jungen Unternehmer:innen mitgeben?
An Nachhaltigkeit und Klimaschutz kommt heute kein Unternehmen mehr vorbei. Für die kommenden Generationen wird sowohl bei den Nachwuchskräften als auch bei den Kund:innen die Purpose-Frage immer wichtiger: Welchem Zweck dient das Unternehmen? Finde ich hier einen Job mit Sinn? Kann ich hier glaubwürdig nachhaltige Produkte kaufen. Daher sind junge Unternehmer:innen gut beraten, Nachhaltigkeit nicht als Add-on, als Beiwerk zu betrachten, sondern Nachhaltigkeit in das Kerngeschäft, in die Unternehmens-DNA aufzunehmen. Nur dann können sie authentisch Nachhaltigkeitsleistungen kommunizieren, nur dann ist das Unternehmen glaubwürdig nachhaltig.

NACHHALTIGE WIRTSCHAFT ALS BOOSTER FÜR SDG

SDGs – diese Buchstaben stehen für die „Sustainable Development Goals", die die Weltgemeinschaft beschlossen hat. Der offizielle deutsche Titel lautet „Transformation unserer Welt: die Agenda 2030 für nachhaltige Entwicklung". Es geht also um Transformation, um Wandel, um Nachhaltigkeit.

Die 17 Ziele richten sich zwar zunächst an Staaten. Aber es ist völlig klar, dass die Nachhaltigkeitsziele nur erreicht werden können, wenn Regierungen, Zivilgesellschaft und Wirtschaft zusammenarbeiten. Dabei kommt der Wirtschaft eine große Hebelwirkung zu. Und immer mehr Unternehmerinnen und Unternehmer fragen sich: Wie kann ich die SDGs bei mir im Unternehmen integrieren? Wie passen meine Nachhaltigkeitsleistungen und die 17 Ziele zusammen?

Um Antworten auf diese Fragen zu geben, wurde das Projekt „SDGs praxisnah umsetzen" inklusive Leitfaden für kleine und mittelständische Unternehmen konzipiert. Ich konnte spüren, dass die nachhaltigen Pionierunternehmen wie ein Katalysator, wie ein Booster für die UN-Nachhaltigkeitsziele wirken könnten. Dieses Potenzial muss noch viel stärker genutzt werden. Allerdings müsste dafür die Politik eine andere Rahmung bieten, müssten Leitplanken gesetzt werden, die tatsächlich ein Umsteuern der gesamten Wirtschaft ermöglichen.

Die SDGs legen den Fokus auf eine positive Wirkung des Unternehmens auf seine Um- und Mitwelt – statt lediglich auf Schadensminimierung. Nachhaltigkeit bedeutet dann nicht nur, bestimmte Handlungen zu unterlassen, sondern kann auch positiv formuliert werden, indem man beispielsweise durch seine Geldanlagen bei einer ethisch-ökologischen Bank oder Pensionskasse zukunftsweisende Projekte unterstützt.

17 Orientierungssterne im Unternehmensuniversum

Nachhaltig wirtschaftende Unternehmen sehen die drei Säulen Umwelt, Soziales und Wirtschaftlichkeit als gleichberechtigt an – die sogenannte

Triple Bottom Line – d.h., hier geht es nicht um eine reine Profitmaximierung. Glaubwürdig nachhaltig ist ein Unternehmen immer dann, wenn es die Nachhaltigkeit im Kerngeschäft verankert, also in den Produktionsprozessen, beim Kernprodukt oder bei der Kerndienstleistung und nicht nur als hübsche CSR-Maßnahme drumherum. Für Unternehmen, die nachhaltig wirtschaften möchten, sind die SDGs wie 17 Orientierungssterne in ihrem eigenen Nachhaltigkeitsuniversum.

Umweltschutz z. B. ist ein großer und komplexer Aspekt der Nachhaltigkeit und daher greifen die 17 Ziele verschiedene Aspekte auf: Neben Maßnahmen zum Klimaschutz (Ziel 13) werden das Leben unter Wasser (Ziel 14), an Land (Ziel 15), bezahlbare und saubere Energie (Ziel 7), sauberes Wasser für alle (Ziel 6) sowie nachhaltige Städte (Ziel 11) einzeln formuliert und geben so eine viel deutlichere Vorstellung davon, wie Unternehmen das große Ziel Umweltschutz im Einzelnen umsetzen können.

Beispiele für die Umsetzung in den Unternehmen:
- SDG Investments: Matching von Investoren und Start-ups entlang der SDGs,
- Ihr Bäcker Schüren: Fokus auf sechs ausgewählte SDGs,
- GLS Bank: nutzt die SDGs u. a. im Schnellcheck für Kreditanfragen,
- Hannoversche Kassen: SDGs als Kompass für die Anlagestrategie und Investitionen,
- modem conclusa: SDG-Wesentlichkeitsanalyse zur Identifikation von Kernthemen.

Ganzheitliche Umsetzung (Beispiel Vaude)

Als nachhaltig wirtschaftendes Unternehmen setzt sich Vaude in besonderem Maße für die 17 Ziele ein: Jedes Einzelne wurde diskutiert und die Möglichkeiten des Unternehmens dazu untersucht. Diskriminierungsbekämpfung erfolgt beispielsweise über das neu implementierte Diversity Management. Vaude trägt außerdem durch faire Löhne in allen Teilen der Produktions- und Lieferketten zur Armutsbekämpfung bei; Angebote zur familienfreundlichen Arbeit leisten einen aktiven Beitrag zur Geschlechtergerechtigkeit.

Vaude hat als produzierendes Unternehmen eine ganzheitliche Herangehensweise: Da teilweise aus dem Ausland geliefert wird, achtet das Unternehmen etwa darauf, dass nicht nur am Standort in Tettnang klimaneutral gewirtschaftet wird. Auch die Zulieferer werden sehr sorgfältig ausgewählt. Dazu nutzt Vaude branchenspezifische Standards, die je nach Bedarf für die eigenen Bedürfnisse angepasst werden. Darüber hinaus gibt es eine Bio-Kantine, die auf nachhaltige Landwirtschaft sowie ein Bewusstsein für gesunde Ernährung bei den Vaude-Mitarbeitern setzt. Die Firmenzentrale ist komplett nachhaltig umgebaut worden. Die 17 Ziele bieten für Vaude die Möglichkeit, sich mit verschiedensten Bereichen des Wirtschaftens bewusst auseinanderzusetzen und verschiedene Nachhaltigkeitsaspekte zu berücksichtigen. Das zentrale Ziel für Vaude ist im Nachhaltigkeitsbericht klar benannt: „Nachhaltige Konsum- und Produktionsmuster bilden den Kern unserer nachhaltigen Unternehmensstrategie."

Auf Unternehmensebene bleibt es eine Herausforderung, die SDGs nicht nur wie eine Folie über bestehende Projekte und Aktivitäten zu legen, sondern im Unternehmen tatsächlich nach ihnen zu steuern.

Cherry Picking

Wenn sich Unternehmen in der Berichterstattung aus Gründen der Machbarkeit nur auf ausgewählte Ziele der 17 SDGs konzentrieren, besteht die Gefahr, dass gerade große Unternehmen sich nur die SDGs auswählen, bei denen sie punkten können („cherry picking"), ohne den Einfluss für mehr Nachhaltigkeit auch in anderen Bereichen zu nutzen, der ihnen eigentlich zur Verfügung steht. Dabei sind die Ziele aber alle vernetzt, denken wir z. B. bei Lebensmittelproduzenten nur an SDG 13 (Klimaschutz) und SDG 15 (Leben an Land). Hier hilft ein transparentes Vorgehen, bei dem aber auch die Zielkonflikte benannt werden.

Nachhaltige Wirtschaft als Booster für die SDGs

Damit wir tatsächlich einen verstärkenden Effekt für die Sustainable Development Goals erreichen, brauchen wir:

- SDG-Fonds der Bundesregierung (Venturefonds für nachhaltige Unternehmen),
- SDG-Leitlinien für die öffentliche Beschaffung („green public procurement"),
- eine stärkere Beachtung der SDGs in den Kammern und klassischen Industrie- und Wirtschaftsverbänden,
- eine stärkere Bekanntmachung der SDGs, z.B. durch Kampagnen: SDGs auf jede Brötchentüte,
- eine Berücksichtigung des Beitrags zu den 17 Zielen in der Preisgestaltung (wahre Preise),
- Gespräche mit Kunden und weiteren Multiplikatoren über die SGDs (B2B).

Wachstum als Wert an sich?

Zum Schluss möchte ich eine kritische Anmerkung zum SDG 8 (Menschenwürdige Arbeit und Wirtschaftswachstum) machen. Dass hier das Wachstumsdogma, also Wachstum als Wert an sich, festgeschrieben wird, scheint mir nicht zeitgemäß. Mit Kenntnis der planetaren Grenzen und mit Kenntnis von großen Katastrophen wie der Klimakrise oder Pandemien lässt sich das Wachstumsdogma nicht aufrechterhalten.

SDG 17: Partnerschaften zur Zielerreichung

Mit dem Bundesverband Nachhaltige Wirtschaft gibt es ein starkes Netzwerk, das für die Unternehmen einen wichtigen Baustein für SDG 17 liefert: Partnerschaften zur Zielerreichung. Der Verband schafft Verbindungen zwischen dem Privatsektor, der Zivilgesellschaft und politischen Akteuren. Einerseits werden hier zukunftsorientierte Wirtschaftskonzepte bereits vorgemacht und vorgelebt, und andererseits gibt es ein starkes Commitment zu den weltweit gültigen Nachhaltigkeitszielen. Damit werden starke Partnerschaften für die SDGs ermöglicht.

Der Leitfaden „SDGs praxisnah umsetzen" hier zum Download:
https://tinyurl.com/sdgProjekt

CHRISTINE KERPEN

Inhaberin
cnc electronicdesign

Welche Netzwerke waren für Sie und ihre berufliche Entwicklung relevant?

Firmennetzwerke, regionale Stammtische, Gründerzentren, Wirtschaftsförderung der Kreise, IHK, Berufs- und Wirtschaftsverbände. Austausch mit konstruktiv-kritischen Gesprächspartner:innen, die über Berufs- und Lebenserfahrung verfügen. Ab einer gewissen Unternehmensgröße würde ich die Implementierung eines freiwilligen Beirats in Erwägung ziehen.

Wie sieht für Sie eine zukunftsfähige belastbare Unternehmenskultur aus?

Ethische Unternehmensführung mit einem klaren Leitbild verbunden mit nachhaltiger Wertschöpfung, systematischer Compliance und Chancengleichheit (all genders).

Wie setzen Sie Nachhaltigkeit im eigenen Unternehmen um?

Über die klare Definition von Lang- und Kurzzeitzielen und die damit verbundenen Maßnahmen, die step-by-step umgesetzt werden. Eine regelmäßige Überprüfung der Ziele sowie des Zeitplans ist erforderlich. Eventuell sind Nachbesserungen oder Zielanpassungen notwendig. Die Herausforderung sehe ich in der Bandbreite des heutigen unternehmerischen Wissens und den erforderlichen Kompetenzen, die den Unternehmer:innen, egal welcher Unternehmensgröße, sei es mit zwei oder mit 500 Mitarbeiter:innen, abverlangt wird.

Was würden Sie jungen Unternehmer:innen in diesem Zusammenhang mitgeben?
Klare Ziele definieren, Strategien entwickeln, Selbstevaluation, Aneignung von betriebswirtschaftlichem Know-how, Fixkosten im Auge behalten, werteorientiert handeln, auf das eigene Urteilsvermögen vertrauen und auf eine gute Work-Life-Balance achten.

CORPORATE SOCIAL RESPONSIBILITY – AUS DER PERSPEKTIVE EINER UNTERNEHMERIN/ AUFSICHTSRÄTIN

Wer die Auswirkungen nichtfinanzieller Aspekte (Umwelt, Arbeitnehmer:innen-belange, Sozialbelange, Achtung der Menschenrechte, Bekämpfung von Korruption und Bestechung) nicht versteht, kann mögliche Risiken nicht identifizieren und riskiert die Zukunftsfähigkeit und Tragfähigkeit des Geschäftsmodells. Nachhaltigkeit muss als Führungsaufgabe verstanden werden, verständlich im Leitbild des Unternehmens verankert sein, umgesetzt werden und klar sowohl nach innen als auch außen kommuniziert werden. Ein ethisch geprägter Führungsstil, für den auch der Aufsichtsrat bzw. Beirat mit in der Verantwortung steht, wird das Unternehmen leistungsfähiger und krisenfester aufstellen.

Die Interessen der Wirtschaftsakteure, beispielsweise Kapitalmärkte, Investoren, Geschäftspartner:innen, Öffentlichkeit/Medien/Verbraucher:innen und Arbeitnehmer:innen haben sich seit den 80er-Jahren verändert. Zum Kostenmanagement, Wertsteigerung (Shareholder Value) kamen ab 2000 Corporate Governance und in den letzten Jahren Nachhaltigkeit hinzu.

Die in der EU bereits bestehenden und noch zu erwartenden Regulierungen, der wachsende Druck durch veränderte Ansprüche der Wirtschaftsakteure, die Klimaveränderungen und die Beschränktheit der Ressourcen haben bereits jetzt die Rahmenbedingungen für Unternehmen verändert. Dienstleistungen, Produkte und Produktionsprozesse müssen angepasst werden um weiterhin wettbewerbsfähig zu bleiben. Die Zukunftsfähigkeit der Unternehmen steht auf dem Spiel, wenn diese Entwicklung ignoriert wird.

In welchem (Rechts-)Rahmen bewegen sich Unternehmen?

- September 2015 Verabschiedung „Agenda 2030 für nachhaltige Entwicklung" durch die Mitgliedsstaaten der Vereinten Nationen. 17 Ziele (Sustainable Development Goals, SDGs) für eine sozial, wirtschaftlich und ökologisch nachhaltige Entwicklung.

- Dezember 2015 „Übereinkommen von Paris" – ein umfassender und rechtsverbindlicher Rahmen von fast 190 Vertragsparteien, um dem Klimawandel entgegenzuwirken.
- 10.03.2017 – Gesetzesbeschluss „CSR Richtlinie-Umsetzungsgesetz" durch den Deutschen Bundestag zur Stärkung der nichtfinanziellen Berichterstattung der Unternehmen in ihren Lage- und Konzernlageberichten.
- 11.12.2019 – Vorstellung „Europäischer Green Deal" durch die EU-Kommission: Als erster Kontinent weltweit möchte die EU bis 2050 klimaneutral sein.
- 04.03.2020 – Vorschlag für eine Verordnung des Europäischen Parlaments und des Rates zur Schaffung des Rahmens für die Verwirklichung der Klimaneutralität und zur Änderung der Verordnung (EU) 2018/1999 (Europäisches Klimagesetz). Ziel: Verankerung der Klimaneutralität bis 2050 im EU-Recht.

Das EU-Klimagesetz wird als EU-Verordnung in allen EU-Ländern rechtsverbindlich und muss somit in vollem Umfang umgesetzt werden. Die Organe der EU und die Mitgliedsstaaten stehen damit in der Pflicht, alle Maßnahmen zu ergreifen, die zur Erreichung dieses Ziels erforderlich sind. Sie sollen sicherstellen, dass der Übergang zur Klimaneutralität unumkehrbar ist, dass alle Wirtschaftszweige und Gesellschaftsgruppen ihren Teil auf sozial gerechte und kosteneffiziente Weise beitragen.

Bedeutung von CSR (Corporate Social Responsibility) und ESG (Environment, Social, Governance) für Unternehmen

Das „CSR-Richtlinie-Umsetzungsgesetz" verstärkt die Gemeinwohlverantwortung der Unternehmen in ihren Auswirkungen auf Gesellschaft, Umwelt und ihren Beitrag zu einer nachhaltigen Entwicklung. Sie sollen CSR-Management unter Einhaltung geltenden Rechts und internationaler Standards betreiben und entsprechende Vorkehrungen integrieren.

CSR und ESG sind strategische Erfolgsfaktoren, um wettbewerbsfähig zu bleiben. Die CSR-Richtlinie ist eine Chance, durch gelebte Nachhaltigkeit das operative Geschäft weiterzuentwickeln, Produktinnovationen zu generieren, Wettbewerbsvorteile zu erzielen, den Markenwert zu steigern, an Reputation zu gewinnen, neue Märkte zu erschließen sowie

Risiken frühzeitig zu erkennen und abzustellen. Gut performende Unternehmen erwirtschaften bessere Renditen.

Für den Kapitalmarkt ist die ESG-Analyse ein Frühwarnindikator von Risiken. Reputations-, Klage-, Ereignis- und Regulierungsrisiken können dadurch besser antizipiert werden. Zur Vergleichbarkeit von Unternehmen wird bereits über eine standardisierte ESG-Berichtpflicht diskutiert, die bis in die Bilanzierung hineinreicht. Nachhaltigkeitsperformance gilt als wichtiger Indikator für Investoren zur Bestimmung des Unternehmenswerts.

Welche CSR-bezogenen Pflichten hat der Aufsichtsrat/Beirat?

Dem Aufsichtsrat wurde durch die CSR-Richtlinie eine inhaltliche Prüfungspflicht der nichtfinanziellen Berichterstattung aktienrechtlich auferlegt – §171 (1) AktG. Nachhaltigkeit (ESG-Kriterien) findet verpflichtend Eingang in die Berichterstattung. Die Prüfpflicht umfasst nicht nur die Recht- und Ordnungsmäßigkeit, sondern auch deren Zweckmäßigkeit. Der Aufsichtsrat, *nicht* der Abschlussprüfer, ist verantwortlich für die Integrität der Berichterstattung. Damit wurde die Prüf- und Überwachungsfunktion des Aufsichtsrats verstärkt. Nachhaltigkeit ist somit ein essenzieller Teil der Governance-Pflichten des Aufsichtsrats, der auf der Hauptversammlung darüber berichtet. CSR ist nicht länger ein „nice to have", sondern ein „must have".

Nachhaltigkeit gehört zu den Führungsaufgaben und fällt in die Ressortverantwortlichkeit des Vorstands. Er muss erläutern, wie nichtfinanzielle Sachverhalte mit der langfristigen Strategie des Unternehmens und den hauptsächlichen Chancen und Risiken zusammenhängen. Hierfür sollte der Vorstand für das Erreichen der Nachhaltigkeitsziele KPIs (Key Performance Indicators) definieren, über die in den Aufsichtsratssitzungen regelmäßig berichtet wird. Jedoch kommt es auf die richtigen KPIs an. Sie müssen auf das jeweilige Unternehmen abgestimmt sein, für die Zukunft des Unternehmens relevant sein und deren Auswirkungen müssen die finanzielle Lage und die Risikosituation des Unternehmens abbilden.

Der Aufsichtsrat kann Unternehmen mitgestalten. Über die Aufnahme nachhaltiger KPIs in die langfristigen Vergütungselemente des Vorstands kann der Aufsichtsrat seiner Verantwortung gerecht werden, Nachhaltigkeit in den Strukturen des Unternehmens zu verankern. Der Aufsichtsrat sollte die Grundzüge der Nachhaltigkeit verinnerlicht haben sowie einen klaren ethischen Kompass besitzen, um seiner Beratungs- und Überwachungsaufgabe gerecht zu werden.

Wo stehen KMUs? Welche Maßnahmen können umgesetzt werden, um weiterhin wettbewerbsfähig zu bleiben?

Jahrzehntelang ertragreiche Geschäftsmodelle sind aufgrund eines immer schneller werdenden gesellschaftlichen Wandels, wirtschaftlicher Veränderungsprozesse, 4.0-Technologien, der Anforderungen an Nachhaltigkeitsstandards, wachsender Globalisierung sowie zunehmender Regulierungen nicht länger zukunftsfähig.

Europa will bis 2050 der erste klimaneutrale Kontinent der Welt werden. Das ist ein ehrgeiziges Ziel der Union mit großem Einfluss und Auswirkungen auf die KMUs. Der Mittelstand ist die stärkste Kraft der Wirtschaft, der Ausbilder der Nation, er beschäftigt Millionen von Arbeitnehmer:innen. Ohne die Mitwirkung des Mittelstands, die zwangsläufig eingefordert werden muss, ist dieses Klimaziel nicht erreichbar. Wer dieser Tatsache nicht ins Auge schaut, riskiert sein Geschäftsmodell.

KMUs sollten hinterfragen, inwieweit sie den stetig wachsenden Anforderungen und gesetzlichen Vorgaben langfristig entsprechen können. So sind Ausschreibungen und Auftragsvergabe sowohl der öffentlichen Hand, Regierungsstellen, NGOs als auch der Privatwirtschaft an entsprechende Voraussetzungen, Nachweise bzw. Zertifizierungen geknüpft. Diese können vom Nachweis einer CO_2-Kompensation bis hin zu einer Dokumentation des nachhaltigen Lieferkettenmanagements reichen.

Sich systematisch mit Nachhaltigkeit zu beschäftigen kann Orientierung schaffen, strategische Innovationen hervorbringen und Unternehmensführung neugestalten. Am Anfang steht die Wesentlichkeitsanalyse, um herauszufinden, welche positiven und negativen Auswirkungen das Unternehmen und seine gesamte Wertschöpfungskette auf Nachhaltigkeitsziele hat. Sind die Auswirkungen identifiziert, analysiert und bewertet, können entsprechende Handlungsfelder, Maßnahmen und Ziele festgelegt werden, um interne Strukturen und Prozesse schrittweise anzupassen. Nachhaltigkeit wird so sukzessive innerhalb des Unternehmens verankert.

Best Practice

KMUs sind oft von Inhaber:innen geführt mit einem werteorientierten Leitbild. Sie verfügen über kurze Entscheidungswege, um Maßnahmen schnell umzusetzen. Wenn Bereiche mit Veränderungspotenzial im eigenen Unternehmen identifiziert sind, können diese kurzfristig angepasst werden. Darunter fallen beispielsweise: Energieverbrauch, Bezug erneuerbarer Energien, Wasserverbrauch, CO_2-Emissionen des Unternehmens, Fahrzeugflotte, Dienstreisen, Einkauf (Rohstoff, Material) und mögliche Recyclingmaßnahmen. Umstrukturierungen des Geschäftsmodells und der Produktlinien können nur langfristig betrachtet werden und bedürfen einer auf das Unternehmen abgestimmten Strategie. Für KMUs besteht keine Pflicht der Berichterstattung. Aber nachhaltige Ziele und Werte des Unternehmens transparent zu kommunizieren, darüber zu berichten, klare Botschaften zu senden, wirkt sich positiv auf alle Stakeholder aus, sowohl nach innen als auch nach außen, da sich zunehmend ein Bewusstsein für nachhaltige Performance entwickelt.

Fazit

Auch Unternehmen transformieren die Gesellschaft. Zukunftsfähige Geschäftsmodelle erfordern eine Strategie unter Berücksichtigung des Klimawandels, der Endlichkeit der Ressourcen bzw. Rohstoffe, des bereits existierenden und kommenden (Rechts-)Rahmens auf EU- und nationaler Ebene sowie eines wertebasierten und ethischen Führungsstils. Dies sollte zum Anlass einer Bestandsaufnahme und einer möglichen Umorientierung genommen werden. Hier stehen Aufsichtsrat und Beirat in der Mitverantwortung.

NELE RENÉE KAMMLOTT

Geschäftsführende Gesellschafterin der kaneo GmbH – green IT solutions

Welche Netzwerke waren für Sie und Ihre berufliche Entwicklung relevant?

Insbesondere Netzwerke von „Gleichgesinnten", die ebenfalls nachhaltig alternativer wirtschaften wie im Bundesverband Nachhaltige Wirtschaft, haben mich inspiriert und motiviert, dass wir nicht alleine sind und verantwortungsvoll und konsequent nachhaltig wirtschaften wollen.

Wie sieht für Sie eine zukunftsfähige belastbare Unternehmenskultur aus?

Eine zukunftsfähige und belastbare Unternehmenskultur zeichnet sich dadurch aus, dass die Menschen im Unternehmen sich ihrer Herausforderungen als Team bewusst sind, dass sie sich selbst gut einschätzen können, ihre Stärken und Schwäche kennen, diese akzeptieren, lösungsorientiert sind und eine hohe Eigenmotivation haben. Dafür ist es als Führungskraft notwendig, dass man seine Mannschaft begleitet, anleitet, coached, sodass jede/r Einzelne befähigt wird, das tun zu können, wofür er/sie die Verantwortung trägt. Zusätzlich ist eine gegenseitige offene Fehlerkultur und Loyalität zwischen den Menschen notwendig.

Wie setzen Sie Nachhaltigkeit im eigenen Unternehmen um?

Sowohl in unserem Kerngeschäft als auch innerhalb des eigenen Unternehmens setzen wir auf Nachhaltigkeit. Qualität und Transparenz ziehen sich bei kaneo wie ein „grüner" Faden durch sämtliche Unternehmensbereiche. Von der Büroausstattung über die Bank, von der Druckerei bis zum Rechenzentrum setzen wir auf die möglichst nachhaltigste Alternative. Es gibt viele Unternehmen, die authentisch nachhaltig wirtschaften. Mit denen arbeiten wir als Partner für andere Bereiche zusammen. So sorgen wir dafür, dass unsere Lieferkette auch so nachhaltig wie möglich wirtschaftet.

Was würden Sie jungen Unternehmer:innen in diesem Zusammenhang mitgeben?

Junge Unternehmer:innen sollten sich von Anfang an mit anderen Unternehmen vernetzen und regelmäßig über sämtliche Unternehmensthemen austauschen. Man lernt unglaublich viel, man kann selbst seine eigenen Kompetenzen einbringen und sein eigenes Handeln unternehmerisch und auf nachhaltiges Handeln bezogen im geschützten Rahmen überprüfen.

NACHHALTIGE DIGITALISIERUNG ALS BAUSTEIN FÜR DIE TRANSFORMATION VON WIRTSCHAFT UND GESELLSCHAFT

Die Themen Green IT, digitale Transformation und Nachhaltigkeit sind eigentlich keine neuen Themen. Und auch die Relevanz von Nachhaltigkeit und Digitalisierung war bekannt, spielte aber lange keine tragende Rolle – und vor allem wurden diese beiden Themen nicht oder kaum zusammen gedacht. Die Digitalisierung hat das Potenzial, einen signifikanten Beitrag für die Bekämpfung des Klimawandels zu leisten, indem z. B. digitale Technologien für eine dezentrale Energieversorgung verwendet werden können und Angebote und Nachfragen besser aufeinander abgestimmt werden. Die Vereinten Nationen verständigten sich auf 17 Ziele einer nachhaltigen Entwicklung (Sustainable Development Goals, SDGs), die weltweit die Nachhaltigkeit auf ökonomischer, sozialer und ökologischer Ebene entwickeln und sicherstellen soll.

Der Antrieb für die Gründung der kaneo GmbH ist, die beiden großen Herausforderungen der digitalen Transformation sowie der nachhaltigen Transformation unserer Gesellschaft und Wirtschaftsweise sinnvoll und logisch miteinander zu verbinden. Als Green-IT-Experten entwickeln wir nachhaltige IT-Systeme, implementieren diese bei kleinen bis mittelständischen Unternehmen in ganz Deutschland und übernehmen die Betreuung und Pflege der nachhaltigen IT-Landschaften unserer Kunden. Die Besonderheit liegt darin, dass wir mit unseren entwickelten Lösungen in der Lage sind, die notwendigen IT-Ressourcen für die Realisierung und Aufrechterhaltung von IT-Systemen zu halbieren. Damit lassen sich Hardwarebedarfe minimieren, Lebenszyklen von Hardware verlängern, Aufwände für die benötigte Energie zum Betrieb von IT-Landschaften reduzieren, CO_2-Emissionen für den Aufbau und den IT-Betrieb senken sowie Rechenkapazitäten und Kosten für Software und Wartungsaufwände für die Instandhaltung von IT-Landschaften reduzieren.[1]

Für die Realisierung unserer IT-Systeme benötigen wir Hardware, deren Rohstoffe noch immer unter menschenunwürdigen Bedingungen und unter großen umweltzerstörenden Umständen hergestellt werden.[2] Da wir keinen Einfluss auf die Lieferketten der Rohstoffgewinnung haben und als kleines Unternehmen auch keinen Einfluss auf große Hardwarehersteller ausüben können, sind unsere Hebel der Einsatz von refurbished (generalüberholter) Hardware, die Aufrüstung und längere Nutzung von vorhandener Hardware sowie das Einbeziehen von Umweltstandards bei der Neubeschaffung. Dieses Vorgehen praktizieren wir nicht nur für die kaneo GmbH intern, sondern vor allem auch als IT-Partner für unsere Kunden. Damit wirken wir indirekt positiv auf die Verfügbarkeit und nachhaltige Bewirtschaftung von Wasser (SDG 6), das Leben unter Wasser (SDG 14) und den Schutz der Landökosysteme (SDG 15) ein und tragen unseren Teil dazu bei, dass zumindest nicht für unsere Kunden unnötig neue Rohstoffe geborgen und neue Hardware hergestellt werden. Weil wir insgesamt auch mit weniger Hardware und schlankeren IT-Systemen unsere Green-IT-Landschaften realisieren, benötigen wir auch weniger Energie in Form von Strom für den Betrieb. Und dieser Punkt gewinnt an Relevanz durch die erneut steigenden Stromverbräuche für die Informationstechnologien und einer Schätzung von 1,7 % der weltweiten Treibgasemissionen nur für den IT-Betrieb.[3]

Durch eine deutliche Reduktion des notwendigen Ressourcenbedarfs für die Hardware und für die Energie des IT-Betriebs minimieren sich ebenfalls die CO_2-Emissionen, die der Digitalisierung angelastet werden müssen. Damit tragen wir ganz grundlegend unseren Teil zur Bekämpfung des Klimawandels (SDG 15) bei.

Der aktuellste Digitalisierungsindex für das Jahr 2020[4] zeigt, dass insbesondere kleine und mittelständische Unternehmen in der Umsetzung von Digitalisierungsmaßnahmen mit den Maßnahmen großer Unternehmen und Konzerne nicht mithalten können. Zum einen können Unternehmen durch die Erhebung und Analyse von Nutzungs-, Qualitäts- und Servicedaten die eigenen Produkte und Services verbessern und den individuellen Kundennutzen optimieren. Zum anderen lassen sich auch ganz neue Produkte oder Dienstleistungen digital abbilden und anbieten, was ebenfalls einen nachhaltigen Mehrwert bedeuten könnte.[5] Aber auch im kleinen direkten Rahmen lassen sich interne Unternehmensprozesse digital effizienter realisieren, und so ist es z. B. auch möglich, durch den Anspruch eines papierlosen Büros wenigstens die Ressourcen für den Druck, das Papier und den Versand innerhalb der Buchhaltung zu minimieren. Damit leisten wir unseren Teil zum Klimaschutz durch den Einsatz von Digitalisierung bei unseren Kunden in den kleinen und mittelständischen Unternehmen.

Die Gründung der kaneo GmbH fußte darauf, die Effizienz und Ressourcenschonung innerhalb der IT-Systeme zu erhöhen, ohne Verzicht auf die technischen Errungenschaften, die den Menschen durch die Digitalisierung ermöglicht werden. Außerdem befähigen wir unsere Kunden, selbstbestimmt und souverän innerhalb und mit ihrer eigenen IT-Infrastruktur zu arbeiten. Durch unsere Konzepte und den Einsatz von freier und offener Software lassen sich die verschiedenen Tools und Anwendungen bestmöglich miteinander verknüpfen und ideal aufeinander abstimmen. Dadurch ist es wiederum möglich, benötigte IT-Ressourcen zu minimieren und den Lebenszyklus von IT-Hardware zu verlängern.

Auch für die Gesellschaft existiert eine zunehmende Bedeutung der Informationstechnologien. In einer global vernetzten Welt, in der der Mensch dem technischen Fortschritt kaum hinterher zu kommen scheint, ist der Grad der Digitalisierung, das Vorhandensein von Daten und Informationen nicht nur die Ware der heutigen Zeit, sondern ebenfalls ein wichtiger Baustein für Bildung und Partizipation. Das zeigt sich nicht zuletzt in den Hürden der praktischen Umsetzbarkeit von Homeschooling. Durch unsere Verwendung, Verbreitung und auch finanzielle Förderung von Open-Source-Software stärken wir die dahinter stehende weltweit vernetzte Community an ehrenamtlichen Entwicklern. Offene und freie Software ermöglicht den Einblick in den Quellcode der Programmierung. Dadurch ist es möglich die Programmierlogik dahinter zu verstehen, diese anzuwenden, zu lernen, zu modifizieren und auch unabhängig von finanziellen Ressourcen überhaupt verwenden zu können. Dies bedeutet nicht nur für kleine und mittlere Unternehmen einen großen Vorteil – auch hinsichtlich Datenhoheit, Datenschutz und Lizenzbedingungen –, sondern birgt zusätzlich das Potenzial für Schülerinnen und Schüler, die eigene IT-Infrastruktur innerhalb der Schule mit aufzubauen und dabei IT-Kenntnisse zu erlernen. Und auch die Länder des globalen Südens, in denen die Rohstoffe für die Hardware gewonnen werden, können hierdurch ebenfalls am globalen digitalen Fortschritt partizipieren.[6] Der Einsatz von Open-Source-Software kann als wichtiger Baustein für eine nachhaltige Digitalisierung beschrieben werden.

Als national tätiges Unternehmen haben wir einen ganz direkten Einfluss auf die wirksame Umsetzung und Sicherstellung der Arbeitnehmerrechte unserer Mitarbeiter:innen. Wir setzen Chancengerechtigkeit und hochwertige Bildung (SDG 4) innerhalb unseres Unternehmens um und befähigen unsere Mitarbeiter:innen, die notwendigen Kompetenzen zu erlangen, die sie zur Verrichtung ihrer Arbeit benötigen. Alle Mitarbeiter:innen tragen durch selbstwirksames, eigenständiges und eigenverantwortliches Handeln zum Erfolg der kaneo GmbH bei. Insbesondere im IT-Bereich ist lebenslanges Lernen eine Notwendigkeit, um erfolgreich, aber auch mit Spaß bei der Arbeit zu sein. Unsere Arbeit erfordert einerseits das gewissenhafte und konzentrierte Abarbeiten von Standardaufgaben. Andererseits sind Analysefähigkeit und Kreativität bei der Lösung komplexer Probleme und bei der Erschaffung neuer technischer Methoden notwendig. In der operativen Praxis wechseln sich diese Tätigkeiten ab, was sich positiv auf das Arbeitsgebiet auswirkt und dennoch einer hohen kognitiven Leistung bedarf. Um diese Herausforderungen zu bewältigen, ist es erforderlich, Fähigkeiten und Strategien zu entwickeln, um resilient zu sein. Die Anforderungen und Herausforderungen an die Jobs in der IT werden aufgrund der enormen Komplexität auch selbst komplexer werden.

Der Grundsatz für die Gründung der kaneo GmbH ist, die Effizienz und Ressourcenschonung innerhalb der IT-Systeme so zu erhöhen, dass unsere Kunden, wir selbst als Unternehmen und letztlich unsere Wirtschaft und Gesellschaft von den technischen Errungenschaften durch den Ausbau der Digitalisierung profitieren. Dies soll erfolgen, ohne dass der Ressourcenhunger für den Aufbau und Betrieb von IT-Systemen im gleichen Maße und die Ungleichheit hinsichtlich der Finanzstärke von Unternehmen, Organisationen und Institutionen weiter zunehmen.

Für den Aufbau einer widerstandsfähigen Infrastruktur und zur Förderung einer nachhaltigen Industrialisierung sowie zur Unterstützung von Innovationen (SDG 9) setzen wir uns gemeinsam mit unseren Netzwerken für einen wirksamen Klimaschutz ein: z. B. mit dem Bundesverband Nachhaltige Wirtschaft e.V. für die Transformation der Wirtschaft hin zu einer nachhaltigen und enkeltauglichen Wirtschaft, dem Bundesverband Deutsche Start-ups e.V. für die Verankerung von Nachhaltigkeit bei Gründungen neuer Unternehmen und dem ReUse e.V. für Wiederverwendung und Reparatur und anderen Organisationen.

Wenn die Digitalisierung und die Bildung die Waren in einer globalisierten Welt sind und der technologische Fortschritt zu einer verbesserten Ressourcen- und Energieeffizienz eingesetzt werden kann, damit wir unsere gemeinsamen Klimaziele erreichen, dann sehe ich kaneo und viele andere Unternehmen auf dem richtigen Weg für die Erreichung unseres gemeinsamen Ziels und bin erfreut.

Quellen
1   Lübberstedt, Nele, „Nachhaltige IT-Infrastruktur – Leitfaden zur Umsetzung in KMU", 2. Auflage, August 2016, S. 5.
2   Lübberstedt, Nele, „Wie Umwelt und Gesellschaft von nachhaltiger Informationstechnologie profitieren" (S. 329–345) in: CSR und Digitalisierung – Der digitale Wandel als Chance und Herausforderung für Wirtschaft und Gesellschaft, Springer Gabler Verlag (Alexandra Hildebrandt, Werner Landhäußer (Hrsg.), 2017, S. 331.
3   The Global e-Sustainability Initiative (GeSI) & Deloitte Touche Tohmatsu Limited („DTTL"), „Digital with Purpose: Delivering a SMARTer 2030", 2019, https://gesi.org/research/gesi-digital-with-purpose-summary [Abruf: 30.03.2021].
4   Bundesministerium für Wirtschaft und Energie BMWI, Pressemitteilung „Neuer Digitalisierungsindex zeigt, wo die deutsche Wirtschaft steht", 30.11.2020, https://www.de.digital/DIGITAL/Navigation/DE/Lagebild/Indikatorentool/indikatorentool.html [Abruf: 30.03.2021].
5   PricewaterhouseCoopers GmbH (pwc), Pressemitteilung „Industrie 4.0: Digitale Produktentwicklung verschafft Industrieunternehmen klare Wettbewerbsvorteile", 27.03.2019, https://www.pwc.de/de/pressemitteilungen/2019/industrie-4-0-digitale-produktentwicklung-verschafft-industrieunternehmen-klare-wettbewerbsvorteile.html [Abruf 30.03.2021].
6   Lübberstedt (2017), S. 340.

DR. GRETA STEFANIE SCHMICKLER

*Geschäftsführende
Gesellschafterin im
Augen-Zentrum-Nordwest*

Welche Netzwerke waren für Sie und Ihre berufliche Entwicklung relevant?

Für mich waren der Besuch von nationalen und internationalen Kongressen und auch Hospitationen in anderen Kliniken stets sehr interessant. Überhaupt habe ich durch Reisen auch aus anderen Bereichen einiges für meinen Berufs-alltag übernehmen können – d.h. von anderen Märkten lernen! OcuNet, ein Verbund von intersektoralen augenmedizinischen Zentren, hat mich in den letzten 15 Jahren sehr geprägt. Ferner bin ich in einem Online-Netzwerk in gutem Austausch mit internationalen Kollegen. Hinzu kommt, dass ich auch durch meine Vorstandstätigkeit beim „Augenchirurginnen e.V." auf viele weitere wertvolle Kontakte gestoßen bin.

Welche Mentorin/welcher Mentor hat Sie beeindruckt?

An erster Stelle ist es für mich mein Elternhaus gewesen, das mich geprägt hat. Ich komme aus einem mittelständischen Unternehmen und habe in frühester Kindheit mitbekommen, dass jeder neue Tag eine Herausforderung darstellt. Ohne Fleiß kein Preis! Meine Eltern haben mich immer unterstützt, gerade als meine Tochter noch sehr jung war.

Beruflich bin ich früh von meinen Vorgesetzten aufgrund meines Einsatzes gefördert worden. Aus Kontakten zu Kollegen sind Freundschaften entstanden.

Was würden Sie als Mentorin an die nächste Generation weitergeben?

Wenn man etwas erreichen möchte, sollte man sein Ziel stets vor Augen behalten und durchhalten! Das erfordert schon ein großes Maß an Zähigkeit. Jeder muss für sich entscheiden, ob er das möchte. Dabei darf man nicht vergessen, dass das Leben ein Geben und Nehmen ist.

Wie sieht für Sie eine zukunftsfähige belastbare Unternehmenskultur aus?

In erster Linie benötigt man ein Team, in dem jeder sich auf den anderen verlassen kann, aber alle ein gemeinsames Ziel vor Augen haben. Man ist erfolgreicher im Miteinander!

Wie setzen Sie Nachhaltigkeit im eigenen Unternehmen um?

Hierzu habe ich in meinem Buchbeitrag einiges geschrieben.

Wo sehen Sie die größten Herausforderungen dabei?

Die Vereinbarkeit von Familie und Beruf zusammen mit der voranschreitenden Digitalisierung und den damit geringeren physischen Kontakten stellt uns vor große Herausforderungen, gerade im zwischenmenschlichen Bereich.

Was würden Sie jungen Unternehmer:innen in diesem Zusammenhang mitgeben?

Man benötigt ein stabiles Umfeld im Privatbereich, um sich vom Arbeitsalltag erholen zu können und um neue Ideen zu kreieren.

UN-NACHHALTIGKEITSZIELE UND ESG IM AUGEN-ZENTRUM-NORDWEST

Das Augen-Zentrum-Nordwest ist ein mittelständisches, inhabergeführtes Medizinisches Versorgungszentrum (MVZ) im Nordwesten Deutschlands auf den Fachgebieten Augenheilkunde und Anästhesie mit Hauptsitz im münsterländischen Ahaus. Unter der Leitung von Dr. med. Stefanie Schmickler und Dr. med. Olaf Cartsburg versorgt das Augen-Zentrum-Nordwest an heute zwölf Standorten, die neben augenärztlichen Arztpraxen auch ein eigenes operatives Zentrum und die stationäre Versorgung von Augenerkrankungen im Ahauser St. Marien-Krankenhaus einschließen, jährlich über 120.000 konservative und operative Patienten. Mit seinem Behandlungsspektrum deckt es nahezu die gesamte Augenheilkunde ab und bietet seinen Patienten die außergewöhnliche Möglichkeit, sich ein Leben lang und zugleich wohnortnah mit allen Augenerkrankungen, ausgenommen der Behandlung von bösartigen Netzhauttumoren, von den Augenärzten des Augen-Zentrum-Nordwest qualitativ hochwertig behandeln zu lassen.

Mit dieser medizinischen Versorgungsstrategie sind zwei wichtige Schwerpunkte der unternehmerischen Ausrichtung des Augen-Zentrum-Nordwest verbunden. Zum einen steht das Augen-Zentrum-Nordwest für eine medizinische Versorgung in höchster Qualität. Zum anderen legt die Geschäftsführung besonderen Wert auf Regionalität und eine enge Verbindung des Zentrums zu seinem lokalen Umfeld. Die Ausgestaltung der damit einhergehenden Verantwortung ermöglicht vielfältige Anknüpfungspunkte für die Realisierung der Nachhaltigkeitsziele der Vereinten Nationen aus dem Jahr 2015.

Die geografische Lage der Standorte in den überwiegend ländlich geprägten Gebieten des Münsterlands, Emslands und der Grafschaft Bentheim macht die wohnortnahe Gestaltung der Versorgung zu einer Versorgung mit kurzen und damit klimafreundlichen Wegen. Die Patienten können in geringer Entfernung zu ihrem Wohnort eine Praxis aufsuchen und müssen auch bei spezialisierten Fragestellungen keine langen Strecken in die Oberzentren der Region zurücklegen. Nicht erst seit der

Corona-Pandemie nutzt das Augen-Zentrum-Nordwest zusätzlich tele-medizinische Lösungen beispielsweise zur digitalen Übermittlung von Aufnahmen bildgebender Verfahren von Fachkollegen an erfahrene Fachärzte des MVZs zur Befundung. So vermeidet es unnötige Doppel-untersuchungen sowie nicht notwendige persönliche Arztbesuche der oft betagten Patienten. Mit der voranschreitenden Digitalisierung des Gesundheitswesens verbindet das Augen-Zentrum-Nordwest die Hoff-nung, in den kommenden Jahren Patienten und Kollegen stetig mehr Möglichkeiten anbieten zu können, um ohne zeitgleiche Anwesenheit aller Beteiligten die Versorgung zu gewährleisten und auf vermeidbare Wegstrecken und Praxisbesuche verzichten zu können.

Doch das Augen-Zentrum-Nordwest ist nicht nur eine überregional bekannte Anlaufstelle für Patienten und Fachkollegen, sondern auch ein wichtiger Arbeitgeber. Viele Mitarbeiter stammen aus der unmittelba-ren Umgebung der Unternehmensstandorte und sind für den täglichen Arbeitsweg nicht auf Pkw oder den ÖPNV angewiesen, sondern nutzen das Fahrrad oder E-Bike. Letzteres wird vom Augen-Zentrum-Nordwest als Jobrad bezuschusst und animiert jährlich mehr Mitarbeiterinnen und Mitarbeiter, das Rad dem Pkw vorzuziehen.

Nicht zuletzt legt das Unternehmen großen Wert darauf, dass auch Lie-feranten und Kooperationspartner aus der näheren Umgebung stam-men. Ein großer Teil der erwirtschafteten Überschüsse wird reinvestiert und durch die Zusammenarbeit mit Händlern und Fachbetrieben vor Ort der lokalen Wirtschaft zugeführt. Dadurch ist das Augen-Zentrum-Nordwest nicht nur ein wichtiger Arbeit-, sondern auch ein beachtlicher Auftraggeber in der Region. In die Überlegungen zu Verbrauchsgütern des Praxisalltags fließen neben Kostenabwägungen ebenso Qualitäts- und Nachhaltigkeitsüberlegungen ein wie bei Anschaffungen von lang-fristigen Gebrauchsgütern. Leider steht insbesondere das medizinische Verbrauchsmaterial permanent in einem Spannungsverhältnis zwischen ökologisch vorteilhaften wiederaufzubereitenden Mehrwegartikeln und hygienisch sicheren Einwegprodukten, die notgedrungen mehr Verpa-ckungsmüll mit sich bringen. Hier stehen im Augen-Zentrum-Nordwest insbesondere in der aktuellen Situation die Sicherheit der Patienten und die Hochwertigkeit der Versorgung stets an erster Stelle. Und mit kreativen Lösungen wie der Weiternutzung von Umverpackungen sind die Mitarbeiterinnen und Mitarbeiter dennoch häufig in der Lage, das Abfallaufkommen zu reduzieren.

Bei aller Sorgfalt, die die Mitarbeiter in die Beschaffung und Erhaltung des Equipments setzen, ist zu beachten, dass es sich beim Betrieb von Arztpraxen um eine personenbezogene Leistungserbringung handelt. Im Fokus der Geschäftsführung stehen daher die Menschen – die, die behandelt werden; aber auch die, die behandeln. Vor diesem Hintergrund genießt das Wohl der Angestellten im Augen-Zentrum-Nordwest einen besonders hohen Stellenwert. Sie sind der wichtigste „Inputfaktor" und damit entscheidend für die Erfüllung des unternehmerischen Qualitätsanspruchs an eine hochwertige augenheilkundliche Versorgung.

Auf vielfältige Art und Weise ist die Geschäftsführung bestrebt, das Arbeiten im Augen-Zentrum-Nordwest attraktiv zu gestalten und eine hohe Identifikation der Arbeitnehmer mit dem Unternehmen zu erreichen. Modern und ergonomisch gestaltete Arbeitsplätze sowie die Bereitstellung von Dienstkleidung und Heißgetränken sind seit Langem etabliert. Darüber hinaus ergänzen immaterielle Bemühungen um das Wohl der Mitarbeiter das Spektrum der Maßnahmen. Die annähernd 250 Personen umfassende Belegschaft mit überwiegend medizinischen Fachangestellten und Fachärzten, aber auch kaufmännischen und technischen Fachkräften und Auszubildenden ist dem allgemeinen Trend des Gesundheitswesens folgend vorrangig weiblich. Familienfreundliche Strukturen sind daher unverzichtbar, um insbesondere die guten und nicht selten von uns selbst ausgebildeten Fachkräfte während der Zeit der Familienplanung und des Wiedereinstiegs in den Beruf im Augen-Zentrum-Nordwest halten zu können. Mit flexiblen und individuell abzustimmenden Arbeitszeiten ermöglicht es das Augen-Zentrum-Nordwest den vielen Müttern und Vätern, in Teilzeit tätig zu werden und sich so neben der Erfüllung familiärer Pflichten beruflich weiterhin zu verwirklichen. Mit Unterstützung bei der Kinderbetreuung und Heimarbeit rundet die Geschäftsführung ihr derzeitiges Portfolio an Maßnahmen ab, um ihren Mitarbeitern einen verlässlichen Arbeitsplatz bieten zu können.

Bei aller Individualität der Mitarbeiter – die positiven Effekte von flachen Hierarchien und einem wertschätzenden Miteinander über alle Berufsgruppen hinweg werden allen im Unternehmen zuteil. Das sich daraus ergebende familiäre Umfeld ist mit der Zeit ein Markenzeichen des Augen-Zentrum-Nordwest geworden. Jeder Einzelne ist berechtigt, sich unabhängig von Geschlecht, Herkunft und politischer Einstellung an der Art und Weise des täglichen Miteinanders zu beteiligen, seine Meinung zu äußern und Ideen einzubringen. So ergeben sich kontinuierlich Verbesserungen im Praxisalltag und den Abläufen administrativer Prozesse, die von den Mitarbeitenden, da von ihnen erarbeitet, wie selbstverständlich mitgetragen werden.

In jährlichen Gesprächen werden mit jedem Arbeitnehmer die individuellen Potenziale eruiert, bewertet und deren Weiterentwicklung besprochen. Neben einem wachsenden unternehmenseigenen Digitalangebot für die Fortbildung in den medizinischen Berufsgruppen wird dafür auch auf externe Veranstaltungen zur Fort- und Weiterbildung zurückgegriffen. Dem Unternehmen ist es dabei besonders wichtig zu betonen, dass die Mitarbeiterentwicklung genau wie die Vergütung geschlechterunabhängig erfolgt und Männer und Frauen gleichermaßen Aufstiegschancen erhalten. So sind im Augen-Zentrum-Nordwest Frauen ebenso wie Männer als fachärztliche Standortleitungen tätig.

Wie zum Beweis ist auch das Team der geschäftsführenden Gesellschafter mit Blick auf das Geschlecht paritätisch besetzt. Frau Dr. Schmickler und Herr Dr. Cartsburg führen das Augen-Zentrum-Nordwest gemeinschaftlich und gleichberechtigt. Dabei beteiligen sie sich selbst an der gelebten Kultur der flachen Hierarchien und schätzen den direkten Austausch mit den Mitarbeiterinnen und Mitarbeitern. Die Zertifizierung im Rahmen der externen Qualitätssicherung dient dazu, dem eigenen Anspruch an die medizinische Versorgung in höchster Qualität stets Rechnung zu tragen und dies den verschiedenen Anspruchsgruppen transparent und unabhängig nachzuweisen. Inspirationen für die permanente Verbesserung der eigenen Leistung ergeben sich für die Geschäftsführer auch aus der offenen Zusammenarbeit mit Fachkollegen aus der Umgebung, dem Engagement in Berufsverbänden und partnerschaftlichen Projekten beispielsweise mit der medizintechnischen Industrie. Dank dieser guten Vernetzung mit einem ausgewogenen Verhältnis von Geben und Nehmen kann die Geschäftsführung auf vielfältige Kontakte zurückgreifen, um Verbesserungen für die Erreichung der eigenen Ziele, aber auch im Interesse der Kooperationspartner und der Allgemeinheit zu ermöglichen.

Insbesondere jene Aspekte, die die Mitarbeiterinnen und Mitarbeiter betreffen, stehen in einem wachsenden Fokus. Die Beschäftigten legen zunehmend mehr Wert darauf, im Rahmen ihrer Tätigkeit langfristig, sicher, in einem angenehmen Umfeld und sinnstiftend beschäftigt zu sein. Auch Bewerber hinterfragen Arbeitsbedingungen genauer und scheinen ihre Entscheidung für einen Arbeitgeber nicht nur anhand von Gehältern, sondern auch anhand des Verantwortungsbewusstseins der Unternehmer für Angestellte, Geschäftspartner und Umwelt zu treffen. Zukünftig sollen die Bereiche, zu denen sich das Augen-Zentrum-Nordwest schon lange bekannt hat, und die Ziele, die aus Überzeugung verfolgt werden, noch stärker sichtbar gemacht werden, um Fachkräfte zu sichern und Mitstreiter für deren Erreichung zu gewinnen.

VERENA MOSER

*Geschäftsführende
Gesellschafterin der
Mühlenbäckerei Rudolf
Jung GmbH & Co. KG,*

**Welche Mentorin/welcher Mentor hat Sie
beeindruckt?**

Heute weiß ich, dass es ein großes Geschenk war, dass Mitarbeiter bei uns schon immer mit zur Familie gehörten. Kaum etwas hat mich mehr geprägt, als das von meiner Großmutter bereitete gemeinsame Frühstück mit unseren Bäckern, Fahrern, Kommissioniererinnen vor der Schule, die sich unterhielten, wie die Nacht gelaufen war. Es sind auch heute noch ehrlich und hart arbeitende Menschen, die leider von den Einkommensverhältnissen nicht auf der Sonnenseite des Lebens stehen, die mich beeindrucken und die niemals die berufliche Wertschätzung in unserer Gesellschaft erhalten, die sie verdient hätten. – Leider!

Später wiederum hörte ich den Unterhaltungen meiner Eltern zu, die ihrerseits oft mit sehr wenig Schlaf auskommen mussten und dafür kämpften, die kleine Bäckerei über Wasser zu halten. Ich kannte schon früh deren Sorgen und Sicht der Dinge. Als Handwerkerkinder gehörte es schlichtweg dazu, unseren Eltern bei allen Arbeiten zur Hand zu gehen. Nächtelang in der Spülküche zu arbeiten hat uns ehrfürchtigen Respekt vor der Arbeit der Kolleginnen eingeflößt. „Boss Undercover" brauchen manche Manager:innen dafür. Darüber staune ich immer wieder.

Während meiner ersten Berufsschritte hatte ich viele völlig unterschiedliche Vorgesetzte. Zwei Menschen haben mich besonders beeindruckt. Einmal war es in meinem Ausbildungsbetrieb Gerhard Feichter, der trotz eines schweren Schlaganfalls eine Ausstrahlung und eine Begeisterung hatte, die jeden ansteckte. Außerdem hatte ich die anspruchsvollste und gleichzeitig herzlichste Chefin, Gabriele Sons, die als Geschäftsführerin Personal in einem internationalen marktführenden Konzern nicht nur durch Fachkompetenz ihre männlichen Kollegen in die Tasche steckte, sondern durch ihre fröhlich verbindliche Art mein persönliches Vorbild wurde. Gelernt habe ich auch viel von denen, die eine menschliche Herausforderung waren.

Wie sieht für Sie eine zukunftsfähige belastbare Unternehmenskultur aus?
Die allergrößte Herausforderung ist es, glaube ich persönlich, Nachwuchs zu finden, der die eigene Unternehmenskultur und die eigenen Unternehmenswerte leben, mitgestalten und weiterentwickeln möchte. Es bedarf eines ganz feinen Händchens und einer ganzen Menge Arbeit, diese Talente zu entdecken, zu fördern und zu halten. Jeden nach seinen Talenten und Stärken einzusetzen und so wandelbar zu sein, dass wir angepasst auf die jeweilige Lebenssituation des Kollegen flexibel reagieren können, ist die Königsdisziplin nachhaltiger Unternehmensführung. Dabei gilt für uns, Charakter kommt vor Kompetenz. Wer zu uns passt, entscheiden keine Schulnoten.

Was würden Sie jungen Unternehmer:innen in diesem Zusammenhang mitgeben?
Dinge von allen Seiten zu beleuchten und die Auswirkung einer Entscheidung bis zum Ende zu durchdenken und noch einen Schritt weiter – das ist Nachhaltigkeit. Ein nachhaltiges Unternehmen aufzubauen ist ein Marathon, kein Sprint. Das versuche ich unseren jungen Führungskräften zu vermitteln. Wir Familienunternehmen schaffen zwar oft nicht die kurzfristige Maximalrendite, aber langfristig erfolgreichen Bestand.

Gute Entscheidungen für langfristigen Erfolg sind für Familienunternehmen im Handwerk der Motor, um bis in die nächsten Generationen am Markt bestehen zu können. Das liegt für Unternehmen wie uns, die in der 13. Generation das Unternehmen an die Kinder weitergeben, in der Natur der Sache.

DER EINE SCHRITT MEHR IST DER WICHTIGSTE

Was sagen uns die ESG-Kriterien, und wie setzen wir sie in unserem handwerklichen Familienbetrieb für Frauen um? Die Antworten auf diese Fragen liegen uns ein Stück weit im Blut. Denn auch wenn die Intuition naheliegt, ein Handwerksbetrieb sei eher männlich geprägt, ist bei uns das Gegenteil der Fall. Mit einem Frauenanteil von 90 % in der Belegschaft und immerhin noch 50 % im gehobenen Management stehen wir außerordentlich gut da. Der seit Generationen hohe Frauenanteil in unserem Unternehmen lässt uns mit einer gewissen Gelassenheit und einer guten Portion Pragmatismus auf aktuelle Fragen wie Elternzeit und flexible Arbeitszeitplanung antworten. Viele unserer Lösungen sind längst einstudierte betriebliche Praxis.

Die Tradition der geschlechtergerechten und familienfreundlichen Unternehmensführung hat aufgrund der Systemrelevanz unseres Business und seines doppelten Versorgungsauftrags als Mühle und Bäckerei bereits Weltkriege und viele andere Krisen überlebt.

Beispielhafte Übersicht der ESG-Kriterien (Quelle: Eigene Darstellung in Anlehnung an Schindler: Nachhaltige Kapitalanlagen – Chancen nachhaltig nutzen, Frankfurt am Main 2018, S. 20)

Umwelt

Die Mühlenbäcker mahlen in sechzehnter Generation im Westerwald Mehl und verarbeiten es seit dem Jahr 1887 auch zu eigenen Backwaren. Bei der Produktion unserer Roggen- und Vollkornmehle setzen wir seit jeher auf regenerative Wasserkraft. Der mechanische Teil unserer Mühle stammt aus dem 19. Jahrhundert und produziert dank Generator sogar einen Teil des Stroms für unsere Backstube. Die Energiefrage bietet viele weitere Ansatzpunkte, so rüsten wir derzeit unsere Immobilien sukzessive mit energiesparendem, intelligent gesteuertem LED-Licht aus. Überdies erhält unsere Backstube ein Blockheizkraftwerk.

Neben nachhaltiger Energie setzen wir auf weitgehend geschlossene Rohstoffkreisläufe und Regionalität. Auch das funktioniert – mit einigen Anpassungen – nach dem traditionellen Geschäftsmodell unserer Urgroßeltern. Unsere Zutaten wie Getreide, Obst, Eier und Milch beziehen wir fast ausnahmslos aus unserer Region. Das spart dank kurzer Transportwege CO_2 und erhöht die Transparenz für uns und unsere Kunden.

Sämtliche unverkauften Frischeprodukte finden abends wieder den Weg zurück in unserer Backstube. Von hier gelangen sie über „Die Tafel" an bedürftige Menschen aus mehreren Gemeinden. Überschüssige Brötchen finden als Paniermehl in den Verkauf zurück, während Brot vom Vortag als Zutat für den Natursauerteig dient – oder bei unseren landwirtschaftlichen Zulieferbetrieben als hochwertiges Futtermittel zum Einsatz kommt. Weitere Waren wie belegte Brötchen oder Sahnekuchen wandelt unsere Biogasanlage zu Strom um. Sogar unser palmölfreies Fett aus der Siedegebäckproduktion findet eine Zweitverwertung als Rohstoff für Bio-Diesel.

Im Rahmen unserer Verpackungsinitiative haben wir zudem die meisten Convenience-Artikel durch nachhaltigere Produkte auf Holz- oder Maisstärkebasis abgelöst und konnten nicht zuletzt mit diesen und anderen Maßnahmen gegenüber umweltbewussten Kunden punkten.

Soziales

Unsere Mitarbeiterstruktur entspricht klassischerweise nicht dem Durchschnitt aller deutschen Unternehmen. Der Großteil unserer Mitarbeiter arbeitet im Verkauf, seit der Filialisierung in den frühen 70er-Jahren ist unsere Frauenquote auf mehr als 90 % angestiegen.

Aktuelle Forderungen nach Equal Pay oder einer höheren Frauen-quote stellen sich daher nicht. Allerdings stellen die Branchentarif-verträge der Bäckereien den Verkauf beim Stundenlohn schlechter als die Bäcker:innen. Das spiegelt aber eher die schmerzlich geringe Wertschätzung aller dienstleistungsnahen Berufe, aber auch der Jobs in der Lebensmittelproduktion in Deutschland wider. Leider holen die Einkommen im Lebensmittelsektor und speziell in unserer Branche nicht so schnell auf, wie wir es uns wünschen und wie es aus Recruitment-Per-spektive notwendig wäre. So beklagenswert die jüngsten Skandale in der Fleischproduktion auch waren, erhoffen wir uns von ihnen dennoch ein langfristiges Umdenken in der Politik und in Unternehmen.

Im Wettbewerb um die Fachkräfte der Zukunft und um eine höhere Mit-arbeiterbindung müssen wir derzeit auf andere Stärken setzen, denn mit regelmäßigen Arbeitszeiten auch an Sonn- und Feiertagen, teils im Dreischichtbetrieb, und vergleichsweise zurückhaltenden Sozialleistun-gen sind wir bei den aktuell Arbeitssuchenden nur selten in der enge-ren Wahl. Schließlich bieten auch andere Firmen und Branchen eine gute betriebliche Altersversorgung, vermögenswirksame Leistungen, Mitarbei-terrabatte und herausragende Entwicklungsmöglichkeiten. Nicht zuletzt unterschätzen viele Menschen das Berufsbild der Bäckereifachverkäufe-rin bzw. des -fachverkäufers ebenso wie die möglichen Karrierewege.

Einige der vermeintliche Schwächen können wir in Stärken verwandeln. So gestattet unser Schichtsystem Arbeitszeiten, die zu verschiedenen Lebenssituationen passen. Auch unser dichtes Filialnetz mit Niederlas-sungen direkt vor Ort kann für bestimmte Zielgruppen attraktiv sein, ebenso unsere zahlreichen Abteilungen mit unterschiedlichsten Aufga-ben. So sind wir in der Lage, Menschen mit unterschiedlichen Lebens-modellen individuelle Arbeitsplätze anzubieten.

Dabei sind Karriereplanung und Schulungen selbstverständlich. Hierzu führen wir mit unseren Mitarbeitern jährlich Entwicklungsgespräche. Fle-xibel reagieren wir selbstverständlich auch auf Veränderungen im priva-ten und familiären Umfeld, als Stichworte seien hier Elternzeit, die Pflege von Angehörigen oder Arbeitszeitkonten genannt. So können unsere

Angestellten ihren Beruf mit der Familienplanung oder auch einem Sabbatical in Einklang bringen, wie das Beispiel einer Kollegin illustriert. Sie hat über vier Jahre lang ein Arbeitszeitguthaben angespart und konnte dann ein Jahr lang die Welt bereisen. Heute leitet sie eine Filiale.

Nicht immer halten unsere Bemühungen dem Wettbewerb stand, denn Bäckereifachkräfte sind begehrt. Sie sind zeitlich flexibel, beherrschen Mathematik und verstehen Rezepte. So hat die Chemiebranche lange Zeit explizit Bäcker:innen adressiert und uns und anderen Bäckereien mitunter abteilungsweise Mitarbeiter:innen abgeworben. Mit Blick auf die niedrige Arbeitslosenquote bilden wir inzwischen Quereinsteiger zu Profis aus. Das ist kein leichter, aber ein notwendiger Schritt auf dem Weg zu genügend Nachwuchskräften.

Manchmal finden auch wir noch unentdeckte Talente, in der Regel Berufsrückkehrerinnen nach ihrer Elternzeit. Wer jahrelang eine Familie gemanagt, Kinder erzogen und den Haushalt organisiert hat, ist in unseren Augen natürlich prädestiniert für den herausfordernden Verkaufsalltag. Nicht selten starten solche Frauen in kürzester Zeit ihre berufliche Karriere bei uns. Mit Unbehagen sehen wir aber, dass viele dieser Frauen bislang kaum an ihrer finanziellen Unabhängigkeit im Alter arbeiten konnten und sich häufig nachteiligen Steuermodellen unterwerfen. Hier leisten wir unermüdlich intensive Aufklärungsarbeit.

Für die Zukunft wünschen wir uns mehr Männer hinter den Theken – auch aus betriebswirtschaftlicher Sicht. Denn nach unserer Erfahrung agieren heterogene Teams aus Frauen und Männern, aus Erfahrenen und neugierigen Neulingen am erfolgreichsten und funktionieren auch langfristig am besten. Bedauerlicherweise steigt die Männerquote erst ganz allmählich.

Aufsichtsstrukturen

Die Bereitschaft, den einen Schritt mehr zu gehen – sei es im Kundenkontakt oder im Management –, trennt die erfolgreichen von den weniger erfolgreichen Unternehmen. Schauen wir auf die Herausforderungen der Gegenwart, schmälert vor allem der Nachwuchsmangel die

Erfolgsaussichten unseres personalintensiven Geschäfts. Wöchentlich scheitert hierzulande eine Bäckerei an dieser Frage. Dass Werte von unseren Mitarbeitern und Führungskräften in unserem Unternehmen gelebt und weiterentwickelt werden, sehen wir daher als unsere wichtigste Pflicht. Wenn wir diese Bereitschaft, einen Schritt mehr zu gehen, auf allen Ebenen wecken, können wir unserer Zukunft deutlich sorgenfreier entgegenblicken.

CAROLA VON PEINEN

Gründerin und Geschäftsführerin der Talents4Good GmH

Vorständin Bundesverband Nachhaltige Wirtschaft e.V. (ehem. UnternehmensGrün e.V.)

Welche Netzwerke waren für Sie und Ihre berufliche Entwicklung relevant?

Bundesverband Nachhaltige Wirtschaft e.V., SEND e.V., Entrepreneurs' Organization, Ashoka Netzwerk, Gemeinwohl-Ökonomie.

Was würden Sie als Mentorin an die nächste Generation weitergeben?

Ausprobieren, Fehler machen, andere fragen, das Ganze wie ein großes Spiel sehen, authentisch bleiben. Den Wegen folgen, die leicht sind und sich öffnen. Das Leben für den Spaß am Leben leben, nicht für den Lebenslauf. Der Lebenslauf ist das Ergebnis dessen, was mir wichtig ist, wofür und wogegen ich mich entschieden habe, der Erlebnisse, die mich geprägt haben. Daraus ergibt sich immer ein roter Faden. Mein Motto: Wenn andere es können, dann kann ich es auch.

Wie sieht für Sie eine zukunftsfähige belastbare Unternehmenskultur aus?

Unternehmenskultur spiegelt wider, was im Unternehmen gelebt und angestrebt wird. Dabei spielen menschliche Werte eine wichtige Rolle.

Wenn wir verstehen, dass die Magie des Menschseins sich erst in seiner Einzigartigkeit entfaltet, dann schaffen wir Arbeitsräume, in denen Menschen wieder zu sich selbst finden dürfen. Orte, wo Entfaltung, Gestaltung und Experimentieren großgeschrieben werden. Und wir wissen, dass das auch bedeutet, anzuecken und Kante zu zeigen, etwas nicht zu können oder wollen, dass Authentizität ein Wert ist, für den es sich lohnt, Unannehmlichkeiten auszuhalten. Diesen Raum kann jede:r Gründer:in und jede Führungskraft öffnen, indem sie oder er selbst zum Vorbild wird.

Wie setzen Sie Nachhaltigkeit im eigenen Unternehmen um?
Talents4Good wurde gegründet, um die Akteure ökologischer und sozialer Nachhaltigkeit zu stärken und ihre Wirkung zu steigern. Unser Ziel ist es, einen Beitrag zu leisten, damit unsere Wirtschaft und Gesellschaft nachhaltiger im ganzheitlichen Sinne werden. Wir haben dazu kurz nach der Gründung eine Gemeinwohlbilanz erstellt, die uns geholfen hat, alle Bereiche zu identifizieren, in denen wir nachhaltiger und sozialer sein können. Wir versuchen diese Aspekte in allen Handlungen mitzudenken. Von der Wahl der Bank, über Kund:innen und Kooperationspartner:innen bis hin zum Einkauf. Aber auch Wettbewerb und Kooperation neu zu denken sowie unsere Kund:innen aktiv in die Produktentwicklung einzubinden gehört dazu.

Wo sehen Sie die größten Herausforderungen dabei?
Die Zielgruppen, die unsere Dienstleistung am dringendsten brauchen, haben die geringsten finanziellen Mittel. Das ist ein Grundproblem vieler Sozialunternehmen. Die Bewegung, auch als Social Entrepreneurship bekannt, löst soziale Probleme mit einem unternehmerischen Ansatz. Das klingt toll, ist aber in der Umsetzung nicht so einfach. Die zweite Herausforderung ist, dass ein fairer Umgang mit Menschen und ein nachhaltiger Umgang mit Ressourcen momentan von Politik und Markt bestraft werden. Wenn ich Menschen besser bezahle oder die Natur weniger verpeste und deswegen geringere Erträge habe, bleibt einfach nicht so viel hängen. Die Forderung nach sogenannten „wahren Preisen", um diese Ungleichheit zwischen klassischen und nachhaltigen Marktteilnehmer:innen auszugleichen, wird von der Politik leider nicht gehört.

Was würden Sie jungen Unternehmer:innen in diesem Zusammenhang mitgeben?

Das eigene Geschäftsmodell direkt auf nachhaltige Füße stellen, sodass hinterher nicht nachgebessert werden muss. Nachhaltigkeit ist gerade ein super Trend mit tollen Wachstumszahlen, es wäre schade, ihn zu verpassen.

WIE SIE AUCH ALS KLEINES UNTERNEHMEN ZUR GROSSEN TRANSFORMATION BEITRAGEN KÖNNEN

Und wie Ihnen eine Gemeinwohlbilanz dabei helfen kann

Was kann ein kleines Unternehmen im Dienstleistungsbereich mit Fokus auf den deutschsprachigen Raum überhaupt tun, um globale Probleme zu lösen?

Diese Frage wirkt immer wie ein „Totschlagargument". Wie sollen wir eine Welt mit erschaffen, in der wir die Bedürfnisse von Mensch und Natur wieder in den Vordergrund stellen und in der die Wirtschaft uns dienen soll, dies zu erreichen? Das klingt völlig normal, ist aber tatsächlich die Umkehr unserer Realität. Aktuell stellen wir fast alle Bedürfnisse in den Dienst der Wirtschaft bzw. der Profitmaximierung der Wirtschaftsakteure.

Nun wirkt es noch mehr wie ein Himmelfahrtskommando, dass wir Gründer:innen von Talents4Good uns 2012 zusammengefunden haben, um genau dieses Paradigma umzudrehen. Unsere Idee: Wir stärken einerseits die Player, die unsere Welt besser machen, und sorgen dafür, dass sie über die besten Köpfe verfügen, um ihre jeweiligen Missionen erfolgreicher zu machen. Und andererseits tragen wir dazu bei, dass mehr Menschen den Großteil ihrer Energie auf das lenken, was uns allen hilft: Sie bringen ihre 20 bis 40 Arbeitsstunden pro Woche für Organisationen und Unternehmen ein, die daran arbeiten, dass es Mensch und Natur auf unserem Planeten besser geht. So können sie eine Zukunft mitgestalten, in der Frieden, Wohlstand, Gesundheit, Gerechtigkeit und Chancengleichheit für alle gewährleistet werden.

Unsere Vision: In 25 Jahren tragen die sogenannten Impact-Organisationen mehr als 50 % zur Wirtschaftskraft in Deutschland bei.

Die meisten SDGs (Sustainable Development Goals) unterstützen wir also über unsere Hebelwirkung, in dem wir das beste Personal für die wichtigsten Jobs finden. Aber natürlich gibt es auch vor der eigenen Tür einiges zu tun:

Gemeinwohlbilanz als Hilfsmittel

Weil „das Richtige richtig tun" manchmal nicht so trivial ist, haben wir uns „Anleitung" gesucht bei der Gemeinwohlökonomiebewegung (GWÖ).[1] Die GWÖ schlägt vor, zusätzlich zur bekannten Finanzbilanz eine Gemeinwohlbilanz zu erstellen. Dabei durchstreift man einmal das ganze Unternehmen mit all seinen Stakeholdern und Bereichen und prüft, welche Möglichkeiten es gibt, dem Gemeinwohl zu dienen. Dabei helfen die sogenannte Gemeinwohlmatrix[2] und eine Vorgehensweise mit Fragestellungen zu den einzelnen Bereichen.

Beispielhaft zeige ich hier, wie die Nutzung der Gemeinwohlmatrix dabei unterstützt, Maßnahmen für das eigene Unternehmen zu finden, die die Erfüllung der SDGs fördern. Dies führt zu anderen Vorgehensweisen, als wir es aus dem klassischen Verständnis von Wirtschaft gewohnt sind.

A. Lieferant:innen: Selbstverständlich beziehen wir unser Büromaterial von nachhaltigen Herstellern, versuchen wenig zu drucken und fahren Bahn statt Auto. Als Dienstleistungsunternehmen ist unser Hebel in diesem Bereich jedoch sehr gering. Was wir aber tun können, ist, kooperativ mit unseren Mitbewerber:innen umzugehen, nicht sinnlosen Wettbewerb zu produzieren, sondern effizient an gemeinsamen Zielen zu arbeiten. So haben wir uns früh entschieden, keine große Jobbörse werden zu wollen, sondern diejenigen zu unterstützen, die es bereits gibt, damit sie eine Chance haben, eine relevante Marktstellung zu erlangen, die für Nutzer:innen Sinn ergibt (SDG 13 Maßnahmen zum Klimaschutz).

B. Eigentümer:innen: Unsere Investor:innen sind genauso an unserer Vision interessiert wie wir. Das ermöglicht uns, dass wir auch preissensiblen Zielgruppen Dienstleistungen anbieten können, obwohl es aus profitmaximierender Sicht sinnvoller wäre, nur das hochpreisige Segment aktiv auszubauen. Mit klassischen Investoren hätten wir hier sicherlich ganz andere Diskussionen und Interessenslagen. So haben wir seit unserer Gründung bisher alle Gewinne in das Unternehmen investiert und noch keine Ausschüttung gemacht (SDG 8 Gute Arbeitsplätze und wirtschaftliches Wachstum).

C. Menschenwürde am Arbeitsplatz ist seit der Gründung unser Herzensthema. Wir möchten, dass Menschen sich bei uns in ihrer Einzigartigkeit zeigen und entwickeln können, weil wir daran glauben, dass der Arbeitsplatz primär ein Ort der Entwicklung ist und nicht ein Ort der Leistungserbringung gegen Lohn. Wir versuchen, Überstunden zu vermeiden, bei uns soll z. B. – obwohl wir Dienstleister sind – niemand nach Feierabend, am Wochenende oder im Urlaub erreichbar sein, weil wir wissen, dass Balance und Abstand wichtig sind, um danach voller Freude und Begeisterung wieder ans Werk zu gehen (SDG 8 Gute Arbeitsplätze und wirtschaftliches Wachstum).

D. Unsere Kund:innen wählen wir zum einen anhand eines Kriterienkatalogs aus, in dem wir prüfen, ob sie einen ernsthaften Beitrag zum Gemeinwohl liefern wollen. Wir entscheiden dabei nicht, welcher Weg der richtige ist, aber die Mission muss authentisch und sichtbar sein. Das zweite Auswahlkriterium ist die Frage, ob wir dieselben Werte vertreten. Wir sehen uns mehr als Partner:innen und Mitstreiter:innen an der Seite unserer Kund:innen und nicht nur als deren „Dienstleister:innen" (SDG 17 Partnerschaften zur Erreichung der Ziele).

E. Gesellschaftliches Umfeld: Wir sind Teil der Initiative Entrepreneurs For Future[3] und Mitglied im Bundesverband Nachhaltige Wirtschaft, weil wir der Überzeugung sind, dass es innerhalb der Wirtschaft bereits viele Vorreiter:innen gibt und wir nur gemeinsam diesen großen Transformationsprozess bestreiten können. Als Geschäftsführerin engagiere ich mich zudem ehrenamtlich im Vorstand des Bundesverbandes Nachhaltige Wirtschaft e.V. (SDG 17 Partnerschaften zur Erreichung der Ziele).

All dies sind Aspekte, die unterm Strich erst einmal einen Mehraufwand bedeuten und Gewinne schmälern. Aber es funktioniert, und wir können mit gutem Gewissen und dem Gefühl, Teil der Lösung zu sein, Arbeitsplätze schaffen und einen sinnvollen Beitrag leisten. Die Frage ist, was ist mehr wert?

Praxistipps zur Umsetzung von Geschlechtergerechtigkeit

Hier sehen wir einen wesentlich Einflussfaktor unserer Arbeit. Unser Ziel ist es, Unternehmen und Organisationen zu sensibilisieren für Mitarbeitende aus Gruppen, die oft diskriminiert werden. Denn Diversität ist natürlich mehr, als Frauen in Führungspositionen zu bringen, wenngleich das ein Anliegen ist, für das wir uns ganz besonders einsetzen. Wir haben dazu in unserem kleinen Unternehmen zwei Diversity-Beauftragte, die das Thema intern sowie in unseren Kundenberatungen vorantreiben.

Da dieses Buch ja ausschließlich von Autorinnen geschrieben wurde, möchte ich gezielt ein paar Praxistipps teilen, um die strukturelle und unbewusste Diskriminierung von Frauen in Recruitingprozessen zu verhindern:

1. Geschlechtergerechte Formulierung von Anzeigen
Stellenausschreibungen sind oft so formuliert, dass Frauen sich nicht angesprochen fühlen, hier helfen wir mit Formulierungen, die beide Geschlechter gleichermaßen ansprechen.

2. Unbewusste Diskriminierung vermeiden
Stellen Sie sich vor, sie möchten eine Assistenzstelle ausschreiben. Sie lesen die Bewerbung einer jungen Frau, die offensichtlich sehr ehrgeizig ist. Welche Gedanken haben Sie? Nun lesen Sie die Bewerbung eines jungen Mannes? Haben Sie die gleichen Gedanken? Oft hören wir bei weiblichen Bewerberinnen: DIE kann ja erst einmal reinwachsen, eventuell entwickelt sie sich dann weiter – könnte ein tolles Sprungbrett sein. Bei männlichen hören sich die Gedanken oft so an: Hat DER wirklich Lust auf diese Dienstleisterrolle? Fügt er sich ein? Oder ist er gleich wieder weg, wenn sich was anderes ergeben hat? Ähnliches Beispiel bei Führungspositionen: Kann SIE sich wirklich durchsetzen? Kann ER die Mitarbeitenden mitnehmen?

Hier helfen anonyme Bewerbungen, die oft recht aufwendig im Prozess sind, aber spannende Erkenntnisse hervorbringen. Oder auch ein sehr bewusster Umgang mit genau diesen typischen unbewussten Glaubenssätzen, z. B. ganz einfach: Schauen Sie sich immer Männer und Frauen in gleicher Anzahl an und machen Sie sich im Vorfeld bewusst, welche geschlechterspezifischen Vorurteile Sie haben könnten.

3. Realistischer Zeitplan für die Auswahl

Gerade bei der Direktansprache (Headhunting) merken wir oft, dass für bestimmte Führungspositionen Frauen schwer zu finden sind, für bestimmte Positionen im Umfeld von Bildung und Gesundheit sind es die Männer, die rar sind. Um einen Ausgleich zu schaffen, muss man sich in der Regel mehr Zeit nehmen und manchmal auch dazu noch kreativ werden.

4. Flexibilitätsoptionen anbieten

Homeoffice-Optionen, flexible Arbeitszeiten, Teilzeitmodelle sowie eine Unterstützung, um Familie und Beruf unter einen Hut zu bekommen, helfen, mehr qualifiziertes Personal zu gewinnen, und erhöhen die Chance, dass Sie eine höhere Diversität im Team erreichen können.

Manchmal ist es aber auch so, dass es in Unternehmen und Organisationen unbewusste diskriminierende Strukturen gibt. Das fängt bei Fotos auf der Webseite an, geht über Merkmale der gelebten Unternehmenskultur bis hin zu so subtilen Prozessen wie dem „Thomas-Prinzip".[4] Sie merken es, wenn Sie trotz vielfältiger Bemühungen nie Bewerbungen von bestimmten Gruppen bekommen oder diese kurz nach Einstellung ihr Unternehmen wieder verlassen. Dann lohnt es sich, genauer hinzusehen und sich externe Beratung hinzuzuholen, um blinde Flecken ausfindig zu machen.

Liebe Leser:innen, machen Sie sich auf den Weg – jeder noch so kleine Schritt ist wichtig und relevant – das Wichtigste ist, die Entscheidung zu treffen, sich auf den Weg zu machen und Verbündete zu suchen. Der Rest kommt von allein, und ich kann Ihnen versprechen, es macht das Leben lebenswerter, die Arbeit inspirierender und die Begegnungen menschlicher. Ich wünsche Ihnen viel Spaß dabei, das zu erleben.

Quellen

1   Gemeinwohlökonomiebewegung. https://www.ecogood.org/
2   https://web.ecogood.org/de/unsere-arbeit/gemeinwohl-bilanz/gemeinwohl-matrix/
3   https://entrepreneurs4future.de/ (Abruf 20.03.2021)
4   Das Thomas-Prinzip: Der Begriff kommt in der Debatte über „Männerclubs" in Führungsetagen immer wieder vor. Dahinter steht der Gedanke, dass, wenn in Führungsgremien viele ähnlich alte Männer mit ähnlichen Namen und ähnlichem persönlichen Hintergrund sitzen, sie auch eher ähnlichen Männern Karrierewege öffnen. https://www.finanznachrichten.de/nachrichten-2021-02/52128235-roundup-kampf-dem-thomas-prinzip-bundestag-debattiert-ueber-frauenquote-016.htm (Abruf 20.03.2021)

UNTERSTÜTZER

Die Herausgeberinnen danken allen Unterstützern des Buchs. Den nachfolgend genannten Landesfrauenräten und Behörden ist es wichtig, erfolgreiche und verantwortungsvolle Frauen in Wirtschaft, Wissenschaft und Gesellschaft sichtbar zu machen. Auch sie tragen jeden Tag zum Erreichen der SDGs – Sustainable Development Goals – bei und berücksichtigen dabei die ESGs – Environment, Social, Governance-Kriterien. Ganz nach dem Motto von Marie Freifrau von Ebner-Eschenbach:

„Was wir heute tun, entscheidet darüber,
wie die Welt morgen aussieht."

KONTAKT FÜR FRAGEN UND ANREGUNGEN

Claudia Rankers
Rankers Family Office, Landesfrauenrat Rheinland-Pfalz
Höllweg 29, 65439 Flörsheim
c.rankers@rankers-cie.de
+49 151 11646935
www.landesfrauenrat-rlp.de

Prof. Dr. Nadine Kammerlander
Institut für Familienunternehmen und Mittelstand
WHU – Otto Beisheim School of Management
Burgplatz 2, 56179 Vallendar
nadine.kammerlander@whu.edu
+49 2616509781
www.whu.edu/Familienunternehmen